法人税の最新実務Q&Aシリーズ

# 欠損金の
# 繰越し・繰戻し

税理士
**石井幸子**
税理士　　　　　　著
**生川友佳子**

中央経済社

# は し が き

　法人に欠損金が生じた場合には，その法人の翌事業年度以降の所得金額から控除（繰越控除）するか，若しくは，前事業年度に繰り戻して既に納付済みの法人税の還付（繰戻還付）を受けるか，というのが王道の活用方法といえます。しかし，組織再編税制や連結納税制度，グループ法人税制の導入により，それまでの「自社の欠損金は自社で活用する」という欠損金の活用方法に対する考え方が大きく変わりました。さらには，法人の規模による控除制限などが加わり，欠損金に関する規定が複雑化しました。

　そこで本書では，はじめに欠損金制度の概要（第1章）で欠損金の活用方法の全体像を把握した上で，王道の活用方法である青色欠損金の繰越控除（第2章），欠損金の繰戻還付（第3章）について，グループ法人税制の適用や法人の規模によって異なるこれらの制度の適用の可否，適用額の計算などを中心に解説しています。

　解散・清算（第4章）では，解散以後の事業年度において適用される欠損金に関する様々な制度について，事業年度ごとに適用できる制度の違いや適用要件の違いなどを中心に解説しています。

　組織再編税制（第5章）や連結納税制度（第6章）では，欠損金が生じた法人以外の法人での欠損金の損金算入を認める反面，これを利用した租税回避行為を防止するための措置が定められています。これらは欠損金に関する規定の中でも特に難解であるため，事例を用いて網羅的に解説をしています。

　なお，欠損等法人（第7章）や災害欠損金（第8章）については，実務での登場頻度の低さを考慮して，本書では解説を最小限にとどめています。このうち災害欠損金については，それまでいわゆる震災特例法等で対応していた災害に関する措置が平成29年度税制改正で常設化されたことにより，国税庁ホームページ等でも関連する情報が多く掲載されています。私たちの実務において，

このような税制が役に立つ日がこないことを願いますが，いざという時に備えて，関連する情報を頭の片隅に置いておく必要があるのかもしれません。

　本書が，実務家の皆様にとって，欠損金に関わる制度の理解と整理にお役立ていただければ幸いです。

　最後に，私たちにこのような機会を与えてくださった中央経済社の秋山宗一氏，そして，本書の作成にご協力いただきました同社の編集者の皆様に心より御礼を申し上げます。


　令和元年9月

　　　　　　　　　　　　　　　　　　　　　　　　　　執筆者一同

# CONTENTS

## 第1章　欠損金制度の概要

**Q1** 欠損金額が生じた場合の処理方法················································ 3

**Q2** 修正申告・更正の請求による欠損金額の増減····························· 7

**Q3** 無償減資による欠損てん補と税法上の欠損金との関係················ 9

**Q4** 法人税の欠損金が他の税目の計算に与える影響······················12

## 第2章　青色欠損金の繰越控除

**Q5** 青色欠損金の繰越控除のしくみ·············································19

**Q6** 青色欠損金の繰越控除額の計算①（中小法人等の場合）·············25

**Q7** 青色欠損金の繰越控除額の計算②（中小法人等以外の場合）········28

**Q8** 青色欠損金の繰越期間①（近年の税制改正の影響）···················31

**Q9** 青色欠損金の繰越期間②（決算期変更をした場合）···················33

**Q10** 中小法人等の判定①（グループ法人税制が適用されない場合）······35

**Q11** 中小法人等の判定②（グループ法人税制が適用される場合）········37

**Q12** 白色申告の場合の繰越控除の適用の可否··································39

**Q13** 期限後申告と繰越控除の適用の可否······································40

**Q14** 更正の請求による繰越控除の適用の可否·································42

## 第3章　欠損金の繰戻還付

**Q15** 欠損金の繰戻還付のしくみ···················································45

**Q16** 欠損金の繰戻還付と地方法人税 ……………………………… 50

**Q17** 欠損金の繰戻還付と地方税 …………………………………… 52

**Q18** 欠損金の繰戻還付を適用した翌事業年度の取扱い …………… 55

**Q19** 適用対象法人の範囲①（中小企業者等の範囲）……………… 60

**Q20** 適用対象法人の範囲②（グループ法人税制の影響）………… 62

**Q21** 決算期変更をした場合の留意点（還付所得事業年度の選択）……… 64

**Q22** 白色申告の場合の繰戻還付の適用の可否 …………………… 66

**Q23** 期限後申告の場合の繰戻還付の適用の可否 ………………… 68

**Q24** 繰戻還付と税務調査 ………………………………………… 70

**Q25** 更正の請求による繰戻還付の適用の可否 …………………… 71

**Q26** 繰戻還付の適用を受けた場合の会計処理・税務処理 ……… 73

# 第4章　解散・清算

**Q27** 解散・清算と欠損金の取扱い ………………………………… 77

**Q28** 解散事業年度の欠損金の繰戻還付 …………………………… 82

**Q29** 清算事業年度・残余財産確定事業年度の欠損金の繰戻還付 ……… 86

**Q30** 期限切れ欠損金の損金算入 …………………………………… 88

**Q31** 残余財産がないと見込まれることの説明書類 ……………… 92

**Q32** 完全支配関係がある法人の青色欠損金の引継ぎ① ……… 94

**Q33** 完全支配関係がある法人の青色欠損金の引継ぎ②

（株主が複数の場合）……………………………………… 99

**Q34** 完全支配関係がある法人の青色欠損金の引継ぎ③

（株主に個人がいる場合）…………………………………… 101

**Q35** 完全支配関係がある法人の青色欠損金の引継ぎ④

（評価損の計上）…………………………………………… 103

**3**

## 第5章　単体事業年度の組織再編における欠損金

### Ⅰ　組織再編における欠損金の概要 ……………………………………… 107

**Q36**　適格組織再編の態様と青色欠損金の引継ぎ …………………… 107

**Q37**　欠損金の引継ぎと帰属事業年度 ………………………………… 109

**Q38**　適格組織再編の態様と欠損金の引継制限・使用制限 ………… 111

**Q39**　共同事業要件とみなし共同事業要件 …………………………… 117

**Q40**　時価純資産超過額等がある場合 ………………………………… 122

**Q41**　非適格組織再編における欠損金の引継制限・使用制限 ……… 130

### Ⅱ　適格合併における欠損金 ……………………………………………… 132

**Q42**　法人税の欠損金の引継制限・使用制限がある場合 …………… 132

**Q43**　設立日から支配関係がある場合の欠損金の引継ぎ① ………… 138

**Q44**　設立日から支配関係がある場合の欠損金の引継ぎ②
（設立会社を介した欠損金の引継ぎ） ………………………… 140

**Q45**　支配関係が複数ある場合の欠損金の引継ぎ …………………… 144

**Q46**　前2年以内に特定適格組織再編成等が行われている場合の引き継いだ
資産の譲渡等損失に係る欠損金の引継制限・使用制限 ………… 146

**Q47**　前2年以内に特定適格組織再編成等が行われている場合の
欠損金の引継制限・使用制限 …………………………………… 152

**Q48**　事業税の欠損金の引継制限・使用制限 ………………………… 157

**Q49**　住民税の控除対象還付法人税額の取扱い ……………………… 160

### Ⅲ　適格分割，適格現物出資，適格現物分配における欠損金 … 164

**Q50**　適格分割，適格現物出資における欠損金の引継制限・使用制限 … 164

**Q51**　適格現物分配における欠損金の使用制限 ……………………… 169

**Q52** 事業を移転しない適格分割，適格現物出資，適格現物分配········· 172

## Ⅳ 株式交換等，株式移転における欠損金 ·············· 181

**Q53** 株式交換等，株式移転における欠損金の取扱い·············· 181

## Ⅴ 特定資産譲渡等損失の損金不算入·············· 182

**Q54** 適格組織再編の態様と特定資産譲渡等損失の損金不算入·········· 182

**Q55** 適用期間·············· 187

**Q56** 特定資産の範囲·············· 189

**Q57** 特定資産譲渡等損失額の計算·············· 194

**Q58** 時価純資産超過額等がある場合·············· 196

**Q59** 非適格組織再編における特定資産譲渡等損失の損金不算入········· 203

# 第6章 連結納税制度と欠損金

## Ⅰ 連結納税における欠損金·············· 207

**Q60** 連結欠損金の概要と地方税の欠損金·············· 207

**Q61** 連結納税開始前又は加入前の法人税の欠損金·············· 212

**Q62** 連結納税開始前又は加入前の地方税（事業税，住民税）
の欠損金·············· 217

**Q63** 連結親法人が中小法人等の場合の欠損金（法人税，地方税）
の控除制限·············· 220

**Q64** 連結欠損金の繰越控除の順序，繰越控除額の計算·············· 224

**Q65** 連結欠損金の個別帰属額の計算（連結欠損金の発生）·········· 228

**Q66** 連結欠損金の個別帰属額の計算①
（連結欠損金繰越控除額：特定連結欠損金がない場合）·············· 231

| **Q67** | 連結欠損金の個別帰属額の計算② | |
| | （連結欠損金繰越控除額：特定連結欠損金がある場合）………… | 234 |
| **Q68** | 連結子法人が離脱した場合の連結欠損金個別帰属額……………… | 242 |
| **Q69** | 連結欠損金の繰戻還付…………………………………………………… | 244 |

## Ⅱ　連結納税における法人税，事業税，住民税の計算 ……… 247

| **Q70** | 欠損金がある場合の法人税，事業税，住民税の計算……………… | 247 |

## Ⅲ　組織再編等があった場合の連結納税における欠損金 …… 253

| **Q71** | 株式移転により親法人を設立し連結納税を開始した場合………… | 253 |
| **Q72** | 連結子法人が合併によりグループ内法人を吸収合併した場合…… | 257 |
| **Q73** | 連結子法人が合併によりグループ外法人を吸収合併した場合…… | 264 |
| **Q74** | 連結子法人の残余財産が確定した場合……………………………… | 270 |
| **Q75** | 連結親法人がスクイーズアウト税制によりグループ外法人を | |
| | 100% 子法人化した場合 ……………………………………………… | 277 |

## 第7章　欠損等法人

| **Q76** | 欠損金のある法人を買収する場合の注意点………………………… | 283 |
| **Q77** | 欠損等法人の範囲……………………………………………………… | 285 |
| **Q78** | 判定の対象となる期間………………………………………………… | 289 |
| **Q79** | 適用事由………………………………………………………………… | 291 |

## 第8章　災害欠損金

| **Q80** | 災害により生じた欠損金額の処理方法……………………………… | 299 |
| **Q81** | 災害損失欠損金額の計算方法………………………………………… | 303 |

# 凡　　例

本書中で使用している法令・通達等の主な略称を掲げました。その他
は準ずるものとします。

法　法：法人税法（昭和40年法律第34号）
法　令：法人税法施行令（昭和40年政令第97号）
法　規：法人税法施行規則（昭和40年大蔵省令第12号）
所　法：所得税法（昭和40年法律第33号）
所　令：所得税法施行令（昭和40年政令第96号）
所　規：所得税法施行規則（昭和40年大蔵省令第11号）
相　法：相続税法（昭和25年法律第73号）
消　法：消費税法（昭和63年法律第108号）
通　法：国税通則法（昭和37年4月2日法律第66号）
措　法：租税特別措置法（昭和32年法律第26号）
法基通：法人税基本通達（昭和44年5月1日付直審（法）25）
所基通：所得税基本通達（昭和45年7月1日付直審（所）30）
相基通：相続税法基本通達（昭和34年1月28日直資10）
評基通：財産評価基本通達（昭和39年4月25日直資56）
措　通：租税特別措置法関係通達
地　法：地方税法（昭和25年法律第226号）
平成23.6改正法附則：現下の厳しい経済状況及び雇用情勢に対応して
　　　　税制の整備を図るための所得税法等の一部を改正する法律
　　　　（平成23年6月30日法律第82号）附則
平成23.12改正法附則：経済社会の構造の変化に対応した税制の『構
　　　　築を図るための所得税法等の一部を改正する法律（平成23年
　　　　12月2日法律第114号）
平成27年改正法附則：所得税法等の一部を改正する法律（平成27年3
　　　　月31日法律第9号）
平成31年改正法附則：所得税法等の一部を改正する法律（平成31年3
　　　　月29日法律第6号）附則

# 第1章

## 欠損金制度の概要

第1章　欠損金制度の概要　**3**

## Q1　欠損金額が生じた場合の処理方法

欠損金額が生じた場合，どのような処理方法がありますか。

## A ·····································································

**SUMMARY**　欠損金額が生じた場合には，①欠損金の繰越控除，②欠損金の繰戻還付の2つの処理方法があります。ただし，解散をした場合，組織再編を行った場合，連結納税を適用した場合などには特別な取扱いが適用されるため注意が必要です。

**Reference**　法法2十九・22①・57・57の2・58・80・81の9

**DETAIL**

### 1　欠損金額とは

　法人税は各事業年度の所得の金額（利益）に法人税の税率を乗じて計算します。この所得の金額とは，損益計算書の当期純利益ではなく，その事業年度の益金の額からその事業年度の損金の額を控除した金額をいいます（法法22①）。この各事業年度の所得の金額の計算において，その事業年度の損金の額がその事業年度の益金の額を超える場合におけるその超える部分の金額，いわゆる「赤字」部分の金額のことを欠損金額といいます（法法2十九）。

　欠損金額が生じた場合には，大きく2つの処理方法（基本形）があり，これ

### ■欠損金額の処理方法

| （基本形）<br>　①　欠損金の繰越控除<br>　②　欠損金の繰戻還付 | ＋ | （場面別の特別な取扱い）<br>　①　解散をした場合<br>　②　組織再編を行った場合<br>　③　連結納税を適用した場合<br>　④　欠損等法人に該当する場合<br>　⑤　災害による損失が生じた場合 |

に解散や組織再編,連結納税などを行った場合の特別な取扱いが適用されます。

## 2 欠損金の繰越控除 ⇒ 詳細は第2章を参照

　欠損金の繰越控除とは,欠損金額が生じた場合に,その欠損金額をその後10年間繰り越して,その各事業年度の所得の金額から控除することができる制度です。この制度は,欠損金額が生じた事業年度について,青色申告書である確定申告書を提出し,かつ,その後において連続して確定申告書を提出しているなどの要件を満たす場合に限り適用されます(白色申告や期限後申告の取扱いについての詳細は **Q12**,**Q13** を参照)。

■青色欠損金の繰越控除

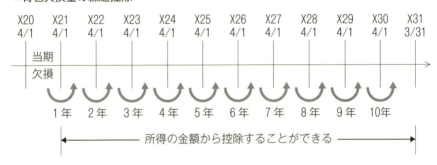

## 3 欠損金の繰戻還付 ⇒ 詳細は第3章を参照

　欠損金の繰戻還付とは,欠損金額が生じた場合に,その欠損金額を前事業年度に繰り戻して,既に納付済みの法人税の還付を受けることができる制度です。

■欠損金の繰戻還付

## 4 解散をした場合 ⇒ 詳細は第4章を参照

　法人が解散した場合には，解散以後の事業年度を「解散事業年度」「清算事業年度」「残余財産確定事業年度」の3つに区分した上で，それぞれの事業年度について，欠損金に関する規定の適用の可否や手続きの違いに留意しなければなりません。

| 区　　　分 | 解散事業年度 | 清算事業年度 | 残余財産確定事業年度 |
|---|---|---|---|
| 青色欠損金の繰越控除 | ○ | ○ | ○ |
| 欠損金の繰戻還付 | ○ | ○ | ○ |
| 期限切れ欠損金の損金算入 | × | ○ | ○ |
| 完全支配関係がある場合の青色欠損金の引継ぎ | × | × | ○ |

○：適用可　×：適用不可

## 5 組織再編を行った場合 ⇒ 詳細は第5章を参照

　組織再編を行った場合には，欠損金の引継ぎの可否や租税回避行為を防止するための制限規定に留意しなければなりません。

| 適格組織再編の態様 | 欠損金の引継ぎの可否 | 欠損金の引継制限，使用制限の有無 | |
|---|---|---|---|
| | | 引継制限 | 使用制限 |
| 適格合併 | ○ | あり | あり |
| 適格分割 | × | | あり |
| 適格現物出資 | × | | あり |
| 適格現物分配 | × | | あり |
| 適格株式交換等 | × | | なし |
| 適格株式移転 | × | | なし |

○：引継可　×：引継不可

## 6　連結納税を適用した場合　⇒　詳細は第6章を参照

　連結納税制度は，連結納税グループに属するすべての法人を1つの納税単位として申告及び納税を行う制度ですので，欠損金に関する規定も連結納税グループ全体で適用することになります。したがって，連結納税を適用した場合には，欠損金額の計算方法や，連結納税の開始（加入）前の欠損金の取扱いにも留意しなければなりません。

## 7　欠損等法人に該当する場合　⇒　詳細は第7章を参照

　欠損等法人（欠損金を有する法人や含み損のある資産を有する法人）を買収した場合において，その買収が欠損金等を利用するための買収であると認められるときは，買収された法人の欠損金の繰越控除等に制限が課されます。したがって，法人を買収する場合には，この制限の対象となる欠損等法人の範囲や適用期間，適用事由等に留意しなければなりません。

## 8　災害による損失が生じた場合　⇒　詳細は第8章を参照

　欠損金額のうち，法人の有する棚卸資産，固定資産等について震災，風水害，火災等により生じた損失に係る欠損金額が生じた場合には，欠損金の繰越控除及び欠損金の繰戻還付が適用されますが，上記2及び3とは手続き等に異なる点があることに留意しなければなりません。

第1章　欠損金制度の概要　**7**

## Q2　修正申告・更正の請求による欠損金額の増減

　　法人税の所得計算に誤りがあった場合に，修正申告又は更正の請求により欠損金額を減少又は増加させることはできますか。

【当初の申告】

　益金の額　3,000　　損金の額　5,000　　欠損金額　2,000

（ケース1）損金の額が4,000だった場合

（ケース2）損金の額が6,000だった場合

## A・・・・・・・・・・・・・・・・・・・・・・・・・・・・・・・・・・・・・・・・・・・・・・・・・・・・・・・・・・・・・・・・・・・・・・・・・・・・

SUMMARY　修正申告や更正の請求は，法人税額が過大又は不足額がある場合に限って行うことができるものではなく，欠損金額が過大又は過少である場合にも行うことができます。

Reference　通法2六ハ・19①・23①

DETAIL

### 1　修正申告

　国税通則法では，次のいずれかに該当する場合には，修正申告書を提出することができるとしています（通法19①）。

> ①　納税申告書に記載した税額に不足額があるとき。
> ②　納税申告書に記載した純損失等の金額が過大であるとき。
> ③　納税申告書に記載した還付金の額に相当する税額が過大であるとき。
> ④　納税申告書に納付すべき税額を記載しなかった場合において，その納付すべき税額があるとき。

　上記②の純損失等の金額とは，法人税法に規定する欠損金額又は連結欠損金額のほか，所得税法に規定する純損失の金額又は雑損失の金額などをいいます（通法2六ハ）。実務では，納付税額に不足額があるときに修正申告を行う①の

ケースが多いですが，法令上は②の純損失等の金額が過大であったような，納付税額が変わらないケースでも修正申告を行うことができます。

（ケース1）では，当初の申告において5,000だった損金が，正しくは4,000だったため，欠損金額を1,000減少させる修正申告を行うことができます。

【当初の申告】　3,000（益金）－5,000（損金）＝△2,000（欠損）

【正しい申告】　3,000（益金）－4,000（損金）＝△1,000（欠損）

差額　　　　　　　　　　　　　　　　　欠損金が1,000過大⇒修正申告

## 2　更正の請求

国税通則法では，申告書に記載した課税標準等若しくは税額等の計算が国税に関する法律の規定に従っていなかったこと又はその計算に誤りがあったことにより，次のいずれかに該当する場合には，更正の請求をすることができるとしています（通法23①）。

> ①　納付すべき税額が過大であるとき。
> ②　申告書に記載した純損失等の金額が過少であるとき，又は申告書に純損失等の金額の記載がなかったとき。
> ③　申告書に記載した還付金の額に相当する税額が過少であるとき，又は申告書に還付金の額に相当する税額の記載がなかったとき。

実務では，納付税額が過大であるときに更正の請求を行う①のケースが多いですが，法令上は②の純損失等の金額が過少であったような，納付税額が変わらないケースでも更正の請求を行うことができます。

（ケース2）では，当初の申告において5,000だった損金が，正しくは6,000だったため，欠損金額を1,000増加させる更正の請求を行うことができます。

【当初の申告】　3,000（益金）－5,000（損金）＝△2,000（欠損）

【正しい申告】　3,000（益金）－6,000（損金）＝△3,000（欠損）

差額　　　　　　　　　　　　　　　　　欠損金が1,000過少⇒更正の請求

第1章 欠損金制度の概要 **9**

## Q3 無償減資による欠損てん補と税法上の欠損金との関係

無償減資による欠損てん補1,000を行い，次の会計処理をしました。税法上の欠損金額にも影響がありますか。

（会計上の仕訳）

| 資 本 金 | 1,000 | / | その他の資本剰余金 | 1,000 | ──① |
| その他の資本剰余金 | 1,000 | / | 繰越利益剰余金 | 1,000 | ──② |

## A

**SUMMARY** 無償減資による欠損てん補を行ったとしても，税法上の欠損金額に影響はありません。したがって，法人税申告書別表七の欠損金額がかわることもありません。

**Reference** 法令8①・9①

**DETAIL**

### 1 無償減資による欠損てん補とは

資本金の減少によって生じたその他資本剰余金を，利益剰余金のマイナスのてん補に充てることを無償減資による欠損てん補といいます。無償減資は減資といっても，株主に対する払戻しはなく，貸借対照表の純資産の部の中での振替にすぎません。

したがって，法人税法上の資本金等の額や利益積立金額，所得金額や欠損金額に影響を及ぼすものではありません。

**10**

■無償減資による欠損てん補

貸借対照表（減資前）

| 資産の部 | 33,000 | 負債の部 | 22,000 |
| --- | --- | --- | --- |
| | | 純資産の部 | |
| | | 　資本金 | 12,000 |
| | | 　繰越利益剰余金 | △1,000 |
| | | 合計 | 11,000 |

①△1,000

貸借対照表（減資後）

| 資産の部 | 33,000 | 負債の部 | 22,000 |
| --- | --- | --- | --- |
| | | 純資産の部 | |
| | | 　資本金 | 11,000 |
| | | 　繰越利益剰余金 | 0 |
| | | 合計 | 11,000 |

②＋1,000

## 2　無償減資による欠損てん補を行った場合の税務処理

　無償減資による欠損てん補は，法人税法上の資本金等の額や利益積立金額，所得金額や欠損金額に影響を及ぼすものではありませんので，税務上は会計上の仕訳を打ち消すための次の調整を行う必要があります。

| （税務上の調整仕訳） | | | |
| --- | --- | --- | --- |
| 利益積立金③ | 1,000 | / 資本金（等の額）④ | 1,000 |

　この調整を別表五（一）「利益積立金額及び資本金等の額の計算に関する明細書」に反映させると次のようになります。

第1章 欠損金制度の概要　**11**

| 利益積立金額及び資本金等の額の計算に関する明細書 | | 事業年度 | ・　・ | 法人名 | | | 別表五(一) 平三十一・四・ |
|---|---|---|---|---|---|---|---|

### Ⅰ　利益積立金額の計算に関する明細書

| 区　　　分 | | 期首現在利益積立金額 ① | 当　期　の　増　減 | | 差引翌期首現在利益積立金額 ①－②＋③ ④ |
|---|---|---|---|---|---|
| | | | 減 ② | 増 ③ | |
| 利　益　準　備　金 | 1 | 円 | 円 | 円 | 円 |
| 　　　積　立　金 | 2 | | | | |

〜〜〜〜〜〜〜〜〜〜〜〜〜〜〜〜〜〜〜〜〜〜〜〜〜

| 区　　　分 | | 期首現在利益積立金額 ① | 当期の増減 減 ② | 当期の増減 増 ③ | 差引翌期首現在利益積立金額 ①－②＋③ ④ |
|---|---|---|---|---|---|
| 資本金等の額（無償減資） | 25 | | ③1,000 | | △1,000 |
| 繰越損益金（損は赤） | 26 | | | ②1,000 | |
| 納　税　充　当　金 | 27 | | | | |
| 未納法人税等（附帯税を除く。）　未納法人税及び未納地方法人税（附帯税を除く。） | 28 | △ | △ | 中間　△　確定　△ | △ |
| | 29 | △ | △ | 中間　△　確定　△ | △ |
| 未納道府県民税（均等割額を含む。）　未納市町村民税（均等割額を含む。） | 30 | △ | △ | 中間　△　確定　△ | △ |
| 差　引　合　計　額 | 31 | | | | |

### Ⅱ　資本金等の額の計算に関する明細書

| 区　　　分 | | 期首現在資本金等の額 ① | 当　期　の　増　減 | | 差引翌期首現在資本金等の額 ①－②＋③ ④ |
|---|---|---|---|---|---|
| | | | 減 ② | 増 ③ | |
| 資本金又は出資金 | 32 | 12,000 円 | ①1,000 円 | 円 | 11,000 円 |
| 資　本　準　備　金 | 33 | | | | |
| 利益積立金（無償減資） | 34 | | | ④1,000 | 1,000 |
| | 35 | | | | |
| 差　引　合　計　額 | 36 | 12,000 | 1,000 | 1,000 | 12,000 |

　これにより，資本金等の額及び利益積立金額は無償減資による欠損てん補の影響を受けない金額に戻ります。

## Q4 法人税の欠損金が他の税目の計算に与える影響

法人税の所得計算において生じた欠損金が事業税(所得割)・住民税(法人税割)などの他の税目の計算に与える影響を教えてください。

## A

**SUMMARY** 法人の所得に対して課される税金は,①法人税のほか,②地方法人税,③事業税(所得割),④特別法人事業税(地方法人特別税)(※),⑤住民税(道府県民税法人税割・市町村民税法人税割)があります。

欠損金の繰戻還付など欠損金に関する規定の中には,法人税の計算にのみ適用され,事業税や住民税の計算においては適用されないものがあります。

法人税の計算においてこのような規定を適用する場合には,事業税や住民税の計算において調整計算が必要になります。

なお,地方法人税は法人税に,特別法人事業税(地方法人特別税)は事業税(標準税率で算出した所得割)にそれぞれの税率を乗じて税額が計算されるため,欠損金に関する特別な調整は不要とされています。

法人の所得に対して課される税金の計算をまとめると,次のようになります。

■法人の所得に対する税金(まとめ)

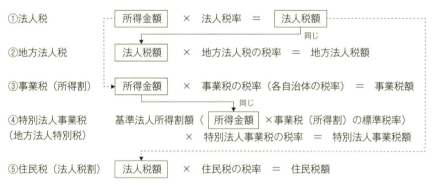

→ 同じ金額を用いて税額計算を行うため欠損金に関する調整は不要
┈▶ 欠損金の繰戻還付などの規定を適用した場合には欠損金に関する調整が必要

第1章　欠損金制度の概要　**13**

（※）特別法人事業税は令和元年10月１日以後に開始する事業年度から新たに創設される税目です。地方法人特別税は令和元年９月30日までに開始する事業年度での適用をもって廃止されます。特別法人事業税及び地方法人特別税は，いずれも標準税率で計算した事業税所得割額（基準法人所得割額）に税率を乗じて計算するため，ここではまとめて解説を行います。

（Reference）　地方法人税法56，地法23①・72の23①・292①

DETAIL

## 1　事業税（所得割）の所得金額の計算

　事業税（所得割）の課税標準である所得金額は，法人税額の課税標準である所得金額と，多くの場合（下記３に該当する場合を除きます）に一致します（地法72の23①）。したがって，法人税額の計算において欠損金額が生じた場合には，事業税（所得割）の計算においても同額の欠損金額が生じ，その欠損金額は「第六号様式別表九　欠損金額等及び災害損失金の控除明細書」で発生事業年度ごとに明細を把握することなります。なお，損金の額に算入した所得税額がある場合や海外投資等損失準備金に関する規定などの適用を受けた場合に

〈第六号様式　道府県民税・事業税・特別法人事業税（地方法人特別税）の確定申告書〉一部抜粋

| | | | | | | | | | |
|---|---|---|---|---|---|---|---|---|---|
| 所得金額の計算の内訳 | | 所得金額（法人税の明細書（別表４）の(34)）又は個別所得金額（法人税の明細書（別表４の２付表）の(42)） | 63 | | | | | | |
| | 加算 | 損金の額又は個別帰属損金額に算入した所得税額及び復興特別所得税額 | 64 | | | | | | |
| | | 損金の額又は個別帰属損金額に算入した海外投資等損失準備金勘定への繰入額 | 65 | | | | | | |
| | 減算 | 益金の額又は個別帰属益金額に算入した海外投資等損失準備金勘定からの戻入額 | 66 | | | | | | |
| | | 外国の事業に帰属する所得以外の所得に対して課された外国法人税額 | 67 | | | | | | |
| | 仮計　63 ＋ 64 ＋ 65 － 66 － 67 | | 68 | | | | | | |
| | 繰越欠損金額等若しくは災害損失金額又は債務免除等があった場合の欠損金額等の当期控除額 | | 69 | | | | | | |

は，これらの規定を適用する前の金額をいうため，第六号様式の⑭〜⑰欄でこの調整を行います。

## 2　住民税（法人税割）の法人税額の計算

　住民税（法人税割）の課税標準となる法人税額は，法人税法の規定によって計算した法人税額と多くの場合（下記3に該当する場合を除きます）に一致します（地法23①，292①）。

　法人税の計算において欠損金額が生じた場合でも，住民税の計算において，事業税のようにその欠損金額の明細を把握することは原則として行いません。これは，欠損金の繰越控除の規定の適用により，生じた欠損金額が翌期以降の所得の金額から控除されると，その事業年度の法人税額を減らす効果があるため，結果として，その法人税額を課税標準とする住民税（法人税割）も間接的に繰り越された欠損金額に対応する金額が減ることになるからです。

　なお，試験研究費の額等に係る法人税額の特別控除などの適用を受けた場合には，課税標準となる法人税額はこれらの規定の適用を受ける前の税額（中小企業者等が試験研究費の税額控除等，一定の税額控除の適用を受けた場合には適用後の税額）になるため，道府県民税は第六号様式の②〜④欄で，市町村民税は第二十号様式の②〜④欄でこの調整を行います。

〈第二十号様式　市民税の確定申告書〉一部抜粋

| 摘　　　　　　要 | | 課　税　標　準 | | | | |
|---|---|---|---|---|---|---|
| | | 十億 | 百万 | 千 | 円 | |
| （使途秘匿金税額等）<br>法人税法の規定によって計算した法人税額 | ① | | | | | |
| 試験研究費の額等に係る法人税額の特別控除額 | ② | | | | | |
| 還付法人税額等の控除額 | ③ | | | | | |
| 退職年金等積立金に係る法人税額 | ④ | | | | | |
| 課税標準となる法人税額又は個別帰属法人税額及びその法人税割額 ①+②−③+④ | ⑤ | | | | 0,0,0 | |

第1章　欠損金制度の概要　**15**

## 3　法人税の欠損金と事業税・住民税の欠損金が異なる場合

　欠損金に関する規定のうち，欠損金の繰戻還付や連結納税の開始（加入）時の欠損金の切捨ての規定は，法人税の所得の金額の計算においてのみ適用されるものです。したがって，これらの規定を適用した場合には，事業税（所得割）・住民税（法人税割）の計算は，次の点に留意しなければなりません。

### （1）事業税（所得割）
　「第六号様式別表九　欠損金額等及び災害損失金の控除明細書」において，欠損金の繰戻還付又は連結納税の開始（加入）時の欠損金の切捨ての規定の適用を受ける前の欠損金額（以下「事業税の欠損金」といいます）の明細を発生事業年度ごとに把握し，その後の事業年度の所得金額の計算に反映させます。

### （2）住民税（法人税割）
　①　欠損金の繰戻還付の適用を受けた場合
　道府県民税は「第六号様式別表二の三　控除対象還付法人税額又は控除対象個別帰属還付税額の控除明細書」で，市町村民税は「第二十号様式別表二の三　控除対象還付法人税額又は控除対象個別帰属還付税額の控除明細書」で欠損金の繰戻還付の規定により還付を受けた法人税額等（以下「住民税の欠損金」といいます）の明細を発生事業年度ごとに把握し，その後の事業年度の課税標準となる法人税額の計算に反映させます。
　②　連結納税の開始（加入）時に法人税の欠損金が切り捨てられた場合
　道府県民税は「第六号様式別表二　控除対象個別帰属調整額の控除明細書」で，市町村民税は「第二十号様式別表二　控除対象個別帰属調整額の控除明細書」で切り捨てられた法人税の欠損金に相当する住民税の欠損金の明細を発生事業年度ごとに把握し，その後の事業年度の課税標準となる法人税額の計算に反映させます。

## ■ 事業税（所得割）・住民税（法人税割）の申告書の参考 Q&A

(1) 欠損金の繰戻還付

**Q17** 欠損金の繰戻還付と地方税

**Q18** 欠損金の繰戻還付を適用した翌事業年度の取扱い

(2) 連結納税の開始（加入）時の欠損金の切捨て

**Q60** 連結欠損金の概要と地方税の欠損金

**Q61** 連結納税開始前又は加入前の法人税の欠損金

**Q62** 連結納税開始前又は加入前の地方税（事業税，住民税）の欠損金

**Q63** 連結親法人が中小法人等の場合の欠損金（法人税，地方税）の控除制限

# 第2章

## 青色欠損金の繰越控除

第 2 章 青色欠損金の繰越控除 **19**

## **Q5** 青色欠損金の繰越控除のしくみ

　　青色欠損金の繰越控除は，法人の資本金の額などによって控除できる
金額が異なると聞きました。具体的にはどのような違いがありますか。ま
た，制度の適用を受けるための要件も教えてください。

## A ·······························································

SUMMARY 　次の事業年度の区分に応じて，それぞれに掲げる金額を限度として，
青色欠損金を損金の額に算入します。

(1)　次に掲げる各事業年度（特例）……繰越控除適用前の所得金額（全額控除）

　①　中小法人等の各事業年度　⇒　計算の詳細は **Q6** を参照

　②　更生手続開始決定等があった法人の一定の事業年度

　③　新設法人の一定の事業年度

(2)　上記以外の各事業年度（原則）……繰越控除適用前の所得金額の50％相当額

　　　　　⇒　計算の詳細は **Q7** を参照

Reference 　法法57①⑪，法令112⑮⑯⑰⑱・117

DETAIL

## 1　青色欠損金の繰越控除制度の概要

　内国法人の各事業年度開始の日前10年以内に開始した事業年度において生じ
た欠損金額がある場合には，その欠損金額に相当する金額は，各事業年度の所
得の金額の計算において損金の額に算入します。近年の税制改正では，損金の
額に算入する欠損金額に一定の制限が設けられました。ただし，中小法人等や
新設法人等の次の 2 ～ 4 に掲げる一定の事業年度については，特例として欠損
金控除前の所得金額を限度として控除することが認められています（全額控
除）。したがって，欠損金を損金の額に算入する事業年度が，損金算入制限の
対象となる事業年度であるか否かを正しく判定する必要があります。

## 2　中小法人等の各事業年度

　中小法人等の各事業年度においては，欠損金控除前の所得金額を限度として，欠損金を損金の額に算入します（法法57⑪一）。

　中小法人等とは，各事業年度終了の時において次に掲げる法人に該当する法人をいいます（判定について詳細は，**Q10**，**Q11** を参照）。

---

〈中小法人等の範囲〉
(1)　普通法人（※1）のうち，資本金の額若しくは出資金の額が1億円以下であるもの（※2）又は資本若しくは出資を有しないもの（※3）。
　（※1）投資法人，特定目的会社及び受託法人を除く。
　（※2）資本金の額が5億円以上の大法人による完全支配関係がある法人を除く。
　（※3）保険業法に規定する相互会社を除く。
(2)　公益法人等
(3)　協同組合等
(4)　人格のない社団等

---

## 3　更生手続開始決定等があった法人の一定の事業年度

　次に掲げる事実の区分に応じて，それぞれに掲げる事業年度においては，欠損金控除前の所得金額を限度として，欠損金を損金の額に算入します（法法57⑪二）。

### （1）更生手続開始の決定があったこと

　更生手続開始の決定の日からその更生手続開始の決定に係る更生計画認可の決定の日以後7年を経過する日までの期間（※4）内の日の属する各事業年度（法法57⑪二イ，法令112⑮）

　（※4）7年を経過する日前においてその更生手続開始の決定を取り消す決定の確定その他の一定の事実が生じた場合には，その更生手続開始の決定の日からその事実が生じた日までの期間

■更生手続開始の決定があったこと

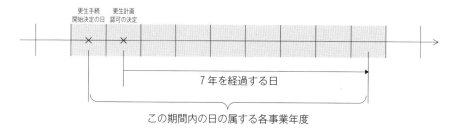

（＊）グレーの網掛部分が特例の適用対象事業年度

## （2）再生手続開始の決定があったこと

再生手続開始の決定の日からその再生手続開始の決定に係る再生計画認可の決定の日以後7年を経過する日までの期間<sup>(※5)</sup>内の日の属する各事業年度（法法57⑪二ロ，法令112⑯）

（※5）7年を経過する日前においてその再生手続開始の決定を取り消す決定の確定その他の一定の事実が生じた場合には，その再生手続開始の決定の日からその事実が生じた日までの期間

■再生手続開始の決定があったこと

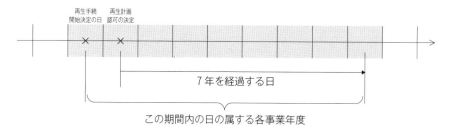

（＊）グレーの網掛部分が特例の適用対象事業年度

(3) 再生計画認可の決定があったことに準ずる事実など法人税法第59条第2項に規定する一定の事実（上記（2）の事実を除く）

これらの事実が生じた日から同日の翌日以後7年を経過する日までの期間内の日の属する各事業年度（法法57⑪二ハ，法令117）

一定の事実とは，特別清算開始の命令があったこと，破産手続開始の決定があったことなどをいいます。

(4) 上記（1）から（3）の事実に準ずる一定の事実

その事実が生じた日から同日の翌日以後7年を経過する日までの期間内の日の属する各事業年度（法法57⑪二ニ，法令112⑰）

■一定の事実が生じた場合

（＊）グレーの網掛部分が特例の適用対象事業年度

## 4　新設法人の一定の事業年度

新設法人の設立の日から同日以後7年を経過する日までの期間内の日の属する各事業年度においては，欠損金控除前の所得金額を限度として，青色欠損金を損金の額に算入します（法法57⑪三）。

適用の対象となる新設法人は，普通法人に限られ，各事業年度終了の時において次に掲げる法人に該当するものは適用の対象外となります。

〈新設法人から除外される法人〉
(1) 資本金の額が5億円以上の大法人による完全支配関係がある法人
(2) 株式移転完全親法人
(3) 中小法人等（上記2が適用されるため）

なお，新設法人が合併法人等である場合には，その合併法人又はその合併に係る被合併法人の設立の日のうち最も早い日等の一定の日が設立の日となります（法令112⑱）。

■新設法人の場合

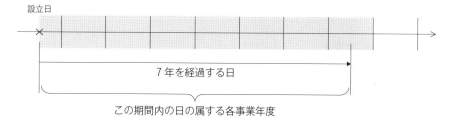

（＊）グレーの網掛部分が特例の適用対象事業年度

なお，上記3，4の事業年度においても，次に掲げる事由が生じた場合には，全額控除できる特例の適用は終了します。この場合，それぞれに掲げる日のうち最も早い日以後に終了する事業年度においては，欠損金の繰越控除適用前の所得金額の50％相当額を限度として，欠損金を損金の額に算入します（法法57⑪二・三，法令112⑭⑲）。

| 特例の適用が終了する事由 | 特例の適用が終了する基準となる日 |
|---|---|
| 法人の発行する株式が金融商品取引所等に上場されたこと | 上場された日 |
| 店頭売買有価証券登録原簿に登録されたこと | 登録された日 |
| その法人の事業の再生が図られたと認められる一定の事由が生じた場合 | 再生が図られたと認められる一定の事由が生じた日 |

■新設法人が上場した場合

(＊) グレーの網掛部分が特例の適用対象事業年度

## 5 制度の適用を受けるための要件

次のすべての要件を満たした場合に、青色欠損金の繰越控除の適用を受けることができます（法法57⑩，法規26の3①・59①）。

〈適用を受けるための要件〉
(1) 欠損金額の生じた事業年度について青色申告書である確定申告書を提出していること。
　⇒ 白色申告の取扱いについての詳細は **Q12** を参照
(2) その後において連続して確定申告書を提出していること。
　⇒ 期限後申告の取扱いについての詳細は **Q13** を参照
(3) 欠損金額の生じた事業年度に係る帳簿書類を整理し、起算日（閉鎖の日の属する事業年度終了の日の翌日から2月を経過した日）から10年間、納税地に保存していること。

第 2 章　青色欠損金の繰越控除　**25**

## Q6　青色欠損金の繰越控除額の計算①（中小法人等の場合）

　　当社（中小法人等・3月決算法人）の過年度の申告（いずれも青色申告）における欠損金額の発生状況は次のとおりです。

| 欠損金の発生事業年度 | 欠損金額 |
|---|---|
| X18/3期 | 80,000 |
| X19/3期 | 130,000 |
| 合　　計 | 210,000 |

　　当期（X20年3月期）は、欠損金控除前で100,000の所得が発生することが見込まれています。当期において損金の額に算入する欠損金額及び翌期に繰り越す欠損金額はいくらになりますか。

## A

**SUMMARY**　各事業年度開始の日前10年以内に開始した事業年度において生じた欠損金額がある場合には、その欠損金額に相当する金額は、各事業年度の所得の金額の計算において損金の額に算入します。

　　この損金の額に算入する金額は、中小法人等ではその事業年度の所得の金額を限度とし、発生事業年度の古いもから順次控除します（中小法人等以外の法人については、**Q7** を参照）。

　　したがって、当期（X20年3月期）の欠損金控除前の所得100,000を限度として、発生事業年度の古い X18年3月期分の欠損金80,000、X19年3月期分の欠損金130,000のうち20,000が当期の損金の額に算入され、結果として当期の所得金額は0（100,000−80,000−20,000）になります。また、翌期に繰り越す欠損金額は110,000（210,000−80,000−20,000）になります。

（Reference）　法法57①⑪，法基通12-1-1

26

```
DETAIL
```

## 1 欠損金の損金算入順序

　当期に繰り越された欠損金額が2以上の事業年度において生じたものからなる場合には，そのうち最も古い事業年度において生じた欠損金額に相当する金額から順次，損金の額に算入します（法基通12-1-1）。したがって，本問では，X18年3月期分の欠損金額から順次控除額の計算を行うことになります。

## 2 当期の控除額の計算

　中小法人等（資本金の額が1億円以下である等の一定の要件を満たす法人をいいます。詳細は **Q10**，**Q11** を参照）は，その事業年度の欠損金控除前の所得の金額を限度として，損金の額に算入する金額を計算します（法法57①⑪）。

(1)　X18年3月期分の欠損金額（80,000）

　　　100,000（当期の欠損金控除前の所得金額）＞80,000　∴80,000

(2)　X19年3月期分の欠損金額（130,000）

　　　100,000（当期の欠損金控除前の所得金額）

　　　△80,000（X18年3月期分の欠損金額）

　　　20,000（X18年3月期分の欠損金控除後の所得金額）　＜130,000　∴20,000

(3)　当期控除額の合計額

　　　80,000（X18年3月期分）＋20,000（X19年3月期分）＝100,000

　なお，翌期に繰り越す欠損金額は次のとおりです。

| 欠損金の発生事業年度 | 欠損金額 | 当期控除額 | 翌期繰越額 |
|---|---|---|---|
| X18年3月期 | 80,000 | 80,000 | 0 |
| X19年3月期 | 130,000 | 20,000 | 110,000 |
| 合　計 | 210,000 | 100,000 | 110,000 |

　以上の計算を法人税の申告書では次のように記載します。

## 第2章　青色欠損金の繰越控除

**⑤ 欠損金又は災害損失金の損金算入等に関する明細書**

| | | | | 事業年度 | X19・4・1<br>X20・3・31 | 法人名 | | 別表七(一) 平三十一・四・一 |

| 控除前所得金額<br>(別表四「39の①」)－(別表七(二)「9」又は「21」) | 1 | 100,000 円 | 所得金額控除限度額<br>(1) × 50又は100<br>100 | 2 | 100,000 円 |
|---|---|---|---|---|---|

| 事業年度 | 区　分 | 控除未済欠損金額<br>3 | 当期控除額<br>(当該事業年度の(3)と((2)－当該事業年度前の<br>(4)の合計額))のうち少ない金額<br>4 | 翌期繰越額<br>((3)－(4))又は(別表七(三)「15」)<br>5 |
|---|---|---|---|---|
| ・　・<br>・　・ | 青色欠損・連結みなし欠損・災害損失 | 円 | 円 | 円 |
| ・　・<br>・　・ | 青色欠損・連結みなし欠損・災害損失 | | | |
| ～～ | 青色欠損・連結みなし欠損・災害損失 | | | |
| X17・4・1<br>X18・3・31 | 青色欠損・連結みなし欠損・災害損失 | 80,000 | 80,000 | 0 |
| X18・4・1<br>X19・3・31 | 青色欠損・連結みなし欠損・災害損失 | 130,000 | 20,000 | 110,000 |
| | 計 | 210,000 | 100,000 | 110,000 |
| 当期分 | 欠損金額<br>(別表四「47の①」) | | 欠損金の繰戻し額 | |
| | 同上のうち 災害損失金 | | | |
| | 同上のうち 青色欠損金 | | | |
| | 合計 | | | 110,000 |

---

**所得の金額の計算に関する明細書**

| | | | 事業年度 | X19・4・1<br>X20・3・31 | 法人名 | | 別表四 平三十一・ |

御注意「47」の「①」に留意してください。

| 区　分 | | 総　額<br>① | 処　分 | | |
|---|---|---|---|---|---|
| | | | 留　保<br>② | 社外流出<br>③ | |
| 当期利益又は当期欠損の額 | 1 | 円 | 円 | 配当<br>その他 | 円 |
| 損金経理をした法人税及び地方法人税(附帯税を除く。) | 2 | | | | |
| 損金経理をした道府県民税及び市町村民税 | 3 | | | | |
| 損金経理をした納税充当金 | 4 | | | | |
| 契約者配当の益金算入額<br>(別表九(一)「13」) | 35 | | | | |
| 特定目的会社等の支払配当又は特定目的信託に係る受託法人の分配等の損金算入額<br>(別表十(七)「13」、別表十(八)「11」又は別表十(九)「16」若しくは「33」) | 36 | △ | △ | | |
| 中間申告における繰戻しによる還付に係る災害損失欠損金額の益金算入額 | 37 | | | ※ | |
| 非適格合併又は残余財産の全部分配等による移転資産等の譲渡利益額又は譲渡損失額 | 38 | | | ※ | |
| 差　引　計<br>(34)から(38)までの計 | 39 | 100,000 | | 外※ | |
| 欠損金又は災害損失金等の当期控除額<br>(別表七(一)「4の計」＋(別表七(二)「9」若しくは「21」又は別表七(三)「10」) | 40 | △ 100,000 | | ※ | △ 100,000 |
| 総　計<br>(39)＋(40) | 41 | | | 外※ | |
| 新鉱床探鉱費又は海外新鉱床探鉱費の特別控除額<br>(別表十(三)「43」) | 42 | △ | | ※ | |
| 農業経営基盤強化準備金積立額の損金算入額<br>(別表十二(十三)「10」) | 43 | △ | △ | | |
| 農用地等を取得した場合の圧縮額の損金算入額<br>(別表十二(十三)「43の計」) | 44 | △ | △ | | |
| 関西国際空港用地整備準備金積立額、中部国際空港整備準備金積立額又は再投資等準備金積立額の損金算入額(別表十二(十一)「15」、別表十二(十二)「10」又は別表十二(十四)「12」) | 45 | △ | △ | | |
| 残余財産の確定の日の属する事業年度に係る事業税の損金算入額 | 46 | △ | △ | | |
| 所得金額又は欠損金額 | 47 | 0 | | 外※ | |

## Q7 青色欠損金の繰越控除額の計算②（中小法人等以外の場合）

当社（資本金3億円・3月決算法人）の過年度の申告（いずれも青色申告）における欠損金額の発生状況は次のとおりです。

| 欠損金の発生事業年度 | 欠損金額 |
|---|---|
| X18年3月期 | 80,000 |
| X19年3月期 | 130,000 |
| 合　計 | 210,000 |

当期（X20年3月期）は，欠損金控除前で100,000の所得が発生することが見込まれています。当期において損金の額に算入する欠損金額及び翌期に繰り越す欠損金はいくらになりますか。

## A

SUMMARY　各事業年度開始の日前10年以内に開始した事業年度において生じた欠損金額がある場合には，その欠損金額に相当する金額は，各事業年度の所得の金額の計算において損金の額に算入します。

この損金の額に算入する金額は，中小法人等（資本金の額が1億円以下である等の一定の要件を満たす法人をいいます。詳細は **Q10，Q11** を参照）以外ではその事業年度の所得の金額の50％相当額を限度とし，発生事業年度の古いものから順次控除します。

したがって，当期（X20年3月期）の欠損金控除前の所得100,000の50％である50,000を限度として，発生事業年度の古いX18年3月期分の欠損金80,000のうち50,000が当期の損金の額に算入され，結果として当期の所得金額は50,000（100,000－50,000）になります。また，翌期に繰り越す欠損金額は160,000（210,000－50,000）になります。

Reference　法法57①

第2章　青色欠損金の繰越控除　**29**

DETAIL ▷

## 1　欠損金の損金算入順序

　当期に繰り越された欠損金額が2以上の事業年度において生じたものからなる場合には，そのうち最も古い事業年度において生じた欠損金額に相当する金額から順次，損金の額に算入します（法基通12-1-1）。したがって，本問では，X18年3月期分の欠損金額から順次控除額の計算を行うことになります。

## 2　当期の控除額の計算

　中小法人等以外の法人は，その事業年度の欠損金控除前の所得の金額の50%相当額を限度として，損金の額に算入する金額を計算します（法法57①）。

(1)　X18年3月期分の欠損金額（80,000）

　　100,000（当期の欠損金控除前の所得金額）×50%＝50,000＜80,000　∴50,000

(2)　X19年3月期分の欠損金額（130,000）

　　X18年3月期分の欠損金額が所得金額の50%を超えているため控除不可

(3)　当期控除額の合計額

　　50,000（X18年3月期分のみ）

　なお，翌期に繰り越す欠損金額は次のとおりです。

| 欠損金の発生事業年度 | 欠損金額 | 当期控除額 | 翌期繰越額 |
|---|---|---|---|
| X18年3月期 | 80,000 | 50,000 | 30,000 |
| X19年3月期 | 130,000 | 0 | 130,000 |
| 合　計 | 210,000 | 50,000 | 160,000 |

　以上の計算を法人税の申告書では次のように記載します。

**⑤ 欠損金又は災害損失金の損金算入等に関する明細書**

| 事業年度 | X19・4・1 X20・3・31 | 法人名 | | 別表七(一) 平三十一・四・一 |

| 控除前所得金額 (別表四「39の①」)-(別表七(二)「9」又は「21」) | 1 | 100,000 円 | 所得金額控除限度額 (1)× 50又は100/100 | 2 | 50,000 円 |
|---|---|---|---|---|---|

| 事業年度 | 区　分 | 控除未済欠損金額 ③ | 当期控除額 (当該事業年度の③)と((2)-当該事業年度前の (④の合計額))のうち少ない金額) ④ | 翌期繰越額 ((3)-(4))又は(別表七(三)「15」) ⑤ |
|---|---|---|---|---|
| ・　・ ・　・ | 青色欠損・連結みなし欠損・災害損失 | 円 | 円 | |
| ・　・ ・　・ | 青色欠損・連結みなし欠損・災害損失 | | | 円 |
| ・　・ ・　・ | 青色欠損・連結みなし欠損・災害損失 | | | |
| X17・4・1 X18・3・31 | 青色欠損・連結みなし欠損・災害損失 | 80,000 | 50,000 | 30,000 |
| X18・4・1 X19・3・31 | 青色欠損・連結みなし欠損・災害損失 | 130,000 | 0 | 130,000 |
| | 計 | 210,000 | 50,000 | 160,000 |

| 当期分 | 欠損金額 (別表四「47の①」) | | 欠損金の繰戻し額 | |
|---|---|---|---|---|
| | 同上のうち | 災害損失金 | | |
| | | 青色欠損金 | | |
| | 合　　計 | | | 160,000 |

---

**所得の金額の計算に関する明細書**

| 事業年度 | X19・4・1 X20・3・31 | 法人名 | | 別表四 平三十一・ |

御注意　「47」の「①」留意してください。

| 区　分 | | 総額 ① | 処分 |  |
|---|---|---|---|---|
| | | | 留保 ② | 社外流出 ③ |
| 当期利益又は当期欠損の額 | 1 | 円 | 円 | 配当 円 その他 |
| 損金経理をした法人税及び地方法人税(附帯税を除く。) | 2 | | | |
| 損金経理をした道府県民税及び市町村民税 | 3 | | | |
| 損金経理をした納税充当金 | 4 | | | |
| (26)+(26)+(27)+(28)+(29)+(30)+(31)+(32)+(33) | | | | |
| 契約者配当の益金算入額 (別表九(一)「13」) | 35 | | | |
| 特定目的会社等の支払配当又は特定目的信託に係る受託法人の利益の分配等の損金算入額 (別表十(七)「13」,別表十(八)「11」又は別表十(三)「16」若しくは「33」) | 36 | △ | △ | |
| 中間申告における繰戻しによる還付に係る災害損失欠損金額の益金算入額 | 37 | | | ※ |
| 非適格合併又は残余財産の全部分配等による移転資産等の譲渡利益額又は譲渡損失額 | 38 | | | ※ |
| 差　引　計 (34)から(38)までの計 | 39 | 100,000 | | 外※ |
| 欠損金又は災害損失金等の当期控除額 (別表七(一)「4の計」+(別表七(二)「9」若しくは「21」又は別表七(三)「10」) | 40 | △ 50,000 | | ※ △ 50,000 |
| 総　　計 (39)+(40) | 41 | | | 外※ |
| 新鉱床探鉱費又は海外新鉱床探鉱費の特別控除額 (別表十(三)「43」) | 42 | △ | | ※ △ |
| 農業経営基盤強化準備金積立額の損金算入額 (別表十二(十三)「10」) | 43 | △ | △ | |
| 農用地等を取得した場合の圧縮額の損金算入額 (別表十二(十三)「43の計」) | 44 | △ | △ | |
| 関西国際空港用地整備準備金積立額,中部国際空港整備準備金積立額又は再投資等準備金積立額の損金算入額(別表十二(十一)「15」,別表十二(十一)「10」又は別表十二(十四)「12」) | 45 | △ | △ | |
| 残余財産の確定の日の属する事業年度に係る事業税の損金算入額 | 46 | △ | △ | |
| 所得金額又は欠損金額 | 47 | 50,000 | | 外※ |

第 2 章　青色欠損金の繰越控除　**31**

## Q8　青色欠損金の繰越期間①（近年の税制改正の影響）

　近年の税制改正の影響で青色欠損金の繰越期間が変わったと聞きましたが，発生年度ごとの繰越期間（使用期限）を教えてください。

## A ···················································································

SUMMARY　欠損金の繰越期間は，平成23年12月の税制改正で 9 年間（改正前：7 年間），平成28年度税制改正で10年間とされました。

Reference　法法57①，平成23. 6 改正法附則10，平成23.12改正法附則10・14，平成27年改正法附則27

DETAIL

### 1　繰越期間の延長

　欠損金の繰越期間は，次の欠損金の発生事業年度に応じて，それぞれに掲げる期間です（法法57①，平成23. 6 改正法附則10，平成23.12改正法附則10・14，平成27年改正法附則27）。

| 欠損金の発生した事業年度 | 繰越期間 |
|---|---|
| 平成20年 4 月 1 日以後に終了した事業年度<br>（下記の事業年度を除く） | 9 年 |
| 平成30年 4 月 1 日以後に開始する事業年度 | 10年 |

　12月決算法人と 3 月決算法人の欠損金の発生事業年度別の繰越期限をまとめると次のようになります。太線以降は繰越期間が10年になります。

①12月決算法人

| 発生事業年度 | 繰越期限 |
|---|---|
| 平成20年12月期 | 平成29年12月期 |

② 3 月決算法人

| 発生事業年度 | 繰越期限 |
|---|---|
| 平成21年 3 月期 | 平成30年 3 月期 |

| 発生事業年度 | 繰越期限 |
|---|---|
| 平成21年12月期 | 平成30年12月期 |
| 平成22年12月期 | 令和元年12月期 |
| 平成23年12月期 | 令和2年12月期 |
| 平成24年12月期 | 令和3年12月期 |
| 平成25年12月期 | 令和4年12月期 |
| 平成26年12月期 | 令和5年12月期 |
| 平成27年12月期 | 令和6年12月期 |
| 平成28年12月期 | 令和7年12月期 |
| 平成29年12月期 | 令和8年12月期 |
| 平成30年12月期 | 令和9年12月期 |
| 令和元年12月期 | 令和11年12月期 |

| 発生事業年度 | 繰越期限 |
|---|---|
| 平成22年3月期 | 平成31年3月期 |
| 平成23年3月期 | 令和2年3月期 |
| 平成24年3月期 | 令和3年3月期 |
| 平成25年3月期 | 令和4年3月期 |
| 平成26年3月期 | 令和5年3月期 |
| 平成27年3月期 | 令和6年3月期 |
| 平成28年3月期 | 令和7年3月期 |
| 平成29年3月期 | 令和8年3月期 |
| 平成30年3月期 | 令和9年3月期 |
| 平成31年3月期 | 令和11年3月期 |
| 令和2年3月期 | 令和12年3月期 |

---

関連解説

## 控除限度額の近年の税制改正について

　近年の税制改正では，欠損金の繰越期間の延長と併せて，中小法人等以外の法人については控除限度額に一定割合の制限を課しました。この改正は，欠損金を控除する事業年度ごとに制限割合が定められています。

　一方，繰越期間の延長は，欠損金の発生した事業年度により繰越期間が異なる点に注意が必要です。

| 欠損金を控除する事業年度 | 控除限度額 |
|---|---|
| 平成24.4.1～平成27.3.31までに開始する事業年度 | 控除前所得金額×80% |
| 平成27.4.1～平成28.3.31までに開始する事業年度 | 控除前所得金額×65% |
| 平成28.4.1～平成29.3.31までに開始する事業年度 | 控除前所得金額×60% |
| 平成29.4.1～平成30.3.31までに開始する事業年度 | 控除前所得金額×55% |
| 平成30.4.1以降に開始する事業年度 | 控除前所得金額×50% |

## Q9 青色欠損金の繰越期間②(決算期変更をした場合)

当社は前期において決算期を12月から3月に変更しました。当期の欠損金控除前の所得金額は2,000でしたが、どの事業年度に発生した欠損金を控除することができますか。

当期首における過年度の欠損金の発生状況は次のとおりです。

| 欠損金の発生事業年度 | 欠損金額 | 欠損金の発生事業年度 | 欠損金額 |
| --- | --- | --- | --- |
| X10/12月期 (X10.1/1~12/31) | 500 | X16/12月期 (X16.1/1~12/31) | 150 |
| X11/12月期 (X11.1/1~12/31) | 800 | X17/12月期 (X17.1/1~12/31) | 700 |
| X12/12月期 (X12.1/1~12/31) | 200 | X18/12月期 (X18.1/1~12/31) | 300 |
| X13/12月期 (X13.1/1~12/31) | 400 | X19/12月期 (X19.1/1~12/31) | 600 |
| X14/12月期 (X14.1/1~12/31) | 1,200 | X20/3月期 (X20.1/1~3/31) | 250 |
| X15/12月期 (X15.1/1~12/31) | 900 | | |

## A

**SUMMARY** X11年12月期の欠損金から順次控除します。

**Reference** 法法57①

**DETAIL**

### 1 欠損金の繰越期間

その事業年度の所得の金額の計算上、損金の額に算入することができる欠損

金額は，その事業年度開始の日前10年以内に開始した事業年度において生じた欠損金額とされています。決算期変更を行わない場合には，単純に当期の期首から10年間さかのぼるため，下記（ケース1）ではX11年3月期に生じた欠損金から順次控除します。

■（ケース1）決算期変更を行っていない場合

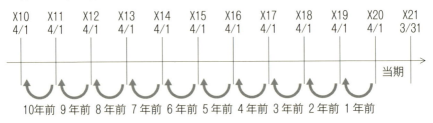

## 2　決算期変更を行った場合の留意点

これに対して，決算期変更を行った場合には，判定が複雑になります。

当期（X21年3月期）の開始の日（X20年4月1日）前（X20年3月31日）10年以内（X10年4月1日からX20年3月31日）に開始した事業年度において生じた欠損金から順次控除します。したがって，下記（ケース2）では，X11年12月期に生じた欠損金から順次控除することになります。

■（ケース2）決算期変更を行った場合（本問のケース）

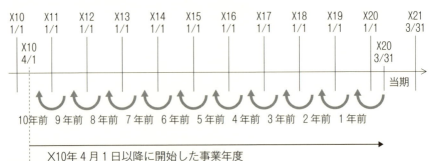

## Q10 中小法人等の判定①（グループ法人税制が適用されない場合）

当社は設立以来中小法人等に該当していましたが，当期（X20年3月期）の期中で増資を行い，資本金が1億円を超えました。当期の確定申告で，過年度に発生した欠損金の繰越控除の適用を受けることができますか。なお，当社は他の法人による完全支配関係はありません。

## A

SUMMARY　当期において欠損金の繰越控除の適用を受けることはできますが，事業年度終了の時において中小法人等に該当しないため，損金の額に算入する欠損金額は，欠損金控除前の所得の金額の50％相当額が限度となります。

Reference　法法57①⑪

DETAIL

### 1　中小法人等の範囲と判定時期

中小法人等とは，各事業年度終了の時において次に掲げる法人に該当する法人をいいます（法法57⑪一）。

〈中小法人等の範囲〉
(1) 普通法人（※1）のうち，資本金の額若しくは出資金の額が1億円以下であるもの（※2）又は資本若しくは出資を有しないもの（※3）。
　（※1）投資法人，特定目的会社及び受託法人を除く。

（※2）資本金の額が5億円以上の大法人による完全支配関係がある法人を除く。
　　（※3）保険業法に規定する相互会社を除く。
(2)　公益法人等
(3)　協同組合等
(4)　人格のない社団等

　中小法人等に該当するか否かは，各事業年度終了の時において判定します。したがって，本問のように欠損金を損金に算入する事業年度終了の時（X20年3月31日）において中小法人等に該当していない場合には，仮に欠損金が発生した事業年度において中小法人等に該当していたとしても，50％の損金算入制限が課されることになります。
　なお，他の法人による完全支配関係がある場合には，グループ法人税制の適用により，他の法人の資本金の額も判定の対象になります（詳細は**Q11**を参照）。

## 2　減資により中小法人等になった場合

　本問と反対のケースとして，欠損金を損金に算入する事業年度終了の時（X20年3月31日）において中小法人等に該当している場合には，仮に欠損金が発生した事業年度において中小法人等に該当していなかったとしても，50％の損金算入制限は課されません。

■減資により中小法人等に該当するケース

第 2 章　青色欠損金の繰越控除　37

## Q11　中小法人等の判定②（グループ法人税制が適用される場合）

　当社（S社・12月決算法人）は資本金が3,000万円で，設立以来，資本金の増減はありません。当社の親法人（P社：S社の発行済株式等の100％を直接保有している3月決算法人）がX20年10月に資本金を5億円から4億円に減少させました。当社は当期（X20年12月期）の確定申告で，過年度に発生した欠損金の繰越控除の適用を受けることができますか。

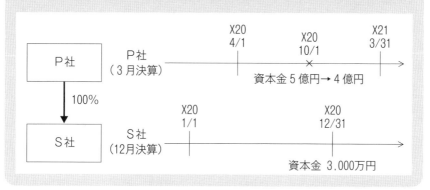

A

SUMMARY　S社の事業年度終了の時（X20年12月31日）におけるP社の資本金の額は5億円未満であるため，S社は中小法人等に該当します。したがって，当期（X20年12月期）の欠損金の繰越控除の適用にあたって，50％の損金算入制限は課されません。

Reference　法法57⑪・66⑥二

DETAIL

### 1　中小法人等の範囲と判定時期

　中小法人等とは，普通法人では，資本金の額若しくは出資金の額が1億円以下であるもの又は資本若しくは出資を有しないものをいい，このうち，資本金の

額が5億円以上の大法人による完全支配関係がある法人が除かれます。この中小法人等に該当するか否かの判定は，欠損金の繰越控除の適用を受ける法人の各事業年度終了の時の状況で行います。これは適用の対象となる法人（本問ではS社）の資本金の額が1億円以下であるか否かの判定はもちろんのこと，完全支配関係のある法人（本問ではP社）の資本金の額が5億円未満であるかどうかも，欠損金の繰越控除の適用を受けるS社の事業年度終了の時の状況で判定します。

したがって，S社の事業年度終了の時（X20年12月31日）において，①S社の資本金の額が3,000万円（1億円以下）であり，かつ，②P社の資本金の額が4億円（5億円未満）であるため，S社は中小法人等に該当し，当期（X20年12月期）の欠損金の繰越控除には50％の損金算入制限は課されません。

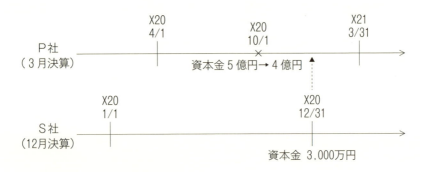

## 2 P社が増資をした場合

本問と反対のケースとして，P社がX20年10月1日に資本金の額を4億円から5億円に増加した場合には，S社の事業年度終了の時（X20年12月31日）において，①S社の資本金の額は3,000万円（1億円以下）ですが，②P社の資本金の額が5億円（5億円以上）であるため，グループ法人税制が適用され，S社は中小法人等に該当せず，当期（X20年12月期）の欠損金の繰越控除には50％の損金算入制限が課されます。

第2章　青色欠損金の繰越控除　**39**

## Q12　白色申告の場合の繰越控除の適用の可否

欠損金の繰越控除は，白色申告でも適用が受けられますか。

次の3つのケースについて，適用の可否を教えてください。

① 欠損金の発生事業年度・控除事業年度ともに白色申告の場合

② 欠損金の発生事業年度が青色申告，控除事業年度が白色申告の場合

③ 欠損金の発生事業年度が白色申告，控除事業年度が青色申告の場合

| | 欠損金発生事業年度 | 控除事業年度 |
|---|---|---|
| ① | 白色申告 | 白色申告 |
| ② | 青色申告 | 白色申告 |
| ③ | 白色申告 | 青色申告 |

## A

SUMMARY　②は適用を受けることができますが，①と③は適用を受けることはできません。

Reference　法法57⑩

DETAIL

　欠損金の繰越控除は，内国法人が欠損金額の生じた事業年度について青色申告書である確定申告書を提出し，かつ，その後において連続して確定申告書を提出している場合に限り適用されます（法法57⑩）。つまり，欠損金発生事業年度については青色申告書の提出が要件とされていますが，その後の事業年度において連続して提出する確定申告書は青色申告であることは要件とされていません。したがって，欠損金発生事業年度において白色申告である①と③は繰越控除の適用を受けることはできず，欠損金発生事業年度において青色申告である②のみが適用の対象となります。

**Q13** 期限後申告と繰越控除の適用の可否

欠損金の繰越控除は，期限後申告でも適用が受けられますか。

次の３つのケースについて，適用の有無を教えてください。

① 発生事業年度が期限内申告，控除事業年度が期限後申告の場合

② 発生事業年度が期限後申告，控除事業年度が期限内申告の場合

③ 発生事業年度・控除事業年度ともに期限後申告の場合

|  | 欠損金発生事業年度 | 控除事業年度 |
|---|---|---|
| ① | 期限内申告 | 期限後申告 |
| ② | 期限後申告 | 期限内申告 |
| ③ | 期限後申告 | 期限後申告 |

なお，②③の欠損金発生事業年度の申告書は，欠損金発生事業年度の提出期限後に提出していますが，控除事業年度の確定申告書よりも前に提出しています。

**A** ・・・・・・・・・・・・・・・・・・・・・・・・・・・・・・・・・・・・・・・・・・・・・・・・・・・・・・・・・・・・・・・・・・・・・・・・・

SUMMARY 欠損金の繰越控除は，欠損金発生事業年度及び控除事業年度のいずれの事業年度においても申告期限内に申告書を提出することは要件とされていません。したがって，欠損金発生事業年度の申告が青色申告であれば①～③のいずれの場合においても，欠損金の繰越控除の適用を受けることができます。

Reference 法法57⑩

DETAIL

欠損金の繰越控除は，内国法人が欠損金額の生じた事業年度について青色申告書である確定申告書を提出し，かつ，その後において連続して確定申告書を提出している場合に限り適用されます（法法57⑩）。この場合の確定申告書は，

申告期限内に提出することが繰越控除の適用を受けるための要件とされていません。したがって期限後申告であっても欠損金の繰越控除の適用を受けることは可能です。

ただし，期限後提出であっても，欠損金を損金の額に算入しようとする事業年度（控除事業年度）に係る確定申告書を提出した後に，無申告であった欠損金が生じた事業年度（発生事業年度）に係る確定申告書を提出する場合の期限後提出は，繰越欠損金が生じた事業年度から連続して確定申告書を提出していることにならないため，このような場合には繰越控除の適用を受けることはできません（国税不服審判所事例（平20.3.14，裁決事例集 No.75 370頁））。

■期限後提出で繰越控除の適用を受けられないケース

　関連解説

### 期限後提出と青色申告の承認の取消し

本問とは直接関係はありませんが，上記③のケースのように，2期連続で確定申告書を申告期限後に提出をした場合には，青色申告の承認の取消し事由に該当します（「法人の青色申告の承認の取消しについて（事務運営指針）」4 無申告又は期限後申告の場合における青色申告の承認の取消し）。青色申告の承認が取り消された場合には，その後の事業年度において生じた欠損金は繰越控除の適用が受けられなくなります。確定申告書の提出は遅れないように注意が必要です。

## Q14 更正の請求による繰越控除の適用の可否

確定申告で欠損金の繰越控除の適用を忘れました。更正の請求で適用を受けることは可能ですか。

**A** ......................................................................................................

SUMMARY ▷ 更正の請求で欠損金の繰越控除の適用を受けることは可能です。

Reference ▷ 通法23①，法法57①


DETAIL ▷

### 1 更正の請求とは

国税通則法では，申告書に記載した課税標準等若しくは税額等の計算が国税に関する法律の規定に従っていなかったこと又はその計算に誤りがあったことにより，納付すべき税額が過大であった場合等には，更正の請求をすることができるとしています（通法23①）（詳細は**Q2**を参照）。

### 2 繰越控除と更正の請求

法人税法では欠損金の繰越控除について，その欠損金額に相当する金額は，「各事業年度の所得の金額の計算上，損金の額に算入する。」と規定しています（法法57①）。「算入することができる」という規定ではないため，過年度において生じた欠損金額がある場合には，法律上当然に当期の損金の額に算入することになります。したがって，確定申告において，欠損金の繰越控除の適用を受けなかったことは，「国税に関する法律の規定に従っていなかったこと」にあたり，これにより納付すべき税額が過大であった場合には，更正の請求により税額の還付を受けることができます。

# 第 3 章

## 欠損金の繰戻還付

第3章　欠損金の繰戻還付　**45**

## Q15　欠損金の繰戻還付のしくみ

当期（X20年3月期）において欠損金が生じました。繰戻還付を適用した場合，いくらの税金が還付されますか。

| 事業年度 | 所得金額 | 法人税額(※) |
|---|---|---|
| X18/3期（X17.4/1～ X18.3/31） | 20,000 | 3,000 |
| X19/3期（X18.4/1～ X19.3/31） | 100,000 | 15,000 |
| X20/3期（X19.4/1～ X20.3/31） | △60,000 | 0 |

（※）法人税の税率は15％と仮定

**A** ································································

SUMMARY〉　次の算式により計算した税額が還付されます。

〈還付請求額の計算〉

$$\left(\begin{array}{c} \text{還付所得事業}\\ \text{年度の法人税額}\\ 15,000 \end{array}\right) \times \frac{60,000\,（欠損事業年度の欠損金額）^{(※)}}{100,000\,（還付所得事業年度の所得金額）} = 9,000$$

（※）60,000（欠損事業年度の欠損金額）＜100,000（還付所得事業年度の所得金額）

∴60,000

Reference）　法法80①③④⑤⑥，措法66の13

DETAIL〉

## 1　欠損金の繰戻還付とは

　欠損金の繰戻還付とは，欠損金が生じた場合に，その欠損金を前事業年度（還付所得事業年度：詳細は **Q21** を参照）に繰り戻して，既に納付済みの法人税の還付を受けることができる制度です（法法80①）。

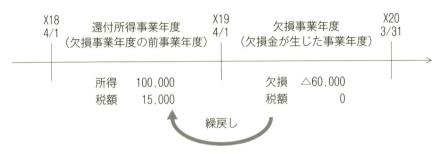

## 2 制度の対象となる欠損金の範囲

この制度は，次に掲げる欠損金額を除き，平成4年4月1日から令和2年3月31日までの間に終了する各事業年度において生じた欠損金額については適用が停止されています（措法66の13①）。

〈欠損金の繰戻還付の対象となる欠損金の種類〉
① 解散等の事実が生じた場合の欠損金額
　⇒ 解散等の事実についての詳細は **Q27** を参照
② 清算中に終了する事業年度の欠損金額
③ 災害損失欠損金額及び設備廃棄等欠損金額
④ 中小企業者等の各事業年度において生じた欠損金額
　⇒ 中小企業者等の範囲についての詳細は **Q19** を参照

したがって，適用にあたって，まずは生じた欠損金が上記のいずれかに該当するか否かの確認が必要です。

## 3 還付金額の計算方法

還付金額は，次の算式により計算した金額です。

〈還付金額の計算〉

還付所得事業年度の法人税額(※1) × $\dfrac{\text{欠損事業年度の欠損金額}^{(※2)}}{\text{還付所得事業年度の所得金額}}$

(※1) 還付所得事業年度の所得に対する法人税（附帯税の額を除く）をいい、計算方法は、地方法人税の計算の基礎となる基準法人税額と同様（詳細は**Q16**を参照）。
(※2) 分母の還付事業年度の所得金額が限度。

## 3　制度の適用を受けるための要件

次のすべての要件を満たした場合に、欠損金の繰戻還付の適用を受けることができます（法法80③⑥）。

〈適用を受けるための要件〉
(1) 還付所得事業年度から欠損事業年度の前事業年度までの各事業年度について連続して青色申告書である確定申告書を提出していること。
　⇒　白色申告の取扱いについての詳細は**Q22**を参照
(2) 欠損事業年度の青色申告書である確定申告書をその提出期限までに提出していること。
　⇒　期限後申告の取扱いについての詳細は**Q23**を参照
(3) 上記(2)の確定申告書と同時に「欠損金の繰戻しによる還付請求書」を提出すること。

なお、解散等の事実が生じた場合の欠損金の繰戻還付は、適用を受けるための要件が上記と異なります。詳細は**Q28**を参照してください。

## 4　申告書・還付請求書の記載方法

「欠損金の繰戻しによる還付請求書」と法人税確定申告書（別表一（一）・別表七（一）は、次のように記載します。

## 欠損金の繰戻しによる還付請求書

※整理番号　　　　　　　　　
連結親グループ整理番号　　　　　　　

| 税務署受付印 | | |
|---|---|---|
| | 納　税　地 | 〒　　　　電話（　　）　　－ |
| | （フリガナ） | |
| 令和　年　月　日 | 法　人　名　等 | |
| | 法　人　番　号 | |
| | （フリガナ） | |
| | 代　表　者　氏　名 | ㊞ |
| | 代　表　者　住　所 | 〒 |
| 税務署長殿 | 事　業　種　目 | 業 |

法人税法第80条の規定に基づき下記のとおり欠損金の繰戻しによる法人税額の還付を請求します。

記

| 欠損事業年度 | 自 平成・令和X19年 4 月 1 日<br>至 平成・令和X20年 3 月 31 日 | | 還付所得事業年度 | 自 平成・令和X18年 4 月 1 日<br>至 平成・令和X19年 3 月 31 日 |
|---|---|---|---|---|

| 区　　　　分 | | | 請　求　金　額 | ※　金　額 |
|---|---|---|---|---|
| 欠損事業年度の欠損金額 | 欠　損　金　額 | (1) | 60,000 | |
| | 同上のうち還付所得事業年度に繰り戻す欠損金額 | (2) | 60,000 | |
| 還付所得事業年度の所得金額 | 所　得　金　額 | (3) | 100,000 | |
| | 既に欠損金の繰戻しを行った金額 | (4) | 0 | |
| | 差引所得金額（（3）－（4）） | (5) | 100,000 | |
| 還付所得事業年度の法人税額 | 納付の確定した法人税額 | (6) | 15,000 | |
| | 仮装経理に基づく過大申告の更正に伴う控除法人税額 | (7) | | |
| | 控　除　税　額 | (8) | | |
| | 使途秘匿金額に対する税額 | (9) | | |
| | 課税土地譲渡利益金額に対する税額 | (10) | | |
| | リース特別控除取戻税額 | (11) | | |
| | 法人税額（（6）＋（7）＋（8）－（9）－（10）－（11）） | (12) | 15,000 | |
| | 既に欠損金の繰戻しにより還付を受けた法人税額 | (13) | 0 | |
| | 差引法人税額（（12）－（13）） | (14) | 15,000 | |
| 還付金額（（14）×（2）／（5）） | | (15) | 9,000 | |
| 請求期限 | 令和X20年 5 月 31 日 | | 確定申告書提出年月日 | 平成・令和X20年 5 月 31 日 |

| 還付を受けようとする金融機関等 | 1　銀行等の預金口座に振込みを希望する場合<br>　　　　　　　　銀行　　　　　　本店・支店<br>　　　　　　　　金庫・組合　　　　出張所<br>　　　　　　　　漁協・農協　　　　本所・支所<br>　　　　　　　　預金 口座番号 | 2　ゆうちょ銀行の貯金口座に振込みを希望する場合<br>　　貯金口座の記号番号<br>3　郵便局等の窓口での受け取りを希望する場合<br>　　郵便局名等 |
|---|---|---|

この請求書が次の場合に該当するときは、次のものを添付してください。
1　期限後提出の場合、確定申告書をその提出期限までに提出することができなかった事情の詳細を記載した書類
2　法人税法第80条第4項の規定に基づくものである場合には、解散、事業の全部の譲渡等の事実発生年月日及びその事実の詳細を記載した書類
3　租税特別措置法第66条の13第2項の設備廃棄等欠損金額に係る請求である場合には、農業競争力強化支援法施行規則第20条第1項の証明に係る同条第2項の申請書の写し及び当該証明書の写し

| 税理士署名押印 | | ㊞ |
|---|---|---|

| ※税務署処理欄 | 部門 | 決算期 | 業種番号 | 番号 | 整理簿 | 備考 | 通信日付印 | 年月日 | 確認印 |
|---|---|---|---|---|---|---|---|---|---|

01.06 改正

（規格Ａ４）

第3章 欠損金の繰戻還付 **49**

⑤ 欠損金又は災害損失金の損金算入等に関する明細書

| 事業年度 | X19・4・1 X20・3・31 | 法人名 | | 別表七（一） 平三十一・四・一 |

| 控除前所得金額 （別表四「39の①」）－（別表七（二）「9」又は「21」） | 1 | 円 | 所得金額控除限度額 (1) × $\frac{50又は100}{100}$ | 2 | 円 |

| 事業年度 | 区　分 | 控除未済欠損金額 3 | 当期控除額 （当該事業年度の(3)と(2)－当該事業年度前の (4)の合計額）のうち少ない金額） 4 | 翌期繰越額 （(3)－(4)）又は（別表七（三）「15」） 5 |
|---|---|---|---|---|
| ・・ ・・ | 青色欠損・連結みなし欠損・災害損失 | 円 | 円 | |
| ・・ ・・ | 青色欠損・連結みなし欠損・災害損失 | | | 円 |

| 当期分 | 欠損金額 （別表四「47の①」） | 60,000 | 欠損金の繰戻し額 | |
| | 同上のうち 災害損失金 | | | |
| | 同上のうち 青色欠損金 | 60,000 | 60,000 | 0 |
| | 合計 | | | 0 |

---

X19年4月1日 事業年度分の法人税 確定 申告書
X20年3月31日 課税事業年度分の地方法人税 申告書
（中間申告の場合 平成・令和　年　月　日 の計算期間 平成・令和　年　月　日）

翌年以降送付要否 適用額明細書提出の有無 税理士法第30条の書面提出有 税理士法第33条の2の書面提出有

内国法人の分……平三十一・四・一以後終了事業年度等分

| この申告書による法人税額の計算 | 所得金額又は欠損金額 （別表四「47の①」） | 1 | ▲60000 |
| | 法人税額 （53）＋（54）＋（55） | 2 | |
| | 法人税額の特別控除額 （別表六（六）「4」） | 3 | |
| | 差引法人税額 （2）－（3） | 4 | |
| | 連結納税の承認を取り消された場合等における既に控除された法人税額の特別控除額の加算額 | 5 | |
| 土地譲渡税額 | 課税土地譲渡利益金額 （別表三（二）「24」＋別表三（二の二）「25」＋別表三（三）「20」） | 6 | 000 |
| | 同上に対する税額 （22）＋（23）＋（24） | 7 | 000 |
| 留保税額 | 課税留保金額 （別表三（一）「4」） | 8 | 000 |
| | 同上に対する税額 （別表三（一）「8」） | 9 | 00 |
| | 法人税額計 （4）＋（5）＋（7）＋（9） | 10 | 00 |
| | 分配時調整外国税相当額及び外国関係会社等に係る控除対象所得税額等相当額の控除額（別表六（五の二）「7」＋別表十七（三の六）「3」） | 11 | |
| | 仮装経理に基づく過大申告の更正に伴う控除法人税額 | 12 | |
| | 控除税額 （((10)－(11)－(12)）と(18)のうち少ない金額） | 13 | |
| | 差引所得に対する法人税額 （10）－（11）－（12）－（13） | 14 | 00 |
| | 中間申告分の法人税額 | 15 | 00 |
| | 差引確定／中間申告の場合はその 法人税額／税額とし、マイナスの （14）－（15）／場合は、（26）へ記入 | 16 | 00 |

| 控除税額の計算 | 所得税の額 （別表六（一）「6の③」） | 17 | |
| | 外国税額 （別表六（二）「20」） | 18 | |
| | 計 （17）＋（18） | 19 | |
| | 控除した金額 （13） | 20 | |
| | 控除しきれなかった金額 （19）－（20） | 21 | |
| 土地譲渡税額の内訳 | 土地譲渡税額 （別表三（二）「27」） | 22 | |
| | 同上 （別表三（二の二）「28」） | 23 | 0 |
| | 同上 （別表三（三）「23」） | 24 | 00 |
| この申告による還付金額 | 所得税額等の還付金額 （21） | 25 | |
| | 中間納付額 （15）－（14） | 26 | |
| | 欠損金の繰戻しによる還付請求税額 | 27 | 9000 |
| | 計 （25）＋（26）＋（27） | 28 | 9000 |
| この申告が修正申告である場合のこの申告により納付すべき法人税額又は減少する還付請求税額 | この申告前の所得金額又は欠損金額 （66） | 29 | |
| | この申告により納付すべき法人税額又は減少する還付請求税額 （65） | 30 | 00 |
| | 欠損金又は災害損失金等の当期控除額 （別表七（一）「4の計」＋（別表七（四）「9」若しくは「21」又は別表七（五）「5の合計」 | 31 | |
| | 翌期へ繰り越す欠損金又は災害損失金 （別表七（一）「5の合計」） | 32 | |

50

## Q16 欠損金の繰戻還付と地方法人税

> **Q15** に関連して，欠損金の繰戻還付の適用により，地方法人税も還付を受けることができますか。

**A** ......................................................................................

SUMMARY〉 地方法人税も還付を受けることができます。その場合には，法人税確定申告書別表一─(─)に必要事項の記載を行います。

(Reference) 地方法人税法6・23，通法118


DETAIL 〉

### 1 地方法人税の計算

　地方法人税は，基準法人税額（1,000円未満切捨て）に10.3％の税率を乗じて計算します。この基準法人税額とは，所得税額控除・外国税額控除（別表一（一）13欄）及び仮装経理に基づく過大申告の更正に伴う法人税額の控除（別表一（一）12欄）適用前の法人税額（附帯税の額を除く）をいい，次の別表一（一）の各欄の金額を合計した金額をいいます（地方法人税法6）。

| | |
|---|---|
| 4欄 | 「差引法人税額」 |
| 5欄 | 「連結納税の承認を取り消された場合等における既に控除された法人税額の特別控除額の加算額」 |
| 7欄 | 「課税土地譲渡利益金額に対する税額」 |
| 9欄 | 「課税留保金額に対する法人税額」 |
| 10欄外書 | 「使途秘匿金の支出の額の40％相当額」 |
| 合　計 | 基準法人税額 |

## 2 地方法人税の繰戻還付額の計算

　地方法人税の還付金額は，別表一（一）27欄「欠損金の繰戻しによる還付請求税額」の外書の金額に10.3％の税率を乗じて計算します（地方法人税法23）。また，計算した金額は，45欄「この申告による還付金額」の外書に記載します。

別表一（一）この申告書による法人税額の計算

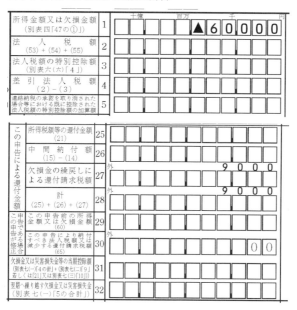

別表一（一）この申告書による地方法人税額の計算

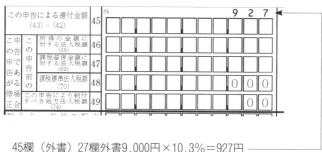

45欄（外書）27欄外書9,000円×10.3％＝927円

## Q17 欠損金の繰戻還付と地方税

　　Q15 に関連して，欠損金の繰戻還付の適用により，地方税も還付を受けることができますか。

## A ·······················································

SUMMARY〉　地方税である事業税（所得割）と住民税（法人税割）には欠損金の繰戻還付という制度がありません。したがって，これらの税金の還付を受けることができません。

Reference　　地法23①三・53⑫・72の23①・292①三，地令21①


DETAIL 〉

### 1　地方税と繰戻還付

　欠損金の繰戻還付制度は，法人税と地方法人税のみに規定されており，事業税（所得割）や住民税（法人税割）には規定がありません。したがって，法人税・地方法人税において繰戻還付の適用を受けたとしても，事業税（所得割）や住民税（法人税割）の還付を受けることができません。

### 2　繰戻還付の適用を受けた場合の地方税の取扱い

　法人税・地方法人税で欠損金の繰戻還付の適用を受けた場合には，事業税（所得割）・住民税（法人税割）の計算においては，その繰戻還付がなかったものとするために，その事業年度において生じた欠損金額を翌期以降に繰り越すためにそれぞれ次の手続きを行います。

### （1）住民税（法人税割）

　欠損金の繰戻還付の規定により還付を受けた法人税額（本問では9,000）を住民税の欠損金（正式名称は「控除対象還付法人税額」といいます）として，

道府県民税は第六号様式別表二の三で，市町村民税は第二十号様式別表二の三で翌期以降に繰り越します。

繰り越した住民税の欠損金（控除対象還付法人税額）は，翌期以降の道府県民税・市町村民税（法人税割）の計算の基礎となる法人税額から控除して，納付税額を計算します。

## （2）事業税（所得割）

その事業年度において生じた欠損金額（繰戻還付適用前の金額：本問では60,000）を事業税の欠損金として，第六号様式別表九で翌期以降に繰り越します。

繰り越した事業税の欠損金額は，翌期以降の事業税額の課税標準となる所得金額から控除して納付税額を計算します。

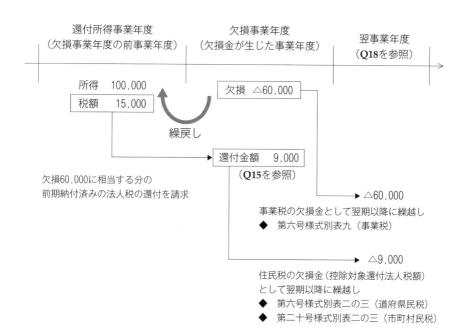

各別表への記載方法は，次のとおりです。

## 道府県民税用

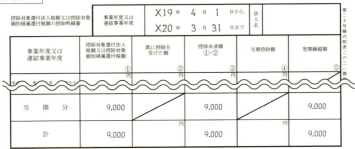

## 市町村民税用

## 事業税用

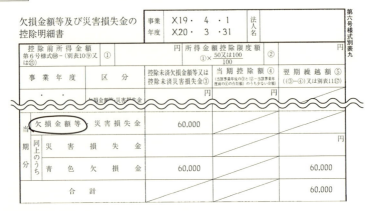

第3章 欠損金の繰戻還付　55

# Q18　欠損金の繰戻還付を適用した翌事業年度の取扱い

　Q15 ～ Q17 に関連して，欠損金の繰戻還付の適用を受けた事業年度の翌事業年度（X21年3月期）の取扱いはどうなりますか。当社は中小法人等に該当します。

| 事業年度 | 所得金額 | 法人税額[※] |
|---|---|---|
| X19/3期（X18.4/1～ X19.3/31） | 100,000 | 15,000 |
| X20/3期（X19.4/1～ X20.3/31） | △60,000 | 0 |
| X21/3期（X20.4/1～ X21.3.31） | 80,000 | 12,000 |

（※）法人税の税率は15%と仮定

## A

SUMMARY　法人税・地方法人税は前期から繰り越された欠損金がないため，当期の所得金額（80,000）をもとに税額を計算します。これに対して，事業税（所得割）・住民税（法人税割）は前期から繰り越された事業税の欠損金及び住民税の欠損金（控除対象還付法人税額）があるため，当期の所得金額及び法人税額からこれらの金額を控除した金額をもとに税額を計算します。

Reference　地法23①三・53⑫・72の23①・292①三・321の8⑫，地令21①

DETAIL

## 1　事業税（所得割）

　事業税には欠損金の繰戻還付の規定がありません。法人税において繰戻還付の適用を受けた場合には，その繰戻還付の適用がなかったものとして，その生じた欠損金額（本問では60,000）をその後10年間繰り越して，各事業年度の所得の金額から控除します（地法72の23①一，地令21①）。

## 2 住民税（法人税割）

　住民税（法人税割）にも欠損金の繰戻還付の規定がありません。したがって、法人税において繰戻還付の適用を受けた場合には、事業税と同様に、その繰戻還付の適用がなかったものとして、住民税（法人税割）を計算します。住民税（法人税割）の課税標準は法人税額であるため欠損金の繰戻還付の規定により還付を受けた法人税額（本問では9,000）を「控除対象還付法人税額」として、その後10年間を繰り越して、各事業年度の法人税割の課税標準とすべき法人税額から控除します（地法23①三・53⑫・292①三・321の8②）。

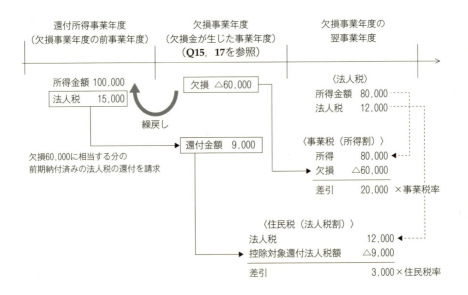

　各別表への記載方法は、次のとおりです。

## 事業税の申告

### 第六号様式

| （事業税） | 摘　要 | | 課　税　標　準 | 税率(100) | 税　額 |
|---|---|---|---|---|---|
| 所得割 | 所得金額総額 ㊳-㊴ 又は別表5㉝ | ㉗ | 2,0 0,0,0 | | |
| | 年400万円以下の金額 | ㉘ | 0,0,0 | | 0,0 |
| | 年400万円を超え年800万円以下の金額 | ㉙ | 0,0,0 | | 0,0 |
| | 年800万円を超える金額 | ㉚ | 0,0,0 | | 0,0 |
| | 計 ㉘＋㉙＋㉚ | ㉛ | 0,0,0 | | 0,0 |
| | 軽減税率不適用法人の金額 | ㉜ | 0,0,0 | | 0,0 |

| 所得金額の計算の内訳 | | 所得金額（法人税の明細書（別表4）の(34)）又は個別所得金額（法人税の明細書（別表4の2付表）の(42)） | ㊓ | 8,0 0,0,0 |
|---|---|---|---|---|
| | 加算 | 損金の額又は個別帰属損金額に算入した所得税額及び復興特別所得税額 | ㊔ | |
| | | 損金の額又は個別帰属損金額に算入した海外投資等損失準備金勘定への繰入額 | ㊕ | |
| | 減算 | 益金の額又は個別帰属益金額に算入した海外投資等損失準備金勘定からの戻入額 | ㊖ | |
| | | 外国の事業に帰属する所得以外の所得に対して課された外国法人税額 | ㊗ | |
| | 仮計 ㊓＋㊔＋㊕－㊖－㊗ | | ㊘ | 8,0 0,0,0 |
| | 繰越欠損金額等若しくは災害損失金額又は債務免除等があった場合の欠損金額等の当期控除額 | | ㊙ | 6,0 0,0 |

### 欠損金額等及び災害損失金の控除明細書

第六号様式別表九

| 事業年度 | X20・4・1　X21・3・31 | 法人名 | |
|---|---|---|---|

| 控除前所得金額 第6号様式㊘－（別表10⑨又は㉑） ① | 80,000 円 | 所得金額控除限度額 ①× 50又は100/100 ② | 80,000 円 |
|---|---|---|---|

| 事　業　年　度 | 区　分 | 控除未済欠損金額等又は控除未済災害損失金③ | 当期控除額④<br>（当該事業年度の③と（②－当該事業年度前の④の合計額）のうち少ない金額） | 翌期繰越額⑤<br>（（③－④）又は別表11⑰） |
|---|---|---|---|---|
| ・　・ | 欠損金額等・災害損失金 | 円 | 円 | |
| ・　・ | 欠損金額等・災害損失金 | | | |
| X19・4・1　X20・3・31 | 欠損金額等・災害損失金 | 60,000 | 60,000 | 0 |
| 計 | | 60,000 | 60,000 | 0 |

## 道府県民税の申告

### 第六号様式

| | | 兆 十億 百万 千 円 | |
|---|---|---|---|
| （使途秘匿金税額等）法人税法の規定によって計算した法人税額 | ① | （ ） 12000 | （道府県民税） |
| 試験研究費の額等に係る法人税額の特別控除額 | ② | | |
| 還付法人税額等の控除額 | ③ | 9000 | |
| 退職年金等積立金に係る法人税額 | ④ | | |
| 課税標準となる法人税額又は個別帰属法人税額 ①＋②－③＋④ | ⑤ | 3000 | |
| 2以上の道府県に事務所又は事業所を有する法人における課税標準となる法人税額又は個別帰属法人税額 | ⑥ | 000 | |
| 法人税割額 （⑤）又は（⑥×$\frac{}{100}$） | ⑦ | | |
| 道府県民税の特定寄附金税額控除額 | ⑧ | | |

控除対象還付法人税額又は控除対象個別帰属還付税額の控除明細書

| 事業年度又は連結事業年度 | X20年 4 月 1 日から X21年 3 月31日まで | 法人名 | |

第六号様式別表二の三（提出用）

| 事業年度又は連結事業年度 | 控除対象還付法人税額又は控除対象個別帰属還付税額 ① | 既に控除を受けた額 ② | 控除未済額 ①－② ③ | 当期控除額 ④ | 翌期繰越額 ⑤ |
|---|---|---|---|---|---|
| 平成 年 月 日から 平成 年 月 日まで | 円 | 円 | 円 | 円 | |
| X19年 4 月 1 日から X20年 3 月31日まで | 9,000 | | | 9,000 | 0 |
| 当 期 分 | | | | | |
| 計 | 9,000 | 円 | | 円 9,000 | 0 |

第3章 欠損金の繰戻還付 **59**

## 市町村民税の申告

第二十号様式（提出用）

| 受付印 | | | |
|---|---|---|---|

| 受信年月日通信日付印確認印 | 整理番号 | 事務所区 | 管理番号 | 申告区分 |
|---|---|---|---|---|

年　月　日

法人番号　　　申告年月日

この申告の基礎

1. 法人税の修正申告書の提出による。
2. 法人税の更正・決定・再更正による。

所在地
（支店等の場合は本店所在地と併記）

（電話　　　　　）

（ふりがな）

法人名

事業種目

期末現在の資本金の額又は出資金の額

期末現在の資本金の額及び資本準備金の額の合算額

期末現在の資本金等の額

（ふりがな）
代表者氏名印

（ふりがな）
経理責任者氏名

X20 年 4 月 1 日から X21 年 3 月 31 日までの 事業年度分又は連結事業年度分 の市民税の　確定 申告書 ※

| 摘　要 | | 課税標準 | 法人税率(%) | 法人税額 |
|---|---|---|---|---|
| （使途秘匿金税額等）法人税法の規定によって計算した法人税額 | ① | 12,000,0 | | |
| 試験研究費の額等に係る法人税額の特別控除額 | ② | | | |
| 還付法人税額等の控除額 | ③ | 9,000,0 | | |
| 退職年金等積立金に係る法人税額 | ④ | | | |
| 課税標準となる法人税額又は個別帰属法人税額及びその法人税割額 ①+②-③+④ | ⑤ | 3,000,0 | | |

第二十号様式別表二の三（提出

控除対象還付法人税額又は控除対象個別帰属還付税額の控除明細書

| 事業年度又は連結事業年度 | X20 年 4 月 1 日から X21 年 3 月 31 日まで | 法人名 |
|---|---|---|

| 事業年度又は連結事業年度 | 控除対象還付法人税額又は控除対象個別帰属還付税額 ① | 既に控除を受けた額 ② | 控除未済額 ①-② ③ | 当期控除額 ④ | 翌期繰越額 ⑤ |
|---|---|---|---|---|---|
| 平成　年　月　日から 平成　年　月　日まで | 円 | 円 | 円 | 円 | 円 |
| X19年 4 月 1 日から X20年 3 月 31 日まで | 9,000 | | | 9,000 | 0 |
| 当　期　分 | | | | | |
| 計 | 9,000 円 | | | 9,000 円 | 0 |

## Q19 適用対象法人の範囲①（中小企業者等の範囲）

当社は当期（X20年3月期）の期中で増資を行い，資本金が1億円を超えました。当期の確定申告で欠損金の繰戻還付の適用を受けることができますか。なお，当社は他の法人による完全支配関係はありません。

### A

**SUMMARY** 事業年度終了の時における資本金の額が1億円を超えているため中小企業者等には該当せず，当期の確定申告で欠損金の繰戻還付の適用を受けることはできません。

**Reference** 措法66の13①

**DETAIL**

欠損金の繰戻還付の対象となる欠損金額は，①解散等の事実が生じた場合の欠損金額，②清算中に終了する事業年度の欠損金額，③災害損失欠損金額及び設備廃棄等欠損金額，④中小企業者等の各事業年度において生じた欠損金額です（措法66の13①）。④の中小企業者等とは，次の法人をいいます。

なお，資本金の額若しくは出資金の額の判定は，各事業年度終了の時における金額で行います。したがって，本問のように期中で増資を行い，事業年度終了の時において資本金の額が1億円を超えている場合には，当期において繰戻還付の適用を受けることはできません。

第3章 欠損金の繰戻還付 **61**

〈中小企業者等の範囲〉
(1) 普通法人(※1)のうち，その事業年度終了の時において資本金の額若しくは出資金の額が１億円以下であるもの(※2)又は資本若しくは出資を有しないもの(※3)
　(※１) 投資法人及び特定目的会社を除く。
　(※２) 大法人との間に大法人による完全支配関係のある普通法人を除く。詳細は次の **Q20** を参照。
　(※３) 保険業法に規定する相互会社及び外国相互会社を除く。
(2) 公益法人等又は協同組合等
(3) みなし公益法人等のうち一定のもの
(4) 人格のない社団等

**関連解説**

　欠損金の繰戻還付（法法80）の適用対象法人である「中小企業者等」と，試験研究を行った場合の法人税額の特別控除（措法42の４）等の租税特別措置法に規定する特例の適用対象法人である「中小企業者等」とでは，対象となる法人の範囲が異なる点に注意が必要です。

　たとえば試験研究費の税額控除の対象となる中小企業者等とは，青色申告法人である中小企業者又は農業協同組合等をいい（措法42の４④），この場合の中小企業者とは，次に掲げる法人をいいます（措法42の４⑧七，措令27の４⑫）。

(1) 資本金又は出資金額が１億円以下の法人（次の法人を除く）

　① 大規模法人に発行済株式の２分の１以上を所有されている法人

　② ２以上の大規模法人に発行済株式の３分の２以上を所有されている法人

　（※）大規模法人とは資本金の額が１億円を超える法人等の一定の法人をいいます。

(2) 資本又は出資を有しない法人のうち，常時使用する従業員が1,000人以下の法人

## Q20 適用対象法人の範囲②（グループ法人税制の影響）

当社（S社・12月決算法人）は資本金が3,000万円の法人で，設立以来，資本金の増減はありません。当社の親法人（P社：S社の発行済株式等の100％を直接保有している3月決算法人）がX21年2月1日に資本金を5億円から4億円に減少させました。当社は当期（X20年12月期）の確定申告で，欠損金の繰戻還付の適用を受けることができますか。

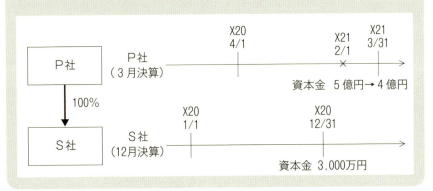

## A

SUMMARY　S社の当期末における資本金の額は1億円以下ですが，当期末において資本金が5億円以上であるP社による完全支配関係があるため，当期の確定申告で繰戻還付の適用を受けることはできません。

Reference　措法66の13①，法法66⑥

DETAIL

### 1　グループ法人税制の影響

欠損金の繰戻還付は，グループ法人税制の適用により，その適用を受ける法人の資本金の額での判定のほかに，完全支配関係のある法人の資本金の額も判定の要素になります。資本金の額が5億円以上の大法人による完全支配関係が

ある普通法人等は，適用対象法人から除かれているため，解散等の一定の事実が生じた場合の欠損金を除き，欠損金の繰戻還付の適用を受けることができません。

## 2　資本金の額の判定時期

　大法人による完全支配関係があるか否かの判定は，親法人（本問ではP社）の各事業年度終了の時の資本金の額ではなく，適用の可否の判定をする法人（本問ではS社）の各事業年度終了の時における親法人（P社）の資本金の額で行います。親法人において増資や減資があった場合には，判定の時期を間違えないよう注意が必要です。

■資本金の額の判定時期（決算期が異なる場合）

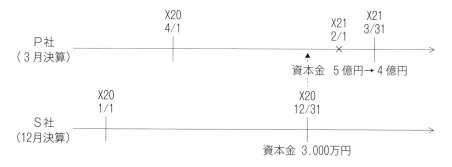

　本問では，3月決算法人であるP社の事業年度終了の時（X21年3月31日）の資本金の額ではなく，判定対象会社であるS社の事業年度終了の時（X20年12月31日）におけるP社の資本金の額で判定します。S社の事業年度終了の時（X20年12月31日）におけるP社の資本金の額は減資前の5億円（5億円以上）であるため，S社は「資本金の額が5億円以上の法人による完全支配関係がある法人」に該当し，当期（X20年12月期）において欠損金の繰戻還付の適用を受けることはできません。

**Q21** 決算期変更をした場合の留意点（還付所得事業年度の選択）

各事業年度における所得金額及び欠損金額は以下のとおりです。当社は前期（X19年3月期）に決算期を12月から3月に変更しました。この場合の繰戻還付額の計算方法を教えてください。

| 事業年度 | 所得金額 | 法人税額(※) |
|---|---|---|
| X18/12期（X18.1/1〜 X18.12/31） | 2,000 | 300 |
| X19/3期（X19.1/1〜 X19.3/31） | 1,000 | 150 |
| X20/3期（X19.4/1〜 X20.3/31） | △5,000 | 0 |

（※）法人税の税率は15%と仮定

**A** ∙∙∙∙∙∙∙∙∙∙∙∙∙∙∙∙∙∙∙∙∙∙∙∙∙∙∙∙∙∙∙∙∙∙∙∙∙∙∙∙∙∙∙∙∙∙∙∙∙∙∙∙∙∙∙∙∙∙∙∙∙∙∙∙∙∙

SUMMARY　X19年3月期を還付所得事業年度として，還付請求額を計算します。

〈還付請求額の計算〉

$$\begin{pmatrix} \text{還付所得事業} \\ \text{年度の法人税額} \\ 150 \end{pmatrix} \times \frac{1,000\,（\text{欠損事業年度の欠損金額}）^{(※)}}{1,000\,（\text{還付所得事業年度の所得金額}）} = 150$$

（※）5,000（欠損事業年度の欠損金額）＞1,000（還付所得事業年度の所得金額）

∴1,000

Reference　法法80①

DETAIL

## 1　還付所得事業年度とは

還付所得事業年度とは，欠損事業年度開始の日前1年以内に開始したいずれかの事業年度をいいます（法法80①）。

本問では，欠損事業年度（X19年4月1日〜X20年3月31日）の開始の日であるX19年4月1日前1年以内の日は，X18年4月1日からX19年3月31日ま

第3章 欠損金の繰戻還付　65

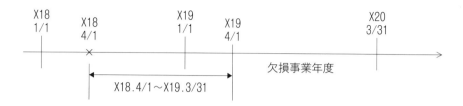

でで、この間に開始したX19年3月期（X19年1月1日～X19年3月31日）が還付所得事業年度となります。X18年12月期（X18年1月1日～X18年12月31日）は開始の日がX18年1月1日であるため還付所得事業年度に該当しません。

## 2　還付所得事業年度を選択する場合

　決算期変更を短期間に複数回行った場合や半年決算法人などは、欠損事業年度開始の日前1年以内に開始した事業年度が複数あることが考えられ、そのような場合には、還付所得事業年度は、そのうちいずれかの事業年度をいいます。

■還付所得事業年度の選択肢がある場合

　9月決算法人が、X18年10月に12月決算に変更し、その後X19年1月に3月決算に変更した。

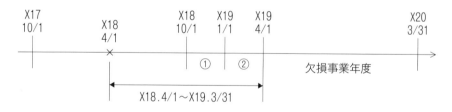

　このケースでは、欠損事業年度開始の日であるX19年4月1日前1年以内の日は、X18年4月1日からX19年3月31日までで、この間に開始した①X18年12月期（X18年10月1日～X18年12月31日）と、②X19年3月期（X19年1月1日～X19年3月31日）のうち、納税者が選択したいずれかの事業年度が還付所得事業年度となります。

## Q22 白色申告の場合の繰戻還付の適用の可否

> 欠損金の繰戻還付は，白色申告でも適用が受けられますか。
> 次の3つのケースについて，適用の可否を教えてください。
> ① 還付所得事業年度・欠損事業年度ともに白色申告の場合
> ② 還付所得事業年度が青色申告，欠損事業年度が白色申告の場合
> ③ 還付所得事業年度が白色申告，欠損事業年度が青色申告の場合
>
> |   | 還付所得事業年度 | 欠損事業年度 |   |
> |---|---|---|---|
> | ① | 白色申告 | 白色申告 |   |
> | ② | 青色申告 | 白色申告 |   |
> | ③ | 白色申告 | 青色申告 |   |

## A

**SUMMARY** ①〜③はいずれも青色申告書を提出していない事業年度があるため，いずれも欠損金の繰戻還付の適用を受けることはできません。

**Reference** 法法80③

**DETAIL**

### 1 欠損金の繰戻還付と青色申告

欠損金の繰戻還付は，⑴還付所得事業年度から欠損事業年度の前事業年度までの各事業年度について連続して青色申告書である確定申告書を提出し，かつ，⑵欠損事業年度の青色申告書である確定申告書をその提出期限までに提出した場合に限り適用することができます（その他の適用要件の詳細は **Q15** を参照）。期限後申告書の取扱いについて詳細は次の **Q23** で解説しています。

事業年度が12か月の法人では，欠損事業年度の前事業年度は還付所得事業年

第3章　欠損金の繰戻還付

度と一致するため，欠損事業年度と還付所得事業年度の申告のいずれもが青色申告でないと繰戻還付の適用を受けることができません。

## 2　還付所得事業年度の選択肢がある場合

**Q21**で解説した「還付所得事業年度の選択肢がある場合」では，欠損事業年度の前事業年度が還付所得事業年度と一致しないことがあります。このようなケースでは，還付所得事業年度（X18年10月1日〜X18年12月31日）から欠損事業年度（X19年4月1日〜X20年3月31日）の前事業年度（X19年1月1日〜X19年3月31日）まで連続して青色申告書の提出が要件とされますので注意が必要です。

■還付所得事業年度の選択肢がある場合
　（X18年12月期を還付所得事業年度とした場合）

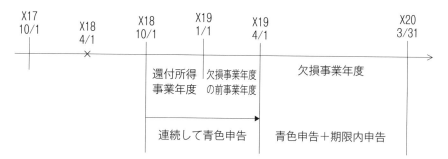

68

## Q23　期限後申告の場合の繰戻還付の適用の可否

欠損金の繰戻還付は，期限後申告でも適用が受けられますか。

次の3つのケースについて，適用の可否を教えてください。

① 還付所得事業年度は期限内申告，欠損事業年度は期限後申告の場合

② 還付所得事業年度は期限後申告，欠損事業年度は期限内申告の場合

③ 還付所得事業年度・欠損事業年度ともに期限後申告の場合

|   | 還付所得事業年度 | 欠損事業年度 |  |
|---|---|---|---|
| ① | 期限内申告 | 期限後申告 |  |
| ② | 期限後申告 | 期限内申告 |  |
| ③ | 期限後申告 | 期限後申告 |  |

なお，②③の還付所得事業年度の申告書は提出期限後に提出していますが，欠損事業年度の確定申告書よりも前に提出しています。

## A

SUMMARY　欠損事業年度が期限内申告である②のみが繰戻還付の適用を受けることができ，欠損事業年度が期限後申告である①と③は繰戻還付の適用を受けることはできません。

Reference　法法80③

DETAIL

欠損金の繰戻還付は，還付所得事業年度から欠損事業年度の前事業年度までの各事業年度について連続して青色申告書である確定申告書を提出し，かつ，欠損事業年度の青色申告書である確定申告書をその提出期限までに提出した場合に限り適用されます（法法80③）。したがって，還付所得事業年度は期限内の申告書の提出が要件となっていないため，期限後申告であっても他の要件を

満たせば欠損金の繰戻還付の適用を受けることは可能です。

　なお，欠損事業年度の青色申告書である確定申告書が提出期限後に提出された場合でも，税務署長においてやむを得ない事情があると認める場合には，繰戻還付の適用を受けることができます。

　また，確定申告書を期限内に提出したにもかかわらず，還付請求書を期限後に提出した場合には，その期限後の提出が錯誤に基づくものである等，期限後の提出について税務署長が真にやむを得ない理由があると認めるときは，適用することができるものとされています（法基通17-2-3）。

　関連解説

### 期限後提出と青色申告の承認の取消し

　本問とは直接関係はありませんが，上記③のケースのように，2期連続で確定申告書を提出期限後に提出をした場合には，青色申告の承認の取消し事由に該当します（「法人の青色申告の承認の取消しについて（事務運営指針）」4　無申告又は期限後申告の場合における青色申告の承認の取消し）。青色申告の承認が取り消された場合には，その後の事業年度において欠損金の繰戻還付の適用が受けられなくなる恐れがあるため，確定申告書の提出は遅れないように注意が必要です。

## Q24 繰戻還付と税務調査

欠損金の繰戻還付の適用を受けた場合には税務調査が来るというのは本当ですか。

**A** .................................................................................

**SUMMARY** 税務調査が行われる可能性はあります。

**Reference** 法法80⑦

**DETAIL**

法人税法80条7項では,「税務署長は,還付請求書の提出があった場合には,その請求の基礎となった欠損金額その他必要な事項について調査し,その調査したところにより,その請求をした内国法人に対し,その請求に係る金額を限度として法人税を還付し,又は請求の理由がない旨を書面により通知する」と規定されています。

したがって,還付請求書を提出した場合は,税務署長は必ず調査を行うということになります。ただし,この調査には,実際に会社への訪問を伴う「臨場調査」のほか,税務署内で関係書類の調査確認を行う「机上調査」も含まれるため,還付請求を行ったからといって,必ずしも,調査官が会社に臨場して行う税務調査が行われるとは限りません。とはいえ,税務調査に対応できる準備は整えておく必要があるでしょう。

第3章　欠損金の繰戻還付　71

## Q25　更正の請求による繰戻還付の適用の可否

当期において欠損金が生じましたが，確定申告で繰戻還付の適用を忘れました。更正の請求で繰戻還付の適用を受けることは可能ですか。

A ········································································

SUMMARY　確定申告での繰戻還付の適用漏れは，更正の請求の対象となる事由に該当しないため，更正の請求により繰戻還付の適用を受けることはできません。

Reference　通法23①，法法80①

DETAIL

### 1　繰戻還付の請求時期

欠損金が生じた場合の繰戻還付の請求は，その欠損事業年度の確定申告書の提出と同時に行うこととされています（法法80①）。したがって，一定の事項を記載した還付請求書が確定申告書と同時に提出されない場合には，繰戻還付の適用を受けることができません。

### 2　更正の請求

国税通則法では，申告書に記載した課税標準等若しくは税額等の計算が国税に関する法律の規定に従っていなかったこと又はその計算に誤りがあったこと

により，次のいずれかに該当する場合には，更正の請求をすることができるとしています（通法23①）。

---

① 納付すべき税額が過大であるとき。
② 申告書に記載した純損失等の金額が過少であるとき，又は申告書に純損失等の金額の記載がなかったとき。
③ 申告書に記載した還付金の額に相当する税額が過少であるとき，又は申告書に還付金の額に相当する税額の記載がなかったとき。

---

欠損金の繰戻還付を適用しなかったことは，更正の請求の対象となる「税額等の計算が国税に関する法律の規定に従っていなかったこと」「その計算に誤りがあったこと」のいずれにも該当しないため，更正の請求により税額の還付を受けることができません。その事業年度で生じた欠損金は翌期に繰り越して，繰越控除の適用を受けることになります。

第 3 章　欠損金の繰戻還付　**73**

## Q26　繰戻還付の適用を受けた場合の会計処理・税務処理

　**Q15** に関連して，欠損金の繰戻還付（還付請求額9,000）の請求をした事業年度（X20年 3 月期）と実際に税額の還付を受けた事業年度（X21年 3 月期）の会計処理と税務処理を教えてください。

**A** ⋯⋯⋯⋯⋯⋯⋯⋯⋯⋯⋯⋯⋯⋯⋯⋯⋯⋯⋯⋯⋯⋯⋯⋯⋯⋯⋯⋯⋯⋯⋯⋯⋯

**SUMMARY** 　繰戻還付の適用を受けた場合の会計処理及び税務処理は，次のようになります。

1　繰戻還付の請求をした事業年度（X20年3月期）

　(1)　会計処理

|  |  |  |  |
|---|---|---|---|
| 未収還付法人税等 | 9,000 / | 法人税等 | 9,000 |

　(2)　税務処理（別表四）

　　未収還付法人税等　　9,000（減算・留保）

2　税額の還付を受けた事業年度（X21年3月期）

　(1)　会計処理

|  |  |  |  |
|---|---|---|---|
| 普通預金 | 9,000 / | 未収還付法人税等 | 9,000 |

　(2)　税務処理（別表四）

　　未収還付法人税等　　9,000（加算・留保）

　　所得税額等及び欠損金の繰戻しによる還付金額等　　9,000（減算・社外流出）

**Reference**　法法26①四

**DETAIL**

　還付請求をする事業年度（X20年 3 月期）の申告においては，まだ還付税額が確定していないため，会計上収益計上した未収還付法人税額等は，法人税の申告においては減算・留保の調整を行います。

　また，還付を受けた税額は，還付を受けた事業年度（X21年 3 月期）の申告において法人税の所得金額の計算上益金の額に算入されません（法法26①四）。

# 第4章

## 解散・清算

第4章　解散・清算　**77**

## Q27　解散・清算と欠損金の取扱い

　当社（3月決算法人・連結法人には該当しない）は，X20年12月31日に
解散しました。法人が解散した場合の欠損金の取扱いを教えてください。
（残余財産確定日：X22年11月30日）

```
X20              X21              X22              X23
4/1              4/1              4/1              4/1
     12/31                            11/30
──┼────×──────────┼────────────┼─────×─────────┼──→
        解散                          残余財産確定
```

## A

**SUMMARY**　法人が解散（合併による解散を除く。以下 **Q35** まで同じ）した場
合には，解散以後の事業年度を「解散事業年度」「清算事業年度」「残余財産確定事
業年度」の3つに区分します。各事業年度における欠損金に関する規定の適用の可
否は次のとおりです。

| 区　　　分 | 解散事業年度 | 清算事業年度 | 残余財産確定事業年度 |
|---|---|---|---|
| 青色欠損金の繰越控除 | ○ | ○ | ○ |
| 欠損金の繰戻還付 | ○<br>⇒ **Q28** | ○<br>⇒ **Q29** | ○<br>⇒ **Q29** |
| 期限切れ欠損金の損金算入 | × | ○<br>⇒ **Q30**・**Q31** | ○<br>⇒ **Q30**・**Q31** |
| 完全支配関係がある場合の青色欠損金の引継ぎ | × | × | ○<br>⇒ **Q32**〜**Q35** |

○：適用可　×：適用不可

(**Reference**)　法法14①・57①②・59③・80①④，法令154の3，会社法494①

DETAIL

## 1 解散以後の事業年度の区分（みなし事業年度）

法人が解散した場合には，解散以後の事業年度を次の3つに区分します。

(1) 解散事業年度……その事業年度開始の日から解散の日までの期間（法法14①一）
(2) 清算事業年度……解散の日の翌日から清算事務年度(※)終了の日までの期間（法法14①一，法基通1-2-9）
　(※) 清算事務年度とは，解散の日の翌日又はその後毎年その日に応答する日（応答する日がない場合には，その前日）から始まる各1年の期間をいいます（会社法494①）。
(3) 残余財産確定事業年度……その事業年度開始の日から残余財産の確定の日までの期間（法法14①二十一）

本問に当てはめると各事業年度は次のようになります。

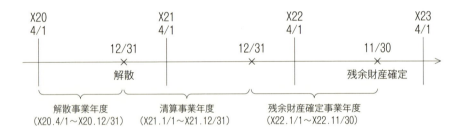

## 2 解散事業年度の取扱い

### (1) 欠損金の繰越控除

解散事業年度においても，通常の事業年度と同様に，欠損金の繰越控除の適用を受けることができます（法法57①）。なお，中小法人等以外の法人について，50％の損金算入制限が課される点も通常の事業年度と同様です。

第4章　解散・清算　**79**

## （2）欠損金の繰戻還付

中小企業者等一定の法人以外の法人については，平成4年4月1日から令和2年3月31日までの間に終了する各事業年度において生じた欠損金額については，その適用が停止されていますが，次に掲げる解散等の事実が生じた場合には適用を受けることができます（法法80④，法令154の3）。

---

〈解散等の事実〉
① 解散（適格合併による解散を除く）
② 事業の全部の譲渡
③ 更生手続の開始
④ 事業の全部の相当期間の休止又は重要部分の譲渡で，これらの事実が生じたことにより青色申告書を提出した事業年度の欠損金の繰越しの規定の適用を受けることが困難となると認められるもの
⑤ 再生手続開始の決定

---

これらの解散等の事実が生じた場合には，その法人の資本金の額に関わらず，①解散等の事実が生じた日前1年以内に終了したいずれかの事業年度，又は，②解散等の事実が生じた日の属する事業年度の欠損金額（欠損金の繰越控除の適用を受けたものを除く）を，欠損事業年度開始の日前1年内に開始する事業年度に繰り戻して法人税額の還付を受けることができます。通常の事業年度とは手続きなどの取扱いが異なるため注意が必要です。詳細は **Q28** を参照してください。

## （3）適用することができない規定

解散事業年度においては，「期限切れ欠損金の損金算入」及び「完全支配関係がある場合の青色欠損金の引継ぎ」の規定の適用はありません（法法57②，59③）。

## 3　清算事業年度の取扱い

### （1）欠損金の繰越控除

　清算事業年度においても，通常の事業年度と同様に，欠損金の繰越控除の適用を受けることができます（法法57①）。なお，中小法人等以外の法人について，50％の損金算入制限が課される点も通常の事業年度と同様です。

### （2）欠損金の繰戻還付

　清算事業年度においても，通常の事業年度と同様に，欠損金の繰戻還付の適用を受けることができます（法法80①）。なお，解散事業年度（解散等の事実が生じた場合）とは取扱いが異なるため注意が必要です。詳細は **Q29** を参照してください。

### （3）期限切れ欠損金の損金算入

　解散した法人に残余財産がないと見込まれるときは，いわゆる期限切れ欠損金額を損金の額に算入することができます（法法59③）。詳細は，**Q30**，**Q31**を参照してください。

### （4）適用することができない規定

　清算事業年度においては，「完全支配関係がある場合の青色欠損金の引継ぎ」の規定の適用はありません（法法57②）。

## 4　残余財産確定事業年度の取扱い

### （1）欠損金の繰越控除

　残余財産確定事業年度においても，通常の事業年度と同様に，欠損金の繰越控除の適用を受けることができます（法法57①）。なお，中小法人等以外の法人について，50％の損金算入制限が課される点も通常の事業年度と同様です。

## （2）欠損金の繰戻還付

残余財産確定事業年度においても，通常の事業年度と同様に，欠損金の繰戻還付の適用を受けることができます（法法80①）。なお，解散事業年度（解散等の事実が生じた場合）とは取扱いが異なるため注意が必要です。詳細は**Q29**を参照してください。

## （3）期限切れ欠損金の損金算入

解散した法人に残余財産がないと見込まれるときは，いわゆる期限切れ欠損金額を損金の額に算入することができます（法法59③）。詳細は，**Q30**，**Q31**を参照してください。

## （4）完全支配関係がある場合の青色欠損金の引継ぎ

完全支配関係がある法人の残余財産が確定した場合には，法人の欠損金額をその法人の株主に引き継ぐことができます（法法57②）。ただし，一定期間内に支配関係が発生した法人間での引継ぎの場合には，租税回避行為を防止する目的から，欠損金の引継ぎに制限規定が設けられています。詳細は**Q32**～**Q35**を参照してください。

## Q28 解散事業年度の欠損金の繰戻還付

解散事業年度でも，欠損金の繰戻還付の適用を受けることはできますか。適用を受ける際の要件や留意点を教えてください。

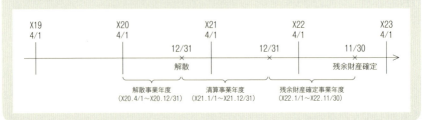

## A

SUMMARY　解散事業年度でも欠損金の繰戻還付の適用を受けることができます。ただし，適用にあたっては，適用の対象となる欠損金額や手続きなどについて，通常の事業年度との違いに留意する必要があります。

Reference　通法10②，法法80①④

DETAIL

### 1　適用の対象となる欠損金額と還付所得事業年度

解散等の事実（詳細は **Q27** を参照）が生じた場合には，その法人の資本金の額に関わらず，次の事業年度において生じた欠損金額について，その事業年度開始の日前1年内に開始する事業年度に繰り戻して法人税額の還付を受けることができます（法法80④）。

〈適用の対象となる事業年度〉
(1) 解散等の事実が生じた日前1年以内に終了したいずれかの事業年度
(2) 解散等の事実が生じた日の属する事業年度

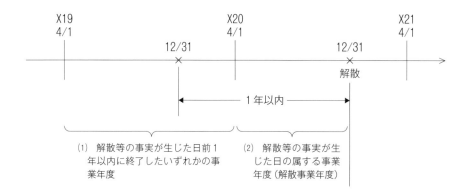

したがって，解散事業年度のほか，解散事業年度の前事業年度において生じた欠損金額についても，法人の資本金の額に関係なく，繰戻還付の適用を受けることができます。

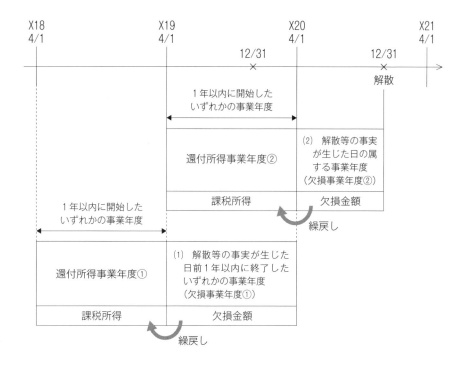

還付所得事業年度は，欠損事業年度（上記(1)または(2)の事業年度）開始の日前1年以内に開始したいずれかの事業年度をいうため，上記(2)の事業年度が欠損事業年度である場合には，その前事業年度（X19年4月1日～X20年3月31日）が，上記(1)の事業年度が欠損事業年度である場合には，その前事業年度（X18年4月1日～X19年3月31日）が還付所得事業年度になります（還付所得事業年度について詳細は **Q21** を参照）。

## 2　適用要件

解散等の事実が生じた場合において，次のすべての要件を満たすときは，欠損金の繰戻還付の適用を受けることができます（法法80④）。

---

〈適用を受けるための要件〉
(1)　還付所得事業年度から欠損事業年度の前事業年度までの各事業年度について連続して青色申告書である確定申告書を提出していること。
(2)　解散等の事実が生じた日以後1年以内に「欠損金の繰戻しによる還付請求書」を提出すること。

---

本問では，解散の日がX20年12月31日であるため，解散の事実が生じた日以後1年以内のX21年12月31日が「欠損金の繰戻しによる還付請求書」の提出期限になります。ただし，X21年12月31日は税務署の閉庁日（土曜日，日曜日，祝日及び年末年始（12月29日から1月3日））に当たるため，その翌日であるX22年1月4日が提出期限になります（通法10②）。

解散等の事実が生じた場合の欠損金の繰戻還付は，中小企業者等に該当する場合の繰戻還付の規定と比較して，対象となる欠損金額や還付請求書の提出時期等に違いがあります。これは，中小企業者等に該当する場合の規定は法人税法第80条第1項であるのに対し，解散等の事実が生じた場合の規定は法人税法第80条第4項と，適用の根拠となる法律が異なるためです。これらをまとめると次のようになります。

第4章 解散・清算 **85**

|  | 中小企業者等に該当する場合 | 解散等の事実が生じた場合 |
|---|---|---|
| 根拠条文 | 法法80①③，措法66の13① | 法法80①④ |
| 対象となる欠損金額 | 中小企業者等に該当する各事業年度の欠損金額 | ① 解散等の日前1年以内に終了した事業年度の欠損金額<br>② 解散等の日の属する事業年度の欠損金額 |
| 還付所得事業年度 | 欠損事業年度開始の日前1年以内に開始したいずれかの事業年度 ||
| 欠損事業年度の申告要件 | 青色申告書を期限内に提出 | 青色申告書を提出（期限後提出も可） |
| 還付請求書の提出時期 | 欠損事業年度の確定申告書と同時に提出 | 解散等の日から1年以内に提出 |

　なお，解散等の事実が生じた場合の欠損金の繰戻還付（法法80④）の規定は，中小企業者等に該当する場合の欠損金の繰戻還付（法法80①）の規定に優先して適用されます。したがって，中小企業者等が解散をした場合には，解散等の事実が生じた場合の欠損金の繰戻還付（法法80④）の規定の適用を受けることになります。

## Q29 清算事業年度・残余財産確定事業年度の欠損金の繰戻還付

清算事業年度・残余財産確定事業年度でも，欠損金の繰戻還付の適用を受けることはできますか。適用を受ける際の要件や留意点を教えてください。

## A ··················································································

SUMMARY 清算事業年度・残余財産確定事業年度でも，欠損金が生じており，かつ，還付所得事業年度において法人税を納付している場合には，欠損金の繰戻還付の適用を受けることはできます。ただし，解散事業年度（解散等の事実が生じた場合）とは取扱いが異なるため注意が必要です。

Reference 法法80①③④，措法66の13①

DETAIL

### 1 清算事業年度・残余財産確定事業年度の欠損金の繰戻還付

欠損金の繰戻還付は，中小企業者等一定の法人以外の法人については，平成4年4月1日から令和2年3月31日までの間に終了する各事業年度において生じた欠損金額については，その適用が停止されています（措法66の13①）。ただし，清算中に終了する事業年度（清算事業年度・残余財産確定事業年度）の欠損金額は，その適用が停止される欠損金額から除外されるため，結果として，清算中に終了する事業年度の欠損金額は，その法人の資本金の額に関係なく繰戻還付の適用を受けることができます。

### 2 解散等の事実が生じた場合の欠損金の繰戻還付との相違点

解散等の事実が生じた場合の欠損金の繰戻還付は，繰戻還付の対象となる欠損金額や還付請求書の提出時期など，中小企業者等に該当する場合の繰戻還付の規定と比較して異なる点がありました（詳細は **Q28** を参照してください）。

第4章　解散・清算　**87**

　清算中に終了する事業年度に生じた欠損金額は，解散等の事実が生じた場合の規定（法法80④）ではなく，中小企業者等に該当する場合の規定（法法80①）が適用されます。

　これらをまとめると次のようになります。

| | 中小企業者等に該当する場合 | 解散等の事実が生じた場合 | 清算中に終了する事業年度 |
|---|---|---|---|
| 根拠条文 | 法法80①③，措法66の13① | 法法80①④ | 法法80①③，措法66の13① |
| 対象となる欠損金額 | 中小企業者等に該当する事業年度の欠損金額 | ①解散等の事実が生じた日前1年以内に終了した事業年度の欠損金額②解散等の事実が生じた日の属する事業年度の欠損金額 | 清算中に終了する事業年度（清算事業年度・残余財産確定事業年度）の欠損金額 |
| 還付所得事業年度 | 欠損事業年度開始の日前1年以内に開始したいずれかの事業年度 | | |
| 欠損事業年度の申告要件 | 青色申告書を期限内に提出 | 青色申告書を提出（期限後も可） | 青色申告書を期限内に提出 |
| 還付請求書の提出時期 | 欠損事業年度の確定申告書と同時に提出 | 解散等の日から1年以内に提出 | 欠損事業年度の確定申告書と同時に提出 |

同じ取扱い
（解散等の事実が生じた場合のみ取扱いが異なる）

## Q30 期限切れ欠損金の損金算入

　解散した法人に残余財産がないと見込まれるときは，いわゆる期限切れ欠損金額を損金の額に算入することができるそうですが，損金算入額の計算方法と適用にあたっての留意点を教えてください。

**A** ··················································································

SUMMARY 〉 損金の額に算入する期限切れ欠損金額は，その法人の決算書上の金額で算出するのではなく，税務上の金額（法人税申告書別表五㈠）に記載された金額を基礎として算出します。また，適用にあたっては，残余財産がないと見込まれることの証明書類の添付が必要です。

（Reference） 法法59③④，法令118，法基通12-3-2

DETAIL 〉

### 1 残余財産がないと見込まれる場合の期限切れ欠損金の損金算入

　内国法人が解散した場合において，残余財産がないと見込まれるときは，その清算中に終了する事業年度（以下「適用年度」といいます）前の各事業年度において生じた欠損金額を基礎として計算した金額に相当する金額（いわゆる「期限切れ欠損金額」）は，その事業年度の所得の金額の計算上，損金の額に算入します（法法59③）。

### 2 期限切れ欠損金額の計算方法

　損金算入の対象となる期限切れ欠損金額は，前事業年度以前の各事業年度において生じた欠損金額を基礎として，次のとおり計算した金額をいいます（法令118）。

〈期限切れ欠損金額の計算方法〉
　次の⑴に掲げる金額から⑵に掲げる金額を控除した金額

(1) 適用年度終了の時における前事業年度以前の事業年度から繰り越された欠損金額の合計額
(2) 適用年度に損金の額に算入される青色欠損金額又は災害損失欠損金額

## （1）適用年度終了の時における前事業年度以前の事業年度から繰り越された欠損金額の合計額

　適用年度終了の時における前事業年度以前の事業年度から繰り越された欠損金額の合計額とは，具体的には，適用年度の法人税申告書別表五㈠「利益積立金額及び資本金等の額の計算に関する明細書」の期首利益積立金額の合計額がマイナスである場合のそのマイナス金額をいいます。

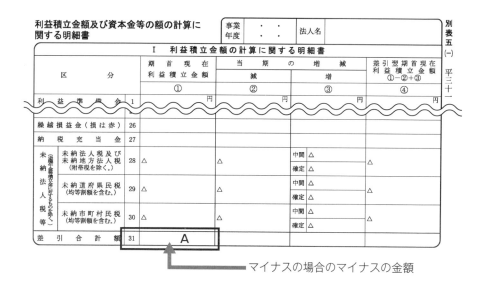

　ただし，このマイナスの金額が適用年度の別表七（一）「欠損金又は災害損失金の損金算入等に関する明細書」に控除未済欠損金額として記載されるべき金額に満たない場合には，その控除未済欠損金額として記載されるべき金額によります（法基通12-3-2）。

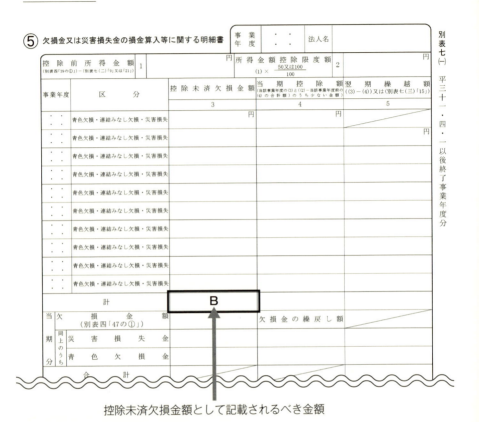

(2) 適用年度の所得の金額の計算上，青色欠損金の繰越控除の規定（法法57①）により損金の額に算入される欠損金額

次のように計算します。

|  | ケース① | ケース② |
| --- | --- | --- |
| 別表五（一）31欄① …… A | △50,000 | △30,000 |
| 別表七（一）3欄計 …… B | 35,000 | 55,000 |
| 適用年度の所得金額…… C | 80,000 | 80,000 |

|  | ケース① | ケース② |
| --- | --- | --- |
| (1) 適用年度終了の時における前事業年度以前の事業年度から繰り越された欠損金額の合計額 | 50,000<br>(A50,000 ＞ B35,000) | 55,000<br>(A30,000 ＜ B55,000) |
| (2) 適用年度に損金の額に算入される青色欠損金額 | 35,000<br>(B35,000 ＜ C80,000) | 55,000<br>(B55,000 ＜ C80,000) |
| 期限切れ欠損金額　(1)−(2) | 15,000 | 0（適用なし） |

## 3　残余財産がないと見込まれることの説明書類

期限切れ欠損金額を損金に算入しようとする場合には，残余財産がないと見込まれることを説明する書類の添付が必要になります（法法59④）。詳細は，**Q31**を参照してください。

## Q31 残余財産がないと見込まれることの説明書類

「残余財産がないと見込まれるとき」とは，具体的にどのような状況をいうのでしょうか。また「残余財産がないと見込まれることを説明する書類」とは，どのような書類をいうのでしょうか。

**A** ..........................................................................

SUMMARY 「残余財産がないと見込まれるとき」とは，解散した法人が債務超過の状態にあるときなどをいいます。この場合には，実態貸借対照表が「残余財産がないと見込まれることを説明する書類」に該当します。

Reference　法法59③④，法基通12-3-7・12-3-8・12-3-9

DETAIL

### 1 「残余財産がないと見込まれるとき」とは

解散した法人が，期限切れ欠損金額を清算中に終了する事業年度において損金の額に算入することができる「残余財産がないと見込まれるとき」とは，次のような状態をいいます（法基通12-3-8・「平成22年度税制改正に係る法人税質疑応答事例（グループ法人税制その他の資本に関係する取引等に係る税制関係）（情報）」問10）。

〈残余財産がないと見込まれるとき〉
(1) その事業年度終了の時において債務超過の状態であるとき
(2) 裁判所若しくは公的機関が関与する手続，又は，一定の準則に基づき独立した第三者が関与する手続において，法人が債務超過の状態にあることなどをこれらの機関が確認している次のような場合
　① 清算型の法的整理手続である破産又は特別清算の手続開始の決定又は開始の命令がなされた場合（特別清算の開始の命令が「清算の遂行に著しい支障を来たすべき事情があること」のみを原因としてなされた場合を除く。）
　② 再生型の法的整理手続である民事再生又は会社更生の手続開始の決定後，清算手続が行われる場合

第4章 解散・清算 **93**

③ 公的機関の関与又は一定の準則に基づき独立した第三者が関与して策定された事業再生計画に基づいて清算手続が行われる場合

なお，「残余財産がないと見込まれる」かどうかの判定は，法人の清算中に終了する各事業年度終了の時の現況で判定します（法基通12-3-7）。

## 2 残余財産がないと見込まれることを説明する書類

「残余財産がないと見込まれることを説明する書類」は，残余財産がないと見込まれる上記の事由に応じて，例えば，次のような書類をいいます。

### (1) その事業年度終了の時において債務超過の状態であるとき

法人の清算中に終了する各事業年度終了の時の実態貸借対照表が該当します（法基通12-3-9）。この実態貸借対照表を作成にあたり，法人の有する資産及び負債の価額について，次の点に留意する必要があります。

〈実態貸借対照表作成時の留意点〉
① 原則として，その事業年度終了の時における処分価格とする。
② 法人の解散が事業譲渡等の事業を引き継ぐことを前提とし，これらの資産が他の法人で継続して事業の用に供されることが見込まれている場合には，その資産が使用収益されるものとしてその事業年度終了の時において譲渡される場合に通常付される価格による。

### (2) 裁判所若しくは公的機関が関与する手続，又は，一定の準則に基づき独立した第三者が関与する手続において，法人が債務超過の状態にあることなどをこれらの機関が確認しているとき

破産手続開始決定書の写しなど，これらの手続の中で作成された書類がこれにあたります（法基通12-3-9）。

## Q32 完全支配関係がある法人の青色欠損金の引継ぎ①

当社（P社）の100％子法人であるS社が解散し，残余財産が確定しました。残余財産が確定した場合にはS社の欠損金を当社に引き継げると聞きましたが，引継ぎのための要件や具体的な計算方法を教えてください。

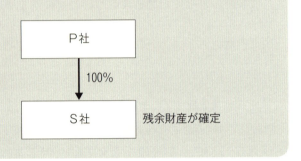

## A

**SUMMARY** 完全支配関係がある子法人（S社）の残余財産が確定した場合には，子法人（S社）の欠損金を株主であるP社に引き継ぐことができます。ただし，一定期間内に支配関係が発生した法人間での引継ぎの場合には，租税回避行為を防止する目的から，欠損金について引継制限規定が設けられています。

**Reference** 法法57②③・180①，法令113①

**DETAIL**

### 1 残余財産が確定した場合の青色欠損金の引継ぎ

完全支配関係がある子法人（S社）の残余財産が確定した場合，その子法人（S社）の残余財産確定の日の翌日前10年以内(※1)に開始した各事業年度において生じた欠損金額(※2)は，株主（P社）に引き継ぐことができます。引き継いだ欠損金は，その欠損金が生じた法人（S社）の各事業年度開始の日の属する株主（P社）の事業年度において生じた欠損金（残余財産の確定の日の属す

る事業年度開始の日以後に生じた欠損金については，株主の残余財産確定の日
の属する事業年度の前事業年度において生じた欠損金）とみなされます（法法
57②）。

- （※1）欠損金の発生事業年度が，平成30年3月31日以前に開始した事業年度である場合は，「9年以内」
- （※2）欠損金の生じた事業年度について青色申告書である確定申告書を提出し，かつ，その後において連続して確定申告書を提出している場合の欠損金額。ただし，青色欠損金の繰越控除（法法57①）及び欠損金の繰戻還付（法法80①）の適用を受けた金額は除かれます。

## 2　欠損金の引継制限

### （1）基本的な取扱い

　完全支配関係がある子法人（S社）の残余財産が確定した場合には，その子
法人（S社）の欠損金を株主に引き継ぐことができますが，一定期間内に支配
関係が発生した法人間での引継ぎには，租税回避行為を防止する目的から，欠
損金の引継ぎについて制限規定が設けられているため留意が必要です（法法57
③）。

　具体的には，次の①〜③のいずれかの日のうち最も遅い日から支配関係が継
続していない場合には，完全支配関係がある子法人の欠損金について引継制限
が課されます（法法57③）。

---

① 　残余財産確定の日の翌日の属する事業年度開始の日の5年前の日
② 　完全支配関係がある子法人（S社）の設立の日
③ 　完全支配関係がある親法人（P社）の設立の日

---

　なお，残余財産確定日には子法人に事業がないことが多いため，欠損金の引
継ぎに関する判定において，みなし共同事業要件の判定は行いません。

■残余財産が確定した場合の欠損金の引継制限フローチャート

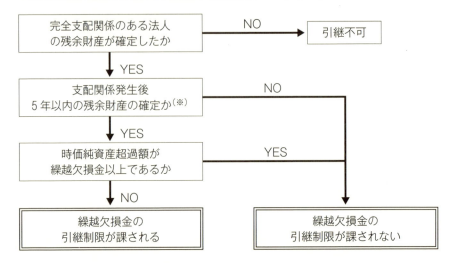

（※）厳密には，残余財産が確定した日の翌日の属する事業年度開始の日の5年前の日から支配関係が継続しているかで判定します。また，5年の間に残余財産が確定した法人又は株主の内国法人が設立しており，設立後支配関係が継続している場合は「No」へ進みます。

## （2）引継制限を受ける欠損金額

欠損金の引継制限を受ける金額は次の金額とされています（法法57③）。

① 支配関係事業年度前の各事業年度において生じた欠損金額
② 支配関係事業年度以後の各事業年度において生じた欠損金額のうち特定資産譲渡等損失相当額から成る部分の金額

## （3）時価純資産超過額等がある場合の特例

支配関係が5年未満であっても，子法人の支配関係事業年度の前事業年度末における時価純資産超過額が欠損金額以上である場合など一定の場合には，確定申告書の別表添付や書類の保存を条件として，子法人の欠損金の引継制限が緩和されています（法令113①）。

## 3 適格合併における欠損金の取扱いとの関係

　平成22年度税制改正では，完全支配関係がある子法人を清算する場合に，適格合併による解散であっても，合併以外の事由による解散で残余財産が確定した場合であっても，同じ取扱いになるよう規定が整備されました。具体的には，残余財産が確定した子法人の欠損金について，適格合併に係る被合併法人から合併法人への欠損金の引継ぎと同様の取扱いとすることとしました。これと同時に，清算する子法人株式の譲渡損益を計上しない取扱いも適格合併の場合の取扱いと統一されました。

　したがって，欠損金の引継ぎの可否判定や引継制限の対象となる金額の計算などは，適格合併に係る被合併法人の欠損金の引継ぎと同じ取扱いとなっているため，詳細は下記のQ&Aを参照してください。

　ただし，残余財産が確定した場合の欠損金の取扱いにおいて，みなし共同要件による判定は行わない点，親法人の欠損金に使用制限が課されない点は，適

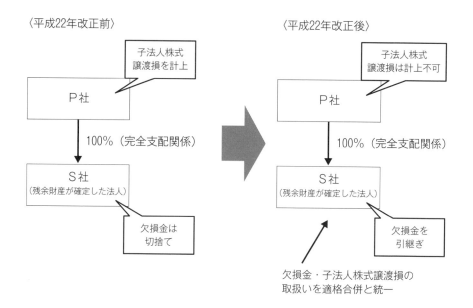

格合併とは異なる取扱いになるため留意が必要です。

## ■ 参考 Q&A

**Q36** 適格組織再編の態様と青色欠損金の引継ぎ

**Q37** 欠損金の引継ぎと帰属事業年度

**Q38** 適格組織再編の態様と欠損金の引継制限・使用制限

**Q39** 共同事業要件とみなし共同事業要件

**Q40** 時価純資産超過額がある場合

**Q42** 法人税の欠損金の引継制限・使用制限がある場合

**Q43** 設立日から支配関係がある場合の欠損金の引継ぎ①

**Q44** 設立日から支配関係がある場合の欠損金の引継ぎ②
（設立会社を介した欠損金の引継ぎ）

**Q45** 支配関係が複数ある場合の欠損金の引継ぎ

**Q46** 前2年以内に特定適格組織再編成等が行われている場合の引き継いだ資産の譲渡等損失に係る欠損金の引継制限・使用制限

**Q47** 前2年以内に特定適格組織再編成等が行われている場合の欠損金の引継制限・使用制限

**Q48** 事業税の欠損金の引継制限・使用制限

**Q49** 住民税の控除対象還付法人税額の取扱い

第4章 解散・清算 99

## Q33 完全支配関係がある法人の青色欠損金の引継ぎ②（株主が複数の場合）

S2社の残余財産が確定しました。次のような資本関係（S2社の設立以来，資本関係に変動はない）においてS2社の欠損金1,000はどのように扱われますか。

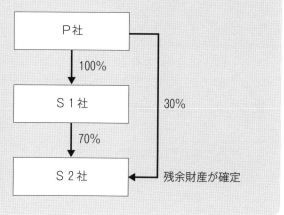

## A

SUMMARY 完全支配関係がある法人が解散し，残余財産が確定した場合において，その法人の株主が複数いる場合には，それぞれの株主（個人を除きます）の持株割合に応じて欠損金を引き継ぎます。

各法人に引き継がれる欠損金額は次のとおりです。
P社　1,000×30％＝300
S1社　1,000×70％＝700

Reference 法法57②③

DETAIL

### 1 残余財産が確定した場合の青色欠損金の引継ぎ

完全支配関係がある子法人（S2社）の残余財産が確定した場合，その子法

人（Ｓ２社）の残余財産確定の日の翌日前10年以内に開始した各事業年度において生じた欠損金額（未処理欠損金額）は，株主（Ｐ社・Ｓ１社）に引き継ぐことができます（法法57②）。

## 2 株主が複数いる場合の取扱い

残余財産が確定した法人の株主が複数いる場合には，次の算式により計算した欠損金額をそれぞれの株主に引き継ぎます（法法57②）。

〈株主が複数いる場合の欠損金の引継額の計算〉

$$未処理欠損金額 \quad \times \quad \frac{その株主が有する株式数}{残余財産が確定した法人の発行済株式等の総数（自己株式を除く）}$$

## 3 未処理欠損金額の帰属事業年度

引き継いだ欠損金は，その欠損金が生じた法人（Ｓ２社）の各事業年度開始の日の属する株主（Ｐ社・Ｓ１社）の事業年度において生じた欠損金（残余財産の確定の日の属する事業年度開始の日以後に生じた欠損金については，株主の残余財産確定の日の属する事業年度の前事業年度において生じた欠損金）とみなされます（法法57②）。

## 4 欠損金の引継制限

完全支配関係がある子法人（Ｓ２社）の残余財産が確定した場合には，その子法人（Ｓ２社）の欠損金を株主に引き継ぐことができますが，一定期間内に支配関係が発生した法人間での引継ぎの場合には，租税回避行為を防止する目的から，欠損金について引継制限規定が設けられているため留意が必要です（法法57③）。詳細は，**Q32** を参照してください。

なお，引継制限の判定にあたり，株主が複数いる場合には，支配関係発生日はそれぞれの株主（Ｐ社，Ｓ１社）と完全支配関係がある子法人（Ｓ２社）とで行う点にも留意が必要です。

第4章 解散・清算 101

## Q34 完全支配関係がある法人の青色欠損金の引継ぎ③（株主に個人がいる場合）

S社の残余財産が確定しました。次のような資本関係（S社の設立以来，資本関係に変動はない）において，S社の欠損金1,000どのように扱われますか。

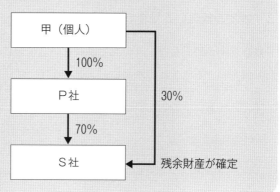

## A

SUMMARY 残余財産が確定した場合の欠損金の引継ぎは，残余財産が確定した法人の株主のうち法人の株主（P社）にのみ引き継ぐことができます。株主が複数いる場合には，それぞれの株主（個人を除きます）の持株割合に応じて欠損金を引き継ぎます。

各株主に引き継がれる欠損金額は次のとおりです。
　甲　　　個人株主であるため欠損金の引継ぎはできない。
　P社　　1,000×70％＝700

Reference　法法57②③

DETAIL

### 1 残余財産が確定した場合の青色欠損金の引継ぎ

完全支配関係がある子法人（S社）の残余財産が確定した場合，その子法人

（S社）の残余財産確定の日の翌日前10年以内に開始した各事業年度において生じた欠損金額（未処理欠損金額）は，その株主に引き継ぐことができます。ただし，引き継ぐことができるのは法人である株主に限定され，法人税の納税義務者でない個人株主には法人税法は適用されないため，法人税法の規定である欠損金を引き継ぐことができません。

## 2　株主が複数いる場合の取扱い

残余財産が確定した法人の株主が複数いる場合には，次の算式により計算した欠損金額をそれぞれの株主に引き継ぎます（法法57②）。

---

〈株主が複数いる場合の欠損金の引継額の計算〉

$$未処理欠損金額 \times \frac{その株主が有する株式数}{残余財産が確定した法人の発行済株式等の総数（自己株式を除く）}$$

---

## 3　未処理欠損金額の帰属事業年度

引き継いだ欠損金は，その欠損金が生じた法人（S社）の各事業年度開始の日の属する株主（P社）の事業年度において生じた欠損金（残余財産の確定の日の属する事業年度開始の日以後に生じた欠損金については，株主の残余財産確定の日の属する事業年度の前事業年度において生じた欠損金）とみなされます（法法57②）。

## 4　欠損金の引継制限

完全支配関係がある子法人（S社）の残余財産が確定した場合には，その子法人（S社）の欠損金を株主に引き継ぐことができますが，一定期間内に支配関係が発生した法人間での引継ぎの場合には，租税回避行為を防止する目的から，欠損金について引継制限規定が設けられているため留意が必要です（法法57③）。詳細は，**Q32**を参照してください。

## Q35 完全支配関係がある法人の青色欠損金の引継ぎ④（評価損の計上）

Q32に関連して，S社の残余財産の確定と同時に，P社では子法人株式の帳簿価額3,000について消却損を計上しようと考えていますが，留意点はありますか。

**A**

SUMMARY　P社においてS社株式の消却損を計上することはできません。また，解散が見込まれた時点で子法人株式の評価損も計上することができません。

Reference　法法33②③④⑤・61の2⑰，法令68の3

DETAIL

### 1　子法人株式消却損の計上

内国法人が有する完全支配関係がある子法人の株式について，その子法人が解散し残余財産の分配をした場合（残余財産の分配を受けないことが確定した場合を含みます）には，その子法人株式は，その時の帳簿価額に相当する金額で譲渡したものとします（法法61の2⑰）。つまり，譲渡価額と帳簿価額が同額となるため，譲渡損益（消却損）は生じないということです。

〈子法人株式の譲渡損益（消却損）の計算〉
　　譲渡価額3,000　－　帳簿価額3,000　＝　0
　　∴　消却損を損金に算入することはできない。

## 2 子法人株式評価損の計上

内国法人がその有する資産について，次に掲げる事由に該当する場合には，一定の金額を評価損として損金に算入します（法法33②③④）。

〈資産の評価損を計上できる事由〉
(1) 災害による著しい損傷により，その資産の価額が帳簿価額を下回ることとなったとき
(2) 更生計画認可の決定があったことにより，法律の規定に従って資産の評価換えをしたとき
(3) 再生計画認可の決定があったこと等により，資産の価額につき評定を行っているとき

ただし，完全支配関係がある次の法人の株式又は出資については，上記の評価損を計上することができません（法法33⑤，法令68の3）。

〈評価損を計上できない法人〉
(1) 清算中の内国法人
(2) 解散（合併による解散を除く。）をすることが見込まれる内国法人
(3) 内国法人でその内国法人との間に完全支配関係がある他の内国法人との間で適格合併を行うことが見込まれるもの

したがって，完全支配関係がある法人が解散した場合（解散をすることが見込まれる場合を含む）には，その法人の株式については消却損を計上することも評価損を計上することもできないということです。消却損・評価損は損金に算入することはできませんが，一定の要件を満たす場合には，その法人の欠損金を引き継ぐことができます。欠損金の引継ぎについて詳細は **Q32** を参照してください。

# 第5章

## 単体事業年度の
## 組織再編における欠損金

第5章　単体事業年度の組織再編における欠損金　**107**

# Ⅰ　組織再編における欠損金の概要

## Q36　適格組織再編の態様と青色欠損金の引継ぎ

　組織再編とは，合併，分割，現物出資，現物分配，株式交換等，株式
移転があると聞きましたが，これらの適格組織再編において，欠損金の引
継ぎを行うことはできますか。

**A** ···························································································

SUMMARY〉　適格組織再編の態様別の欠損金の引継ぎの可否は，次のとおりとな
り，欠損金を引き継ぐことができるのは，適格合併のみです。ただし，租税回避行
為を防止する目的から，一定の場合には，被合併法人の欠損金の引継制限が課され
るため留意が必要です。

■適格組織再編の態様別の青色欠損金の引継ぎ等

| 適格組織再編の態様 | 可否（○：引継可） |
|---|---|
| 適格合併（※1） | ○ |
| 適格分割 | × |
| 適格現物出資 | × |
| 適格現物分配 | × |
| 適格株式交換等 | × |
| 適格株式移転 | × |

　（※1）吸収合併を前提として解説しています。したがって，新設合併・無対価合
　　　　併の取扱いは省略しています。

Reference〉　法法57①②③・80

DETAIL

## 1 適格合併における欠損金の引継ぎ

適格合併の場合，被合併法人の欠損金を合併法人に引き継ぐことができますが，引き継ぐことができる欠損金は，被合併法人の適格合併の日前10年以内[※2]に開始した各事業年度において生じた欠損金額[※3] に限られます。

また，引き継いだ欠損金は，欠損金が生じた被合併法人の事業年度開始の日の属する合併法人の事業年度において生じた欠損金（ただし，合併法人の合併の日の属する事業年度開始の日以後に生じた被合併法人の欠損金は，その合併の日の属する事業年度の前事業年度において生じた欠損金）とみなされます（法法57②）。詳細は **Q37** を参照してください。

> （※2）欠損金の発生事業年度が，平成30年3月31日以前に開始した事業年度である場合は，「9年以内」
> （※3）欠損金の生じた事業年度について青色申告書である確定申告書を提出し，かつ，その後において連続して確定申告書を提出している場合の欠損金額。ただし，すでに青色欠損金の繰越控除（法法57①）の適用を受けた金額及び欠損金の繰戻還付（法法80）の還付金額の計算の基礎となった金額は除かれます。

## 2 適格合併における欠損金の引継制限

適格合併の場合，被合併法人の青色欠損金を合併法人に引き継ぐことができますが，一定期間内に支配関係が発生した法人間の適格合併の場合には，租税回避行為を防止する目的から，被合併法人の欠損金について引継制限が課されるため留意が必要です（法法57③）。詳細は **Q38** を参照してください。

## 3 適格分割，適格現物出資，適格現物分配，適格株式交換等，適格株式移転における欠損金の引継ぎ

適格分割，適格現物出資，適格現物分配，適格株式交換等，適格株式移転において，欠損金を引き継ぐことはできません。

第5章　単体事業年度の組織再編における欠損金　**109**

## Q37　欠損金の引継ぎと帰属事業年度

　当社（Ｐ社，３月決算）は，当社を合併法人，100％子法人であるＳ社（３月決算）を被合併法人とする適格合併を予定していますが，X20年３月１日に合併する場合とX20年４月１日に合併する場合とで欠損金の引継ぎに違いはありますか。なお，当社とＳ社との100％資本関係は10年以上継続しており，Ｓ社の欠損金は次のとおりです。

■ Ｓ社の欠損金残高

| 発生事業年度 | 欠損金残高 |
|:---:|:---:|
| X17/3期 | 30,000 |
| X18/3期 | 18,000 |
| X20/2期（見込） | 1,500 |
| X20/3期（見込） | 2,000 |

## A ·················································································

**SUMMARY**　X20年３月１日に合併した場合には，適格合併によりＳ社から引き継いだ欠損金を合併法人Ｐ社のX20年３月期から使用することができますが，X20年４月１日に合併した場合には，Ｐ社のX21年３月期から使用することができます。

　なお，X20年３月１日に合併した場合のＳ社のX20年２月期の欠損金1,500は，Ｐ社のX19年３月期に発生した欠損金とみなされます。

（Reference）　法法57②

**DETAIL**

　適格合併の場合，合併法人が被合併法人から引き継いだ欠損金額は，被合併法人のその欠損金額が生じた各事業年度開始の日の属する合併法人の各事業年度において生じた欠損金額（ただし，合併法人の合併の日の属する事業年度開始の日以後に生じた被合併法人の欠損金額は，その合併の日の属する事業年度

の前事業年度において生じた欠損金額）とみなされ，合併法人は引き継いだ欠損金額を適格合併の日の属する事業年度以後の各事業年度から使用することができます（法法57②）。

したがって，本問のように合併法人と被合併法人の事業年度が同じ場合には，期中合併（X20年3月1日）であれば被合併法人S社から引き継いだ欠損金を合併法人P社のX20年3月期から使用することができるのに対し，期首合併（X20年4月1日）であればP社のX21年3月期から使用することができるため，期中合併の方が早期に引き継いだ欠損金を使用することができる結果となります。　なお，期中合併の場合のS社のX20年2月期の欠損金額1,500は，合併の日（X20年3月1日）の属する事業年度開始の日以後に生じた欠損金であるため，P社の合併の日の属する事業年度の前事業年度であるX19年3月期の欠損金額とみなされます。

■期首合併（X20年4月1日合併）

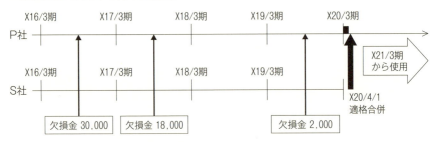

■期中合併（X20年3月1日合併）

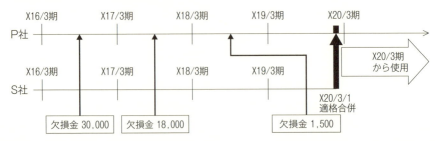

第5章　単体事業年度の組織再編における欠損金　111

## Q38　適格組織再編の態様と欠損金の引継制限・使用制限

適格組織再編を行った場合，欠損金の引継制限や使用制限に留意が必要であると聞きました。適格組織再編の態様別に制限の概要を教えてください。

**A** ·······················································

SUMMARY　支配関係発生日から適格組織再編の日の属する事業年度開始の日までの期間が5年未満の場合には，租税回避行為を防止する目的から，欠損金の引継制限及び使用制限規定が設けられています。適格組織再編の態様別の制限規定の有無及び制限を受ける金額は次のとおりです。

### ■適格組織再編の態様別の欠損金の引継制限・使用制限

| 適格組織再編の態様 | 欠損金の引継制限・使用制限の有無 | | 制限を受ける欠損金額 |
|---|---|---|---|
| | 引継制限 | 使用制限 | |
| 適格合併 | あり ➡下記1 | あり ➡下記2 | (a) 支配関係事業年度前の各事業年度において生じた欠損金額<br>(b) 支配関係事業年度以後の各事業年度において生じた欠損金額のうち特定資産譲渡等損失に相当する金額から成る部分の金額 |
| 適格分割 | | あり ➡下記3 | |
| 適格現物出資 | | | |
| 適格現物分配 | | | |
| 適格株式交換等 | | なし ➡下記4 | |
| 適格株式移転 | | | |

Reference　法法2十二の七の五・57③④，法令113①④

DETAIL ▷

## 1 適格合併における欠損金の引継制限

### (1) 基本的な取扱い

適格合併の要件について，支配関係(※1)がある法人間の合併は共同事業要件を満たす法人間の合併に比べ要件が緩和されています。そのため，欠損金を有する外部の法人を買収等でグループに取り込んだ上で所得が見込まれる法人と合併させることで欠損金を利用する租税回避行為が考えられることから，被合併法人の欠損金に引継制限規定が設けられています。

(※1) 支配関係とは，次のいずれかの関係をいいます（法法2十二の七の五）。
◆一の者が法人の発行済株式若しくは出資（自己の株式又は出資を除く）の総数若しくは総額の50%超を直接又は間接に保有する関係として一定の関係（当事者間の支配の関係）
◆一の者との間に当事者間の支配の関係がある法人相互の関係

具体的には，支配関係のある法人間の合併において，次の①～③のいずれかの日のうち最も遅い日から支配関係が継続していない場合で，その合併がみなし共同事業要件（**Q39** 参照）を満たさないときは，被合併法人の欠損金に引継制限が課されます（法法57③）。

① 合併法人の適格合併の日の属する事業年度開始の日の5年前の日
② 被合併法人の設立の日
③ 合併法人の設立の日

### (2) 引継制限を受ける欠損金額

引継制限を受ける欠損金額は次のとおりです（法法57③）。

① 支配関係事業年度(※2)前の各事業年度において生じた欠損金額
② 支配関係事業年度以後の各事業年度において生じた欠損金額のうち特定資産譲渡等損失に相当する金額から成る部分の金額
(※2) 支配関係事業年度とは，被合併法人と合併法人との間に最後に支配関係があることとなった日の属する事業年度をいいます。

## （3）時価純資産超過額等がある場合の特例

支配関係が５年未満でみなし共同事業要件を満たさない場合であっても，被合併法人の支配関係事業年度の前事業年度末における時価純資産超過額が欠損金額以上であるなど一定の場合には，確定申告書の別表添付や書類の保存を条件として，被合併法人の欠損金の引継制限が緩和されています（法令113①）。

## 2　適格合併における欠損金の使用制限

### （1）基本的な取扱い

上記１の被合併法人の欠損金の引継制限規定の適用を避けるため，逆さ合併を行うことにより合併法人の欠損金を不当に利用することが考えられることから，合併法人の欠損金についても使用制限規定が設けられています。

具体的には，支配関係のある法人間の合併において，次の①〜③のいずれかの日のうち最も遅い日から支配関係が継続していない場合で，その合併がみなし共同事業要件（**Q39** 参照）を満たさないときは，合併法人の欠損金に使用制限が課されます（法法57④）。

> ①　合併法人の適格合併の日の属する事業年度開始の日の５年前の日
> ②　被合併法人の設立の日
> ③　合併法人の設立の日

### （2）使用制限を受ける欠損金額

使用制限を受ける欠損金額は次のとおりです（法法57④）。

> ①　支配関係事業年度<sup>（※3）</sup>前の各事業年度において生じた欠損金額
> ②　支配関係事業年度以後の各事業年度において生じた欠損金額のうち特定資産譲渡等損失に相当する金額から成る部分の金額
> （※3）支配関係事業年度とは，合併法人と被合併法人との間に最後に支配関係があることとなった日の属する事業年度をいいます。

## (3) 時価純資産超過額等がある場合の特例

　上記1と同様，合併法人についても支配関係事業年度の前事業年度末における時価純資産超過額が欠損金額以上である場合など一定の場合には，確定申告書の別表添付や書類の保存を条件として合併法人の欠損金の使用制限が緩和されています（法令113④）。

■適格合併の欠損金の引継制限・使用制限フローチャート

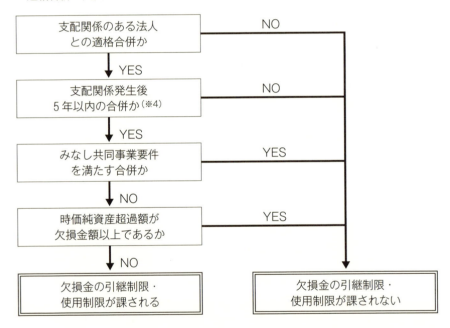

（※4）厳密には，適格合併の日の属する事業年度開始の日の5年前の日から支配関係が継続しているかどうかで判定します。また，5年の間に合併法人又は被合併法人が設立しており，設立日から支配関係が継続している場合は「No」へ進みます。

第 5 章　単体事業年度の組織再編における欠損金　**115**

### ■上記 1 及び 2 に係る参考 Q&A

**Q39**　共同事業要件とみなし共同事業要件

**Q40**　時価純資産超過額等がある場合

**Q42**　法人税の欠損金の引継制限・使用制限がある場合

**Q43**　設立日から支配関係がある場合の欠損金の引継ぎ①

**Q44**　設立日から支配関係がある場合の欠損金の引継ぎ②
　　　　（設立会社を介した欠損金の引継ぎ）

**Q45**　支配関係が複数ある場合の欠損金の引継ぎ

**Q46**　前 2 年以内に特定適格組織再編成等が行われている場合の引き継いだ資産の譲渡等損失に係る欠損金の引継制限・使用制限

**Q47**　前 2 年以内に特定適格組織再編成等が行われている場合の欠損金の引継制限・使用制限

**Q48**　事業税の欠損金の引継制限・使用制限

**Q49**　住民税の控除対象還付法人税額の取扱い


## 3　適格分割，適格現物出資及び適格現物分配における欠損金の使用制限

### （1）適格分割，適格現物出資

　適格分割，適格現物出資についても，上記 2 と同様，支配関係が 5 年未満等でみなし共同事業要件（**Q39** 参照）を満たさないときは，分割承継法人，被現物出資法人の欠損金に使用制限が課されますが，時価純資産超過額等がある場合の特例の要件を満たす場合には欠損金の使用制限は緩和されています（法法57④，法令113④）。


### （2）適格現物分配

　適格現物分配についても，上記（1）と取扱いは同じですが，現物分配は事業の引継ぎではないことから，欠損金の使用制限の判定において，みなし共同

事業要件（**Q39** 参照）による判定はありません。具体的には，支配関係が 5 年未満等の場合には欠損金の使用制限が課されますが，時価純資産超過額等がある場合の特例の要件を満たす場合には欠損金の使用制限は緩和されています（法法57④，法令113④）。

■上記 3 に係る参考 Q&A

**Q39**　共同事業要件とみなし共同事業要件

**Q40**　時価純資産超過額等がある場合

**Q50**　適格分割，適格現物出資における欠損金の引継制限・使用制限

**Q51**　適格現物分配における欠損金の使用制限

**Q52**　事業を移転しない適格分割，適格現物出資，適格現物分配

## 4　適格株式交換等，適格株式移転における欠損金の使用制限

　適格株式交換等又は適格株式移転は，完全子法人の株主が変わるだけで資産又は負債の引継ぎがありませんので，完全親法人の欠損金に使用制限は課されません。

■上記 4 に係る参考 Q&A

**Q53**　株式交換等，株式移転における欠損金の取扱い

## Q39 共同事業要件とみなし共同事業要件

適格合併において，支配関係のある法人間の合併で支配関係が5年未満であっても「みなし共同事業要件」を満たせば欠損金の引継制限・使用制限が課されないと聞きました。また，「共同事業要件」を満たす法人間の適格合併においてもこれらの制限が課されないと聞きました。この「みなし共同事業要件」，「共同事業要件」はどのように違いますか。

## A ･･････････････････････････････････････････････････････

SUMMARY 適格組織再編成等の要件である「共同事業要件」と欠損金の引継制限・使用制限の判定における「みなし共同事業要件」は，適格合併の場合で比較すると次のとおりとなります。

■適格合併における「共同事業要件」と「みなし共同事業要件」

| 要件 | 適格合併の要件 | | 欠損金の引継制限・使用制限 |
|---|---|---|---|
| | 支配関係法人間の合併 | 共同事業要件を満たす法人間の合併 | みなし共同事業要件(※1) |
| (A)対価要件 | ○ | ○ | － |
| (B)従業者引継要件 | ○ | ○ | － |
| (C)事業継続要件 | ○ | ○ | － |
| (D)事業関連性要件 | － | ○ | ○ |
| (E)事業規模要件 | － | (E)又は(G) | (E)，(F)又は(G) |
| (F)事業規模継続要件 | － | | |
| (G)特定役員引継要件 | － | | |
| (H)株式継続保有要件 | － | ○ | － |

（※1） みなし共同事業要件は，特定資産譲渡等損失の損金不算入規定におけるみなし共同事業要件と同様の内容です。

「共同事業要件」と「みなし共同事業要件」を比較すると，「みなし共同事業要件」の方が緩和されているように考えられますが，支配関係法人間の合併の適格要件において，(A)対価要件，(B)従業者引継要件，(C)事業継続要件を課しているため，実質的には適格要件の「共同事業要件」と同等の要件が課されていることになります。なお，(F)事業規模継続要件について，「共同事業要件」では要件が課されていないのに対し，「みなし共同事業要件」では要件が課されています。また，(G)特定役員引継要件について，「共同事業要件」では合併前後の要件のみを課していますが，「みなし共同事業要件」では合併前後だけでなく支配関係発生日前の要件を課しています。

Reference　法法2十二の八・57③④，法令4の3④・112③⑩

DETAIL

## 1　適格合併の判定における「共同事業要件」

共同事業を営むための適格合併は，次の（1）〜（5）・（7）又は（1）〜（4）・（6）・（7）の要件を満たす必要があります（法法2十二の八，法令4の3④）。

### （1）対価要件（表の(A)）

被合併法人の株主に合併法人の株式等以外の資産（次のものを除く）が交付されないこと。

> ● 株主等に対する剰余金の配当等として交付される金銭等
> ● 反対株主等に対する買取請求に基づく対価として交付される金銭等
> ● 合併の直前に合併法人が被合併法人の発行済株式等の総数等の2/3以上を有する場合における少数株主に交付される金銭等

### （2）従業者引継要件（表の(B)）

被合併法人の合併直前の従業者のおおむね80%以上が合併後に合併法人の業務に従事することが見込まれていること。

第5章　単体事業年度の組織再編における欠損金　**119**

## （3）事業継続要件（表の(C)）

　被合併法人の合併前に行う被合併事業（被合併法人の合併前に行う主要な事業のいずれか）で，合併事業（合併法人の合併前に行う事業のうちのいずれかの事業）と関連する事業が合併後に合併法人において引き続き行われることが見込まれていること。

## （4）事業関連性要件（表の(D)）

　被合併法人の被合併事業と合併法人の合併事業が相互に関連するものであること。

## （5）事業規模要件（表の(E)）

　被合併事業と合併事業（被合併事業に関連する事業に限る）のそれぞれの規模（売上金額，従業者の数，資本金の額又はこれらに準ずるもののいずれかの規模）の割合がおおむね5倍を超えないこと。

## （6）特定役員引継要件（表の(G)）

　被合併法人の合併前における特定役員（社長，副社長，代表取締役，代表執行役，専務取締役若しくは常務取締役，又はこれらに準ずる者で法人の経営に従事している者）のいずれかの者と，合併法人の特定役員のいずれかの者とが合併後に合併法人の特定役員となることが見込まれていること。

## （7）株式継続保有要件（表の(H)）

　被合併法人の支配株主[※2]に交付された合併法人の株式について，合併後も支配株主が継続して保有することが見込まれていること。

　（※2）支配株主とは，合併の直前に被合併法人と他の者との間に他の者による支配関係がある場合における他の者及び他の者による支配関係があるもの（その合併に係る合併法人を除く）をいいます。

## 2　欠損金の引継制限・使用制限の判定における「みなし共同事業要件」

　「みなし共同事業要件」を満たすためには，次の（1）～（3）又は（1）・
（4）の要件を満たす必要があります（法法57③④，法令112③⑩）。

### （1）事業関連性要件（表の(D)）

　「共同事業要件」と要件の内容に違いはありません（上記1（4）参照）。

### （2）事業規模要件（表の(E)）

　「共同事業要件」と要件の内容に違いはありません（上記1（5）参照）。

### （3）事業規模継続要件（表の(F)）

　次の①，②をいずれも満たすこと。

---

① 被合併事業が支配関係発生時[※3]から適格合併の直前まで継続して営まれており，かつ，支配関係発生時と適格合併直前の時における被合併事業の規模（上記2（2）の規模）の割合がおおむね2倍を超えないこと。
② 合併事業が支配関係発生時[※3]から適格合併の直前まで継続して営まれており，かつ，支配関係発生時と適格合併直前の時における合併事業の規模（上記2（2）の規模）の割合がおおむね2倍を超えないこと。
（※3）合併法人と被合併法人との間に最後に支配関係（**Q38**参照）があることとなった時

---

　なお，この要件は，「共同事業要件」では課していません。これは，「みなし共同事業要件」の判定は，支配関係のある法人間の組織再編成等を前提としており，支配関係発生後に合併法人又は被合併法人の規模を容易に増減させることが可能であることから，租税回避を防止するため，支配関係発生前の要件を課しています。

## （4）特定役員引継要件（表の(G)）

　被合併法人の適格合併前における特定役員のいずれかの者[※4]と，合併法人の適格合併前における特定役員のいずれかの者[※5]とが適格合併後に合併法人の特定役員となることが見込まれていること。

　　（※4）被合併法人が合併法人と最後に支配関係があることとなった日前において，被合併法人の役員又はこれらに準ずる者で被合併法人の経営に従事していた者に限ります。

　　（※5）合併法人が被合併法人と最後に支配関係があることとなった日前において，合併法人の役員又はこれらに準ずる者で合併法人の経営に従事していた者に限ります。

　なお，この要件は，「共同事業要件」では支配関係発生前の要件を課していません。これは，「みなし共同事業要件」の判定は，支配関係のある法人間の組織再編成等を前提としており，支配関係発生後に役員構成を容易に変更することが可能であることから，租税回避を防止するため，支配関係発生前の要件を課しています。

## Q40 時価純資産超過額等がある場合

当社（P社，3月決算）は，X20年4月1日に，当社を合併法人，100％子法人であるS社（3月決算）を被合併法人とする適格合併を予定しています。なお，S社はX19年4月1日に買収した子法人で，当社と事業関連性はありません。S社の欠損金及び支配関係発生事業年度の直前事業年度末の時価純資産価額，簿価純資産価額は次のとおりである場合において，S社の欠損金を引き継ぐことはできますか。

■ S社のX20年3月期の欠損金残高

| 発生事業年度 | 欠損金残高(※1) |
|---|---|
| X18/3期 | 600 |
| X19/3期 | 400 |
| 小計 | 1,000 |
| X20/3期 | 100 |

（※1）欠損金額のうち特定資産譲渡等損失に相当する金額から成る部分の金額はないものとします。

■ S社のX19年3月期末の時価純資産価額，簿価純資産価額

| 資産 | 時価 | 簿価 | 負債 | 時価 | 簿価 |
|---|---|---|---|---|---|
| 現預金 | 1,000 | 1,000 | 買掛金 | 1,000 | 1,000 |
| 売掛金 | 2,000 | 2,000 | 借入金 | 2,000 | 2,000 |
| 棚卸資産 | 800 | 800 | 負債合計 | 3,000 | 3,000 |
| 土地 | 2,100 | 1,050 | 純資産 | 3,200 | 2,000 |
| 建物 | 300 | 150 | | | |
| 資産合計 | 6,200 | 5,000 | 負債純資産合計 | 6,200 | 5,000 |

第 5 章　単体事業年度の組織再編における欠損金　**123**

## A

**SUMMARY** 　時価純資産超過額等がある場合の特例により，P 社に引き継ぐ S 社の欠損金について，引継制限は課されません。なお，この特例を適用する場合は，法人税確定申告書の別表添付要件及び書類の保存要件を満たす必要があります。

**Reference** 　法法57③④，法令113①②④，法規26の 2 の 2 ①

**DETAIL**

## 1　特例規定の趣旨

　適格合併の場合，被合併法人から合併法人への欠損金の引継ぎについて，支配関係発生日から適格組織再編の日の属する事業年度開始の日までの期間が 5 年未満の場合には，租税回避行為を防止する目的から，欠損金の引継制限規定を設けています（法法57③）。詳細は **Q38** を参照してください。

　しかし，被合併法人の支配関係事業年度の前事業年度末における時価純資産超過額が欠損金額以上であり，合併を行わなくても自社で資産の含み益と欠損金を相殺することが可能であるような場合等には，そもそも制限を課す必要がないため，確定申告書の別表添付や書類の保存を条件として，被合併法人の欠損金の全部又は一部につき制限を課さないこととする特例が設けられています。

## 2　時価純資産超過額がある場合（時価純資産価額≧簿価純資産価額）

### （1）時価純資産超過額≧欠損金額の場合

　被合併法人の支配関係事業年度[※2]の前事業年度末における時価純資産超過額[※3]が支配関係事業年度の前事業年度末の欠損金額以上であるときは，適格合併を行わなくても自社で含み益と欠損金を相殺することができるため，欠損金の引継制限は課されません（法令113①一）。

（※ 2 ）支配関係事業年度とは，合併法人と被合併法人との間に最後に支配関係（**Q38** 参照）があることとなった日の属する事業年度をいいます。

（※ 3 ）時価純資産超過額とは，時価純資産価額から簿価純資産価額を減算した金額をいいます。

## （2）　時価純資産超過額＜欠損金額の場合

　被合併法人の支配関係事業年度の前事業年度末における時価純資産超過額が支配関係事業年度の前事業年度末の欠損金額に満たないときは，自社で含み益と欠損金を相殺できない金額についてのみ制限を課せばよいため，欠損金の引継制限の取扱いは，次のとおりとなります（法令113①二）。

---

① 　支配関係事業年度前の各事業年度において生じた欠損金額
　　支配関係事業年度前の欠損金額が時価純資産超過額を超える場合には，その超える部分の金額についてのみ引継制限が課されます。
② 　支配関係事業年度以後の各事業年度において生じた欠損金額のうち特定資産譲渡等損失に相当する金額から成る部分の金額
　　欠損金の引継制限は課されません。

---

## 3　簿価純資産超過額がある場合（時価純資産価額＜簿価純資産価額）

　被合併法人の支配関係事業年度の前事業年度末における簿価純資産超過額（※4）が支配関係事業年度以後に生じた欠損金額のうち特定資産譲渡等損失に相当する金額から成る部分の金額に満たないときは，欠損金の引継制限の取扱いは，次のとおりとなります（法令113①三）。

（※4）簿価純資産超過額とは，簿価純資産価額から時価純資産価額を減算した金額をいいます。

---

① 　支配関係事業年度前の各事業年度において生じた欠損金額
　　全額について，欠損金の引継制限が課されます。
② 　支配関係事業年度以後の各事業年度において生じた欠損金額のうち特定資産譲渡等損失に相当する金額から成る部分の金額
　　簿価純資産超過額の範囲内で，欠損金の引継制限が課されます。

---

　この取扱いでは，支配関係事業年度の前事業年度末における時価純資産超過額がないため自社で含み益と欠損金を相殺することができないことから，支配関係事業年度前の欠損金額の全額を引継制限の対象としています。一方，支配関係事業年度以後の欠損金のうち特定資産譲渡等損失に相当する金額から成る

第5章　単体事業年度の組織再編における欠損金　**125**

部分の金額は，租税回避につながる簿価純資産超過額の金額に相当する欠損金額のみを引継制限の対象としています。

以上をまとめると，次のようになります。

■時価純資産超過額又は簿価純資産超過額がある場合の引継制限の特例

| 欠損金 | 時価純資産超過額がある場合 | | 簿価純資産超過額がある場合 |
|---|---|---|---|
| | 時価純資産超過額≧欠損金額 | 時価純資産超過額＜欠損金額 | |
| 支配関係事業年度前の欠損金 | 引継制限は課されない | （欠損金額－時価純資産超過額）相当額に引継制限が課される | 引継制限が課される |
| 支配関係事業年度以後の欠損金 | | 引継制限は課されない | 特定資産譲渡等損失に相当する金額から成る部分の金額のうち，簿価純資産超過額相当額に引継制限が課される |

## 4　別表添付要件，書類の保存要件

上記2～3の適用を受けるためには，法人税確定申告書の別表添付要件及び書類の保存要件を満たす必要があります（法令113②，法規26の2の2①）。

◆　別表添付要件

法人税確定申告書の別表七㈠付表三を添付する必要があります。

◆　書類保存要件

次の書類を保存する必要があります。

⒜　支配関係事業年度の前事業年度終了の時において有する資産及び負債の価額及び帳簿価額を記載した書類

⒝　次のいずれかの書類で支配関係事業年度の前事業年度終了の時における⒜の価額を明らかにする書類

- その資産の価額が継続して一般に公表されているものであるときは，その公表された価額が示された書類の写し
- その資産及び負債の価額を算定しているときは，その算定の根拠を明らかにする事項を記載した書類及びその算定の基礎とした事項を記載した書類
- その他，資産及び負債の価額を明らかにする事項を記載した書類

## 5　本問の検討

　P社とS社の支配関係発生日はX19年4月1日であり，合併法人P社の適格合併の日（X20年4月1日）の属する事業年度開始の日の5年前の日から支配関係が継続しておらず，かつ，みなし共同事業要件を満たさないため，S社の欠損金の引継ぎに制限が課されます。

　ただし，S社の支配関係事業年度の前事業年度（X19年3月期）の時価純資産超過額1,200（3,200－2,000）がS社の支配関係事業年度の前事業年度末の欠損金額（1,000）以上であるため，S社の欠損金の引継制限は課されません。なお，この特例の適用を受けるためには，合併法人P社において確定申告書の別表添付要件及び一定の書類の保存要件を満たす必要があります。

---

関連解説

**合併法人，分割承継法人，被現物出資法人，被現物分配法人の時価純資産超過額等がある場合の欠損金の使用制限の特例**

　合併法人，分割承継法人，被現物出資法人，被現物分配法人の欠損金の使用制限についても，上記2～4と同様の特例が認められています（法令113④）。

第5章　単体事業年度の組織再編における欠損金　**127**

**⑤ 欠損金又は災害損失金の損金算入等に関する明細書**

| 事業年度 | X20・4・1<br>X21・3・31 | 法人名 | P 社 |
| --- | --- | --- | --- |

別表七(一)　平三十一・四・一以後終了事業年度分

| 控除前所得金額<br>(別表四「39の①」)-(別表七(二)「9」又は「21」) | 1 | 円 | | 所得金額控除限度額<br>(1)× $\frac{50又は100}{100}$ | 2 | 円 |
| --- | --- | --- | --- | --- | --- | --- |

| 事業年度 | 区　分 | 控除未済欠損金額<br>3 | 当期控除額<br>(当該事業年度の(3)と(2)-当該事業年度前の<br>(4)の合計額))のうち少ない金額<br>4 | 翌期繰越額<br>(3)-(4)又は(別表七(三)「15」)<br>5 |
| --- | --- | --- | --- | --- |
| ・・<br>・・ | 青色欠損・連結みなし欠損・災害損失 | 円 | 円 | |
| ・・<br>・・ | 青色欠損・連結みなし欠損・災害損失 | | | 円 |
| ・・<br>・・ | 青色欠損・連結みなし欠損・災害損失 | | | |
| ・・<br>・・ | 青色欠損・連結みなし欠損・災害損失 | | | |
| ・・<br>・・ | 青色欠損・連結みなし欠損・災害損失 | | | |
| ・・<br>・・ | 青色欠損・連結みなし欠損・災害損失 | | | |
| ・・<br>・・ | 青色欠損・連結みなし欠損・災害損失 | | | |
| X17・4・1<br>X18・3・31 | 青色欠損・連結みなし欠損・災害損失 | 600 | | |
| X18・4・1<br>X19・3・31 | 青色欠損・連結みなし欠損・災害損失 | 400 | | |
| X19・4・1<br>X20・3・31 | 青色欠損・連結みなし欠損・災害損失 | 100 | | |
| | 計 | 1,100 | | |

| 当期分 | 欠損金額<br>(別表四「47の①」) | | 欠損金の繰戻し額 | |
| --- | --- | --- | --- | --- |
| | 同上のうち | 災害損失金 | | |
| | | 青色欠損金 | | |
| | 合　計 | | | |

### 災害により生じた損失の額の計算

| 災害の種類 | | 災害のやんだ日又はやむを得ない事情のやんだ日 | ・　・ |
| --- | --- | --- | --- |

| 災害を受けた資産の別 | 棚卸資産<br>① | 固定資産<br>(固定資産に準ずる繰延資産を含む。)<br>② | 計<br>①+②<br>③ |
| --- | --- | --- | --- |
| 当期の欠損金額<br>(別表四「47の①」) | 6 | | | 円 |
| 資産の滅失等により生じた損失の額 | 7 | 円 | 円 | |
| 被害資産の原状回復のための費用等に係る損失の額 | 8 | | | |
| 被害の拡大又は発生の防止のための費用に係る損失の額 | 9 | | | |
| 計<br>(7)+(8)+(9) | 10 | | | |
| 保険金又は損害賠償金等の額 | 11 | | | |
| 差引災害により生じた損失の額<br>(10)-(11) | 12 | | | |
| 同上のうち所得税額の還付又は欠損金の繰戻しの対象となる災害損失金額 | 13 | | | |
| 中間申告における災害損失欠損金の繰戻し額 | 14 | | | |
| 繰戻しの対象となる災害損失欠損金額<br>((6の③)と((13の③)-(14の③))のうち少ない金額) | 15 | | | |
| 繰越控除の対象となる損失の額<br>((6の③)と((12の③)-(14の③))のうち少ない金額) | 16 | | | |

(注)　P社の当期の繰越控除に関する記載（1，2，4，5欄）は省略しています。

## 適格組織再編成等が行われた場合の調整後の控除未済欠損金額の計算に関する明細書

事業年度 X20・4・1 ～ X21・3・31　法人名　P 社

別表七(一)付表一 平三十一・四・一以後事業年度分

### 適格組織再編成等が行われた場合の調整後の控除未済欠損金額

| 事業年度 | 欠損金の区分 | 控除未済欠損金額又は調整後の当該法人分の控除未済欠損金額 前期の別表七(一)「5」又は(4)、(7)若しくは別表七(一)付表三「5」若しくは別表七(一)付表四「5」 | 被合併法人等から引継ぎを受ける未処理欠損金額 適格合併等の別　適格合併　残余財産の確定 適格合併等の日：X20・4・1 被合併法人等の名称：S社 | 被合併法人等の事業年度 | 欠損金の区分 | 最終の事業年度の別表七(一)「5」若しくは別表七(一)付表三「5」 | 調整後の控除未済欠損金額 (1)＋(2) |
|---|---|---|---|---|---|---|---|
| ： ： | | | | | | | |
| X17・4・1 X18・3・31 | 青色 | 0 | X18・4・1 X19・3・31 | 青色 | 600 | 600 | |
| X18・4・1 X19・3・31 | 青色 | 0 | X19・4・1 X20・3・31 | 青色 | 400 | 400 | |
| X19・4・1 X20・3・31 | 青色 | 0 | X20・4・1 X20・3・31 | 青色 | 100 | 100 | |
| 計 | | 0 | 計 | | 1,100 | 1,100 | |

---

## 共同事業を行うための適格組織再編成等に該当しない場合の引継対象未処理欠損金額又は控除未済欠損金額の特例に関する明細書

事業年度 X20・4・1 ～ X21・3・31　法人名　P 社

別表七(一)付表三 平三十一・四・一以後分

適格組織再編成等の別（合併（適格）・非適格）・残余財産の確定・適格分割・適格現物出資・適格現物分配　適格組織再編成等の日 X20・4・1
対象法人等の別（被合併法人等）名称：S社　）・当該法人　支配関係発生日 X19・4・1

### 引継対象未処理欠損金額又は調整後の当該法人分の控除未済欠損金額の特例計算

| 対象法人の事業年度 | 欠損金の区分 | 被合併法人等の未処理欠損金額又は当該法人の控除未済欠損金額 被合併法人等の最終の事業年度の別表七(一)「5」又は当該法人の前期の別表七(一)「5」 | 特例計算による引継対象未処理欠損金額又は調整後の当該法人分の控除未済欠損金額の計算 時価純資産超過額が支配関係前未処理欠損金額の合計額以上である場合 (1) | 時価純資産超過額が支配関係前未処理欠損金額の合計額に満たない場合 支配関係事業年度前の事業年度にあっては(1)と((6)-(7))のうち少ない金額、支配関係事業年度以後の事業年度にあっては(1)の金額 | 簿価純資産超過額が支配関係事業年度以後の事業年度の欠損金額のうち特定資産譲渡等損失相当額の合計額に満たない場合 支配関係事業年度前の事業年度にあっては0、支配関係事業年度以後の事業年度にあっては(1)と((8)-(10))のうち少ない金額 | 特例計算による引継対象未処理欠損金額又は調整後の当該法人分の控除未済欠損金額 (2)、(3)又は(4) |
|---|---|---|---|---|---|---|
| | | 1 | 2 | 3 | 4 | 5 |
| ： ： | | | | | | |
| X17・4・1 X18・3・31 | 青色 | 600 | 600 | | | 600 |
| X18・4・1 X19・3・31 | 青色 | 400 | 400 | | | 400 |
| X19・4・1 X20・3・31 | 青色 | 100 | 100 | | | 100 |
| 計 | | 1,100 | 1,100 | | | 1,100 |

### 支配関係事業年度の前事業年度終了の時における時価純資産超過額又は簿価純資産超過額の計算の明細

| | | | | | |
|---|---|---|---|---|---|
| 時価純資産超過額 ((22の①)-(26の①))-((22の②)-(26の②)) | 11 | 1,200 円 | 制限対象金額 (12)-(11) | 13 | 円 |
| 支配関係前未処理欠損金額又は支配関係前控除未済欠損金額の合計 (6)の計 | 12 | | 簿価純資産超過額 ((22の②)-(26の②))-((22の①)-(26の①)) | 14 | |

### 支配関係事業年度の前事業年度終了の時における時価純資産価額及び簿価純資産価額の明細

| 資　産 | | | 資　産 | | | 負　債 | | |
|---|---|---|---|---|---|---|---|---|
| 名称等 | 時価① | 帳簿価額② | 名称等 | 時価① | 帳簿価額② | 名称等 | 時価① | 帳簿価額② |
| 現預金 15 | 1,000 円 | 1,000 円 | 建物 19 | 300 円 | 150 円 | 買掛金 23 | 1,000 円 | 1,000 円 |
| 売掛金 16 | 2,000 | 2,000 | 20 | | | 借入金 24 | 2,000 | 2,000 |
| 棚卸資産 17 | 800 | 800 | 21 | | | 25 | | |
| 土地 18 | 2,100 | 1,050 | 計 22 | 6,200 | 5,000 | 計 26 | 3,000 | 3,000 |

第5章　単体事業年度の組織再編における欠損金　**129**

⑤ 欠損金又は災害損失金の損金算入等に関する明細書

| 事業年度 | X19・4・1 ～ X20・3・31 | 法人名 | S 社 |

別表七(一)　平三十一・四・一以後終了事業年度分

| 控除前所得金額 <br> (別表四「39の①」) － (別表七(二)「9」又は「21」) | 1 | 円 | 所得金額控除限度額 <br> (1) × $\frac{50又は100}{100}$ | 2 | 円 |

| 事業年度 | 区　　分 | 控除未済欠損金額 | 当期控除額 <br> (当該事業年度の(3)と((2)－当該事業年度前の(4)の合計額))のうち少ない金額 | 翌期繰越額 <br> ((3)－(4))又は(別表七(三)「15」) |
|---|---|---|---|---|
| | | 3 | 4 | 5 |
| ・　・　・ | 青色欠損・連結みなし欠損・災害損失 | 円 | 円 | |
| ・　・　・ | 青色欠損・連結みなし欠損・災害損失 | | | 円 |
| ・　・　・ | 青色欠損・連結みなし欠損・災害損失 | | | |
| ・　・　・ | 青色欠損・連結みなし欠損・災害損失 | | | |
| ・　・　・ | 青色欠損・連結みなし欠損・災害損失 | | | |
| ・　・　・ | 青色欠損・連結みなし欠損・災害損失 | | | |
| ・　・　・ | 青色欠損・連結みなし欠損・災害損失 | | | |
| ・　・　・ | 青色欠損・連結みなし欠損・災害損失 | | | |
| X17・4・1 <br> X18・3・31 | 青色欠損・連結みなし欠損・災害損失 | 600 | | 600 |
| X18・4・1 <br> X19・3・31 | 青色欠損・連結みなし欠損・災害損失 | 400 | | 400 |
| | 計 | 1,000 | | 1,000 |

| 当 | 欠損金額 (別表四「47の①」) | 100 | 欠損金の繰戻し額 | |
|---|---|---|---|---|
| 期 | 同上のうち 災害損失金 | | | |
| 分 | 同上のうち 青色欠損金 | 100 | | 100 |
| | 合　計 | | | 1,100 |

**災害により生じた損失の額の計算**

| 災害の種類 | | 災害のやんだ日又はやむを得ない事情のやんだ日 | ・　・ |
|---|---|---|---|

| 災害を受けた資産の別 | | 棚卸資産 ① | 固定資産 (固定資産に準ずる繰延資産を含む。) ② | 計 ①＋② ③ |
|---|---|---|---|---|
| 当期の欠損金額 (別表四「47の①」) | 6 | | | 円 |
| 災害により生じた損失の額 | 資産の滅失等により生じた損失の額 | 7 | 円 | 円 | |
| | 被害資産の原状回復のための費用等に係る損失の額 | 8 | | | |
| | 被害の拡大又は発生の防止のための費用に係る損失の額 | 9 | | | |
| | 計 (7)＋(8)＋(9) | 10 | | | |
| 保険金又は損害賠償金等の額 | 11 | | | |
| 差引災害により生じた損失の額 (10)－(11) | 12 | | | |
| 同上のうち所得税額の還付又は欠損金の繰戻しの対象となる災害損失金額 | 13 | | | |
| 中間申告における災害損失欠損金の繰戻し額 | 14 | | | |
| 繰戻しの対象となる災害損失欠損金額 ((6の③)と((13の③)－(14の③))のうち少ない金額) | 15 | | | |
| 繰越控除の対象となる損失の額 ((6の③)と((12の③)－(14の③))のうち少ない金額) | 16 | | | |

## Q41 非適格組織再編における欠損金の引継制限・使用制限

当社（Ｐ社）は，新規分野への業務拡大のため，当社と事業関連性のないＡ社を吸収合併する予定です。この合併は非適格合併として処理する予定ですが，Ａ社の欠損金を当社に引き継ぐことはできますか。また，当社の欠損金について使用制限は課されるのでしょうか。

## A

**SUMMARY** 非適格合併を行った場合，被合併法人Ａ社の欠損金を合併法人Ｐ社に引き継ぐことはできません。また，合併法人Ｐ社の欠損金について，使用制限は課されません。

**Reference** 法法57④・61の13①

**DETAIL**

### 1 非適格合併を行った場合の欠損金の引継ぎ

非適格合併を行った場合，被合併法人の欠損金を合併法人に引き継ぐことはできません。

### 2 非適格合併を行った場合の欠損金の使用制限

非適格合併は，被合併法人の資産及び負債を時価で合併法人に移転することから，合併法人において移転を受けた資産及び負債の含み損益と自社の欠損金を相殺することはできません。したがって，一定の場合(※)を除いて，租税回避行為がなされる可能性が低いため，合併法人の欠損金の使用制限は課されません。

(※) 完全支配関係のある法人間の非適格合併において，法61の13①（完全支配関係がある法人の間の取引の損益）により被合併法人の資産の譲渡損益が繰り延べられた場合には，譲渡損益調整資産の含み益と合併法人の欠損金を相殺

第5章　単体事業年度の組織再編における欠損金　**131**

することが可能であるため，合併法人の欠損金に使用制限が課されます（法法57④）。

---

**関連解説**

## 非適格分割，非適格現物出資，非適格現物分配，非適格株式交換等又は非適格株式移転を行った場合の欠損金の使用制限

　非適格分割，非適格現物出資又は非適格現物分配に係る分割承継法人，被現物出資法人又は被現物分配法人の欠損金に使用制限は課されません。

　また，株式交換等又は株式移転は，完全子法人の株主が変わるだけで資産又は負債の引継ぎがありませんので，適格・非適格にかかわらず完全親法人の欠損金に使用制限は課されません。

## Ⅱ　適格合併における欠損金

## Q42　法人税の欠損金の引継制限・使用制限がある場合

当社（Ｐ社，3月決算）は，X20年4月1日に，当社を合併法人，100%子法人であるＳ社（3月決算）を被合併法人とする適格合併を行いました。なお，Ｓ社は，X17年10月1日に買収した子法人で，当社と事業関連性はありません。当社及びＳ社の欠損金は次のとおりである場合において，欠損金の引継制限・使用制限はどのようになりますか。

■Ｐ社のX20年3月期の欠損金残高

| 発生事業年度 | 欠損金の残高[※1] |
|---|---|
| X17/3期 | 2,000 |
| X20/3期 | 1,000 |

■Ｓ社のX20年3月期の欠損金残高

| 発生事業年度 | 欠損金の残高[※1] |
|---|---|
| X16/3期 | 300 |
| X18/3期 | 400 |
| X20/3期 | 100 |

（※1）欠損金額のうち特定資産譲渡等損失から成る部分の金額はないものとします。

## A

**SUMMARY**　Ｓ社とＰ社の欠損金について，欠損金の引継制限及び使用制限が課されます。具体的には，支配関係事業年度（X18年3月期）前に生じたＳ社のX16年3月期の欠損金300に引継制限が課されるとともに，Ｐ社のX17年3月期の欠損金2,000に使用制限が課されます。ただし，時価純資産超過額等がある場合の特例の要件を満たす場合には引継制限又は使用制限の緩和措置が設けられているため検討が必要です。

Reference　法法57③④

## 第5章 単体事業年度の組織再編における欠損金

> DETAIL

### 1 適格合併における欠損金の引継制限・使用制限

　支配関係（**Q38** 参照）のある法人間の適格合併において，支配関係が5年未満である等一定の場合には，租税回避行為を防止する目的から，被合併法人の欠損金に引継制限規定が設けられているとともに（法法57③），合併法人の欠損金に使用制限規定が設けられています（法法57④）。また，この場合の引継制限又は使用制限を受ける金額は次ページのとおりです。

■適格合併の欠損金の引継制限・使用制限フローチャート

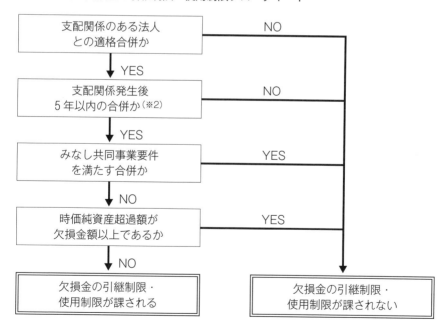

（※2）厳密には，適格合併の日の属する事業年度開始の日の5年前の日から支配関係が継続しているかどうかで判定します。また，5年の間に合併法人又は被合併法人が設立しており，設立日から支配関係が継続している場合は「No」へ進みます。

> ① 支配関係事業年度前の各事業年度において生じた欠損金額
> ② 支配関係事業年度以後の各事業年度において生じた欠損金額のうち特定資産譲渡等損失に相当する金額から成る部分の金額

　ただし，合併法人と被合併法人との間でみなし共同事業要件（**Q39** 参照）を満たす場合には欠損金の使用制限又は引継制限は課されません。また，合併法人又は被合併法人について，時価純資産超過額等がある場合の特例の要件を満たす場合には欠損金の使用制限又は引継制限が緩和されています。詳細は**Q38** ～ **Q40** を参照してください。

## 2　本問の検討

　Ｐ社とＳ社の支配関係発生日は X17年10月１日であり，Ｐ社の適格合併の日（X20年４月１日）の属する事業年度開始の日の５年前の日から支配関係が継続しておらず，かつ，みなし共同事業要件も満たさないため，適格合併によりＳ社から引き継ぐ欠損金に引継制限及びＰ社の欠損金に使用制限が課されます。したがって，支配関係事業年度（X18年３月期）前に生じた欠損金であるＳ社の X16年３月期の300はＰ社に引き継ぐことができないとともに，Ｐ社の X17年３月期の2,000はないものとされます。一方，支配関係事業年度以後に生じた欠損金については，特定資産譲渡等損失に相当する金額から成る部分の金額がないため，Ｓ社の X18年３月期の400及び X20年３月期の100はＰ社に引き継ぐことができるとともに，Ｐ社の X20年３月期の1,000に使用制限は課されません。

　なお，時価純資産超過額等がある場合の特例の要件を満たす場合には引継制限又は使用制限の緩和措置が設けられているため検討が必要です。

　特例の適用がない場合の申告書の記載は，次のとおりです。

第5章　単体事業年度の組織再編における欠損金　**135**

| ⑤ 欠損金又は災害損失金の損金算入等に関する明細書 | | 事業年度 | X20・4・1 X21・3・31 | 法人名 | P 社 | | 別表七(一) |

| 控除前所得金額 (別表四「39の①」) − (別表七(二)「9」又は「21」) | 1 | 円 | 所得金額控除限度額 (1) × 50又は100/100 | 2 | 円 |
|---|---|---|---|---|---|

| 事業年度 | 区　分 | 控除未済欠損金額 3 | 当期控除額 (当該事業年度の(1)と(2)−当該事業年度前の(4)の合計額)のうち少ない金額) 4 | 翌期繰越額 ((3)−(4))又は(別表七(三)「15」) 5 |
|---|---|---|---|---|
| ・・・ | 青色欠損・連結みなし欠損・災害損失 | 円 | 円 | |
| ・・・ | 青色欠損・連結みなし欠損・災害損失 | | | 円 |
| ・・・ | 青色欠損・連結みなし欠損・災害損失 | | | |
| ・・・ | 青色欠損・連結みなし欠損・災害損失 | | | |
| ・・・ | 青色欠損・連結みなし欠損・災害損失 | | | |
| ・・・ | 青色欠損・連結みなし欠損・災害損失 | | | |
| ・・・ | 青色欠損・連結みなし欠損・災害損失 | | | |
| X17・4・1 X18・3・31 | 青色欠損・連結みなし欠損・災害損失 | 400 | | |
| ・・・ | 青色欠損・連結みなし欠損・災害損失 | | | |
| X19・4・1 X20・3・31 | 青色欠損・連結みなし欠損・災害損失 | 1,100 | | |
| 計 | | 1,500 | | |

| 当期分 | 欠損金額 (別表四「47の①」) | | 欠損金の繰戻し額 | |
|---|---|---|---|---|
| | 同上のうち | 災害損失金 | | |
| | | 青色欠損金 | | |
| | 合　計 | | | |

| 災害により生じた損失の額の計算 | | | | |
|---|---|---|---|---|
| 災害の種類 | | | 災害のやんだ日又はやむを得ない事情のやんだ日 | ・・ |
| 災害を受けた資産の別 | | 棚卸資産 ① | 固定資産 (固定資産に準ずる繰延資産を含む。) ② | 計 ①+② ③ |
| 当期の欠損金額 (別表四「47の①」) | 6 | | | 円 |
| 災害により生じた損失の額 | 資産の滅失等により生じた損失の額 | 7 | 円 | 円 |
| | 被害資産の原状回復のための費用等に係る損失の額 | 8 | | |
| | 被害の拡大又は発生の防止のための費用に係る損失の額 | 9 | | |
| | 計 (7)+(8)+(9) | 10 | | |
| 保険金又は損害賠償金等の額 | 11 | | | |
| 差引災害により生じた損失の額 (10)−(11) | 12 | | | |
| 同上のうち所得税額の還付又は欠損金の繰戻しの対象となる災害損失金額 | 13 | | | |
| 中間申告における災害損失欠損金の繰戻し額 | 14 | | | |
| 繰戻しの対象となる災害損失欠損金額 ((6の③)と((13の③)−(14の③))のうち少ない金額) | 15 | | | |
| 繰越控除の対象となる損失の額 ((6の③)と((12の②)−(14の③))のうち少ない金額) | 16 | | | |

（注）P社の当期の繰越控除に関する記載（1，2，4，5欄）は省略しています。

## 別表七(一)付表一 平三十一

**適格組織再編成等が行われた場合の調整後の控除未済欠損金額の計算に関する明細書**

| 事業年度 | X20・4・1 X21・3・31 | 法人名 | P 社 |
|---|---|---|---|

### 適格組織再編成等が行われた場合の調整後の控除未済欠損金額

| 事業年度 | 欠損金の区分 | 控除未済欠損金額又は調整後の当該法人分の控除未済欠損金額 前期の別表七(一)「5」又は(4)、(7)若しくは別表七(一)付表三「5」若しくは別表四「5」 | 被合併法人等から引継ぎを受ける未処理欠損金額 適格合併等の別 適格合併 残余財産の確定 適格合併等の日 X20・4・1 被合併法人等の名称:S 社 | 欠損金の事業年度区分 | 被合併法人等の未処理欠損金額 最終の事業年度の別表七(一)「5」又は(4)、(7)若しくは別表七(一)付表三「5」 | 調整後の控除未済欠損金額 (1)+(2) |
|---|---|---|---|---|---|---|
| | | | | | | (1)+(2) |
| X15・4・1 X16・3・31 | 青色 | 0 | X15・4・1 X16・3・31 | 青色 | 0 | 0 |
| X17・4・1 X18・3・31 | 青色 | 0 | X17・4・1 X18・3・31 | 青色 | 0 | 0 |
| X17・4・1 X18・3・31 | 青色 | 0 | X17・4・1 X18・3・31 | 青色 | 400 | 400 |
| : : | | | : : | | | |
| X19・4・1 X20・3・31 | 青色 | 1,000 | X19・4・1 X20・3・31 | 青色 | 100 | 1,100 |
| 計 | | 1,000 | | | 500 | 1,500 |

### 支配関係がある法人との間で適格組織再編成等が行われた場合の未処理欠損金額又は控除未済欠損金額の調整計算の明細

| 対象法人の別 | 適格合併・非適格・残余財産の確定・適格分割・適格現物出資・適格現物分配 被合併法人等(名称: ) ・当該法人 | 適格組織再編成等の日 X20・4・1 支配関係発生日 X17・10・1 |
|---|---|---|

| 対象法人の欠損金の事業年度区分 | 共同事業要件に該当する場合又は5年継続支配関係がある場合のいずれかに該当する場合 被合併法人等の未処理欠損金額又は当該法人の控除未済欠損金額 最終の事業年度の別表七(一)「5」又は当該法人の前期の別表七(一)「5」 4 | 共同事業要件に該当する場合又は5年継続支配関係がある場合のいずれにも該当しない場合 被合併法人等の未処理欠損金額又は当該法人の控除未済欠損金額 最終の事業年度の別表七(一)「5」又は当該法人の前期の別表七(一)「5」 5 | 支配関係事業年度以後の事業年度の欠損金額のうち特定資産譲渡等損失相当額以外の部分から成る欠損金額 6 | 引継ぎを受ける未処理欠損金額又は調整後の当該法人分の控除未済欠損金額 支配関係事業年度前の事業年度にあっては0、支配関係事業年度以後の事業年度にあっては(5)と(6)のうち少ない金額 7 |
|---|---|---|---|---|
| X16・4・1 X17・3・31 | | 2,000 | | 0 |
| : : | | | | |
| X19・4・1 X20・3・31 | 青色 | 1,000 | | 1,000 |
| 計 | | 3,000 | | 1,000 |

支配関係事業年度以後の欠損金額のうち特定資産譲渡等損失相当額の計算の明細

---

## 別表七(一)付表

**適格組織再編成等が行われた場合の調整後の控除未済欠損金額の計算に関する明細書**

| 事業年度 | X20・4・1 X21・3・31 | 法人名 | P 社 |
|---|---|---|---|

### 適格組織再編成等が行われた場合の調整後の控除未済欠損金額

| 控除未済欠損金額又は調整後の | 被合併法人等から引継ぎを受ける未処理欠損金額 適合併等の別・適格合併・残余財産の確定 |
|---|---|

### 支配関係がある法人との間で適格組織再編成等が行われた場合の未処理欠損金額又は控除未済欠損金額の調整計算の明細

| 対象法人の別 | 適格合併・非適格・残余財産の確定・適格分割・適格現物出資・適格現物分配 被合併法人等(名称: S 社 ) ・当該法人 | 適格組織再編成等の日 X20・4・1 支配関係発生日 X17・10・1 |
|---|---|---|

| 対象法人の欠損金の事業年度区分 | 共同事業要件に該当する場合又は5年継続支配関係がある場合のいずれかに該当する場合 被合併法人等の未処理欠損金額又は当該法人の控除未済欠損金額 最終の事業年度の別表七(一)「5」又は当該法人の前期の別表七(一)「5」 | 共同事業要件に該当する場合又は5年継続支配関係がある場合のいずれにも該当しない場合 被合併法人等の未処理欠損金額又は当該法人の控除未済欠損金額 最終の事業年度の別表七(一)「5」又は当該法人の前期の別表七(一)「5」 | 支配関係事業年度以後の事業年度の欠損金額のうち特定資産譲渡等損失相当額以外の部分から成る欠損金額 (8)-(12) | 引継ぎを受ける未処理欠損金額又は調整後の当該法人分の控除未済欠損金額 支配関係事業年度前の事業年度にあっては0、支配関係事業年度以後の事業年度にあっては(5)と(6)のうち少ない金額 |
|---|---|---|---|---|
| X15・4・1 X16・3・31 | 青色 | 300 | | 0 |
| : : | | | | |
| X17・4・1 X18・3・31 | 青色 | 400 | | 400 |
| : : | | | | |
| X19・4・1 X20・3・31 | 青色 | 100 | | 100 |
| 計 | | 800 | | 500 |

第5章　単体事業年度の組織再編における欠損金　**137**

⑤ 欠損金又は災害損失金の損金算入等に関する明細書

| 事業年度 | X19・4・1　X20・3・31 | 法人名 | S 社 |
|---|---|---|---|

別表七(一)　平三十一・四・一以後終了事業年度分

| 控除前所得金額　(別表四「39の①」)−(別表七(二)「9」又は「21」) | 1 | 円 | 所得金額控除限度額　(1) × $\frac{50、55 又は 100}{100}$ | 2 | 円 |
|---|---|---|---|---|---|

| 事業年度 | 区　　分 | 控除未済欠損金額 | 当期控除額<br>(当該事業年度の(3)と((2)−当該事業年度前の(4)の合計額))のうち少ない金額) | 翌期繰越額<br>((3)−(4))又は(別表七(三)「15」) |
|---|---|---|---|---|
| | | 3 | 4 | 5 |
| ・　・ | 青色欠損・連結みなし欠損・災害損失 | 円 | 円 | |
| ・　・ | 青色欠損・連結みなし欠損・災害損失 | | | 円 |
| ・　・ | 青色欠損・連結みなし欠損・災害損失 | | | |
| ・　・ | 青色欠損・連結みなし欠損・災害損失 | | | |
| ・　・ | 青色欠損・連結みなし欠損・災害損失 | | | |
| ・　・ | 青色欠損・連結みなし欠損・災害損失 | | | |
| X15・4・1　X16・3・31 | 青色欠損・連結みなし欠損・災害損失 | 300 | | 300 |
| ・　・ | 青色欠損・連結みなし欠損・災害損失 | | | |
| X17・4・1　X18・3・31 | 青色欠損・連結みなし欠損・災害損失 | 400 | | 400 |
| ・　・ | 青色欠損・連結みなし欠損・災害損失 | | | |
| | 計 | 700 | | 700 |
| 当期分 | 欠損金額　(別表四「49の①」) | 100 | 欠損金の繰戻し額 | |
| | 同上のうち 災害損失金 | | | |
| | 青色欠損金 | 100 | | 100 |
| | 合　計 | | | 800 |

災害により生じた損失の額の計算

| 災害の種類 | | 災害のやんだ日又はやむを得ない事情のやんだ日 | ・　・ |
|---|---|---|---|
| 災害を受けた資産の別 | 棚卸資産　① | 固定資産(固定資産に準ずる繰延資産を含む。)　② | 計　① + ②　③ |
| 当期の欠損金額　(別表四「49の①」) | 6 | | | 円 |
| 資産の滅失等により生じた損失の額 | 7 | 円 | 円 | |
| 被害資産の原状回復のための費用等に係る損失の額 | 8 | | | |
| 被害の拡大又は発生の防止のための費用に係る損失の額 | 9 | | | |
| 計　(7) + (8) + (9) | 10 | | | |
| 保険金又は損害賠償金等の額 | 11 | | | |
| 差引災害により生じた損失の額　(10) − (11) | 12 | | | |
| 同上のうち所得税額の還付又は欠損金の繰戻しの対象となる災害損失金額 | 13 | | | |
| 中間申告における災害損失欠損金の繰戻し額 | 14 | | | |
| 繰戻しの対象となる災害損失欠損金額　((6の③)と((13の③)−(14の③))のうち少ない金額) | 15 | | | |
| 繰越控除の対象となる損失の額　((6の③)と((12の③)−(14の③))のうち少ない金額) | 16 | | | |

法　0301−0701

# Q43 設立日から支配関係がある場合の欠損金の引継ぎ①

当社（P社，3月決算）は，X20年10月1日に，当社を合併法人，100%子法人であるS社（3月決算）を被合併法人とする適格合併を予定しています。なお，S社は，X17年4月1日に当社が設立した子法人です。この場合，S社の欠損金を当社に引き継ぐことはできますか。

**A** ......................................................................................

SUMMARY> P社とS社の支配関係がS社の設立の日であるX17年4月1日以後継続しているため，新設法人の特例によりS社の欠損金をP社に引き継ぐことができます。

Reference> 法法57③④，法令112④⑨

DETAIL>

## 1 被合併法人の欠損金の引継ぎ（新設法人の特例）

支配関係（**Q38**参照）のある法人間の適格合併において，支配関係が5年未満である等一定の場合には，租税回避行為を防止する目的から，被合併法人の欠損金に引継制限規定が設けられています。

具体的には，支配関係のある法人間の合併において，次の①〜③のいずれかの日のうち最も遅い日から支配関係が継続していない場合で，その合併がみなし共同事業要件（**Q39**参照）を満たさないときは，被合併法人の欠損金に引継制限が課されます（法法57③，法令112④）。詳細は**Q36**，**Q38**を参照してください。

| |
| --- |
| ① 合併法人の適格合併の日の属する事業年度開始の日の5年前の日 |
| ② 被合併法人の設立の日 |
| ③ 合併法人の設立の日 |

## 2 本問の検討

P社とS社の支配関係発生日はS社の設立の日であるX17年4月1日であり，上記1①の合併法人P社の適格合併の日（X20年10月1日）の属する事業年度開始の日の5年前の日から継続していませんが，それよりも遅い上記1②の被合併法人（S社）の設立の日から継続しているため，S社の欠損金に引継制限は課されません。したがって，適格合併に伴い，S社の欠損金の全額をP社に引き継ぐことができます。

---

**関連解説**

**適格合併における設立日から支配関係がある場合の欠損金の使用制限**

合併法人の欠損金の使用制限において，支配関係が5年未満であっても被合併法人又は合併法人の設立の日から継続している場合には，使用制限は課されません（法法57④，法令112⑨）。

本問において，仮にP社が欠損金を有していた場合には，P社とS社の支配関係は5年未満ですが，S社の設立の日から継続しているためP社の欠損金に使用制限は課されません。

**適格分割，適格現物出資，適格現物分配における設立日から支配関係がある場合の欠損金の使用制限**

分割承継法人，被現物出資法人，被現物分配法人の欠損金の使用制限においても上記の合併法人の欠損金と同様，新設法人の特例が設けられています（法法57④，法令112⑨）。

## Q44 設立日から支配関係がある場合の欠損金の引継ぎ②
（設立会社を介した欠損金の引継ぎ）

当社（S1社，3月決算）は，X20年10月1日に，当社を合併法人，S2社（3月決算）を被合併法人とする適格合併を予定しています。なお，S2社は，P社がX20年2月1日に設立した法人で，X20年4月1日に適格合併によりA社から欠損金を引き継いでいます。また，A社は，P社がX18年10月1日に買収した子法人です。この場合，当社とS2社の適格合併において，S2社の欠損金（全額A社との適格合併により引き継いだもの）を当社に引き継ぐことはできますか。

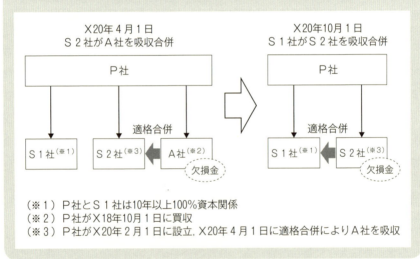

（※1）P社とS1社は10年以上100％資本関係
（※2）P社がX18年10月1日に買収
（※3）P社がX20年2月1日に設立，X20年4月1日に適格合併によりA社を吸収

## A

**SUMMARY** S1社とS2社のX20年10月1日の適格合併において，S1社はS2社の欠損金を引き継ぐことはできません。

**Reference** 法法57③，法令112④

第 5 章　単体事業年度の組織再編における欠損金　**141**

DETAIL ▷

## 1　設立日から支配関係がある場合の欠損金の引継ぎ（新設法人の特例）

　適格合併における被合併法人の欠損金の引継ぎについて，合併法人と被合併法人の支配関係（**Q38** 参照）が 5 年未満の場合であっても，合併法人又は被合併法人の設立の日のうちいずれか遅い日から継続している場合には，被合併法人の欠損金の引継制限は課されません（法法57③，法令112④二）。詳細は**Q43** を参照してください。

## 2　設立会社を介した欠損金の引継制限

　適格合併に係る合併法人と被合併法人との支配関係が 5 年未満の場合において，上記 1 の新設法人の特例を利用した欠損金の引継ぎを可能とする租税回避行為を防止するため，適格合併の前に一定の組織再編成等が行われていた場合（下記の表：法令112④二イ〜ハ）には，欠損金の引継制限を課すこととしています（法法57③，法令112④二イ〜ハ）。

| 法令112④二 | | |
|---|---|---|
| 新設法人の特例 | | 法第57条第 3 項に規定する被合併法人等又は同項に規定する内国法人が 5 年前の日後に設立された法人である場合（次に掲げる場合を除く。）であって当該被合併法人等と当該内国法人との間に当該被合併法人等の設立の日又は当該内国法人の設立の日のいずれか遅い日から継続して支配関係があるとき。 |
| 上記特例から除外されるケース | イ | 当該内国法人との間に支配関係がある他の内国法人を被合併法人とする適格合併で，当該被合併法人等を設立するもの又は当該内国法人と当該他の内国法人との間に最後に支配関係があることとなった日以後に設立された当該被合併法人等を合併法人とするものが行われていた場合（同日が当該 5 年前の日以前である場合を除く。） |
| | ロ | 当該内国法人と他の内国法人との間に最後に支配関係があることとなった日以後に設立された当該被合併法人等との間に法第57条第 2 項に規定する完全支配関係がある当該他の内国法人 |

| 上記特例から除外されるケース | ロ | （当該内国法人との間に支配関係があるものに限る。）で当該被合併法人等が発行済株式又は出資の全部又は一部を有するものの残余財産が確定していた場合（同日が当該5年前の日以前である場合を除く。） |
|---|---|---|
| | ハ | 当該被合併法人等との間に支配関係がある他の法人を被合併法人，分割法人，現物出資法人又は現物分配法人とする法第57条第4項に規定する適格組織再編成等で，当該内国法人を設立するもの又は当該被合併法人等と当該他の法人との間に最後に支配関係があることとなった日以後に設立された当該内国法人を合併法人，分割承継法人，被現物出資法人若しくは被現物分配法人とするものが行われていた場合（同日が当該5年前の日以前である場合を除く。） |

## 3　本問の検討

　合併法人S1社と被合併法人S2社の支配関係はS2社の設立の日であるX20年2月1日から継続しているため，上記1の新設法人の特例によればS社の欠損金に引継制限は課されません。

　しかし，S1社が適格合併によりS2社から引き継いだ欠損金は，S2社で生じた欠損金ではなく，新設法人であるS2社を受け皿法人としてX20年4月1日のS2社とA社の適格合併によりS2社がA社から引き継いだ欠損金となります。なお，S2社とA社の適格合併においては，S2社とA社の支配関係は，S2社の設立の日であるX20年2月1日から継続しているためこの合併による欠損金の引継制限は課されません。

　仮に，新設法人であるS2社を介することなく，S1社がA社を適格合併により吸収した場合には，S1社とA社との支配関係（P社との間の当事者間の支配の関係がある法人相互の関係）は，5年未満であり，かつ，上記1の新設法人の特例も適用されないことから，A社の欠損金をS1社に引き継ぐことはできません。

　このように，本来であれば欠損金の引継ぎが認められない場合に，新設法人

の取扱いを利用して欠損金の引継ぎを可能とする租税回避行為を防ぐ目的から，上記2の引継制限規定が設けられています。

　本間の場合においても，上記2の表イの引継制限規定に基づき，S1社とS2社の適格合併の前に，S1社とA社の支配関係発生日（X18年10月1日）以後に設立したS2社を合併法人，S1社と支配関係があるA社を被合併法人とする適格合併が行われていた場合に該当するため，S2社の欠損金をS1社に引き継ぐことはできません。

## Q45 支配関係が複数ある場合の欠損金の引継ぎ

当社（S1社、3月決算）は、X20年10月1日に、当社を合併法人、S2社（3月決算）を被合併法人とする適格合併を予定しています。なお、当社及びS2社は、10年以上P社の100％子法人でしたが、X18年4月1日にP社が当社及びS2社の株式をA社に譲渡したため、親法人が変わりました。この場合、S2社の欠損金を当社に引き継ぐことはできますか。

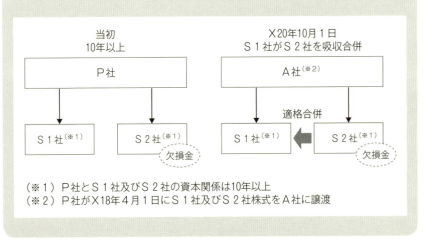

（※1）P社とS1社及びS2社の資本関係は10年以上
（※2）P社がX18年4月1日にS1社及びS2社株式をA社に譲渡

## A

**SUMMARY** S1社とS2社の適格合併において、S2社の欠損金をS1社に引き継ぐことができます。

**Reference** 法法2十二の七の五・57③

**DETAIL**

### 1 支配関係のある法人間の適格合併における欠損金の引継ぎ

支配関係(※3)のある法人間の適格合併において、次の①〜③のいずれかの日のうち最も遅い日から支配関係が継続していない場合で、その合併がみなし

第 5 章　単体事業年度の組織再編における欠損金　**145**

共同事業要件（**Q39** 参照）を満たさないときは，被合併法人の欠損金に引継
制限が課されます（法法57③）。

---

① 合併法人の適格合併の日の属する事業年度開始の日の 5 年前の日
② 被合併法人の設立の日
③ 合併法人の設立の日

---

（※ 3 ）支配関係とは，次のいずれかの関係をいいます（法法 2 十二の七の五）。
　　　　① 一の者が法人の発行済株式若しくは出資（自己の株式又は出資を除く）
　　　　　の総数若しくは総額の50％超を直接又は間接に保有する関係として一定
　　　　　の関係（当事者間の支配の関係）
　　　　② 一の者との間に当事者間の支配の関係がある法人相互の関係


## 2　本問の検討

　合併法人 S 1 社と被合併法人 S 2 社との支配関係は，一の者との間に当事者
間の支配の関係がある法人相互の関係に該当し，その関係が S 1 社の適格合併
の日の属する事業年度開始の日の 5 年前の日から継続しているかどうかを判定
することになります。本問の場合，株式の譲渡により X18年 4 月 1 日に親法人
が P 社から A 社に変わったため，支配関係の判定において，A 社との当事者
間の支配関係で判定すべきかどうかの問題が生じます。仮に A 社との当事者
間の支配関係で判定する場合は，支配関係が 5 年以上継続していないこととな
り，欠損金の引継制限が課されてしまいます。この点について，法法 2 十二の
七の五の支配関係の定義では，「一の者」の継続までは求めてはいないため，
一の者は P 社又は A 社のいずれかを問わないことになります。したがって，
S 1 社と S 2 社の支配関係の判定において，A 社を一の者とする当事者間の支
配の関係がある法人相互の関係は 5 年以上継続していませんが，P 社を一の者
とする期間も含めると 5 年以上継続しているため，S 2 社の欠損金に引継制限
は課されません。

## Q46 前2年以内に特定適格組織再編成等が行われている場合の引き継いだ資産の譲渡等損失に係る欠損金の引継制限・使用制限

当社（P社，3月決算）は，X20年10月1日に，当社を合併法人，100%子法人であるA社（3月決算，当社と事業関連性なし）を被合併法人とする適格合併を予定しています。なお，A社は，X17年6月1日に当社が買収した子法人で，A社は当時子法人B社，孫法人C社を有していましたが，X18年11月1日にB社を合併法人，C社を被合併法人とする適格合併が行われ，さらにX19年2月1日にA社を合併法人，B社を被合併法人とする適格合併が行われました。

A社の欠損金が次のとおりである場合において，A社の欠損金を当社に引き継ぐことはできますか。

■ A社の適格合併直前における欠損金残高

| 発生事業年度 | 欠損金残高 | 欠損金の構成内容 | 備考 |
|---|---|---|---|
| X18/3期 | 20,000 | 資産aの譲渡損 | 資産a，資産b，資産cはいずれも除外資産には該当しません。 |
| X20/3期 | 30,000 | 資産cの譲渡損 | |
| X20/9期 | 10,000 | 資産bの譲渡損 | |

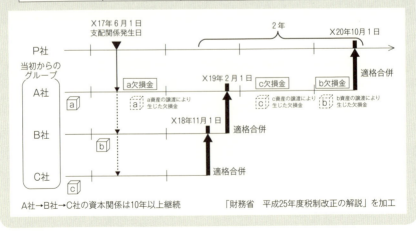

A社→B社→C社の資本関係は10年以上継続　　「財務省　平成25年度税制改正の解説」を加工

第 5 章　単体事業年度の組織再編における欠損金　**147**

# A ··········································································

SUMMARY P 社と A 社の適格合併において，A 社の欠損金のうち，X18年 3 月期の20,000及び X20年 3 月期の30,000は P 社に引き継ぐことはできませんが，X20年 9 月期の10,000は P 社に引き継ぐことができます。

Reference　法法57③④・61の13①・62の 7 ①，法令112⑤⑥⑪

DETAIL

## 1　適格合併における欠損金の引継制限

　支配関係（**Q38** 参照）のある法人間の適格合併において，支配関係が 5 年未満である等一定の場合には，租税回避行為を防止する目的から，被合併法人の欠損金に引継制限規定が設けられています。この場合の引継制限を受ける金額は次のとおりです（法法57③）。詳細は **Q38** を参照してください。

> ①　支配関係事業年度前の各事業年度において生じた欠損金額
> ②　支配関係事業年度以後の各事業年度において生じた欠損金額のうち特定資産譲渡等損失に相当する金額から成る部分の金額

## 2　合併等前 2 年以内期間内に行われた特定適格組織編成等により移転があった資産（被合併法人が有していたものとみなされるもの）の譲渡等損失に係る欠損金の引継制限

　上記 1 ②の欠損金の引継制限が課される特定資産譲渡等損失に相当する金額から成る部分の金額の計算において，合併等前 2 年以内期間[※1] 内に被合併法人等（適格合併に係る被合併法人又は残余財産が確定した他の内国法人）又は特定支配関係法人[※2] を合併法人，分割承継法人，被現物出資法人又は被現物分配法人とし，特定支配関係法人を被合併法人，分割法人，現物出資法人又は現物分配法人とする一又は二以上の特定適格組織再編成等[※3] が行われていた場合において，その一又は二以上の特定適格組織再編成等により移転があった資産のうち被合併法人等が有することとなったもの[※4] については，そ

の被合併法人等が支配関係発生日の属する事業年度開始の日前から有していた
ものとみなして，上記1②の欠損金の引継制限規定を適用するものとされてい
ます（法法57③二，法令112⑤⑥，法法62の7①）。

　すなわち，合併等2年以内期間内に行われた一又は二以上の特定組織再編成
等により被合併法人等が有することとなった資産については，被合併法人等が
支配関係発生日の属する事業年度開始の日前から有していたものとみなすこと
により，被合併法人等がその資産を譲渡等したことによる損失額は，上記1②
の特定資産譲渡等損失から成る部分の金額として，合併法人への欠損金の引継
制限規定の範囲に含めることとされています。

- （※1）合併等2年以内期間とは，適格合併の日又は残余財産確定の日以前2年以
  内の期間（支配関係発生日以後の期間に限る）をいいます。
- （※2）特定支配関係法人とは，合併法人及び被合併法人等との間に支配関係があ
  る法人をいいます。
- （※3）特定適格組織再編成等とは，適格合併若しくは非適格合併で法法61の13①
  の譲渡損益調整資産の適用があるもの，適格分割，適格現物出資又は適格
  現物分配のうち，みなし共同事業要件（**Q39**参照）を満たさないものをい
  います。
- （※4）一又は二以上の特定組織再編成等に係る被合併法人，分割法人，現物出資
  法人又は現物分配法人である特定支配関係法人のいずれかが支配関係発生
  日の属する事業年度開始の日前から有していたものに限ります。

　ただし，次に掲げる資産は，引継制限の対象から除外されています（法令
112⑥一〜三）。

### ■除外資産

| 除外資産 |
| --- |
| ①　合併等2年以内期間内に行われた適格組織再編成等<sup>（※5）</sup>（共同事業要件<sup>（※6）</sup>を満たすものに限る）により移転があった資産 |
| （※5）適格組織再編成等とは，適格合併，非適格合併で法法61の13①の譲渡損益調整資産の適用があるもの，適格分割，適格現物出資又は適格現物分配をいいます。 |
| （※6）**Q39**参照 |

第5章　単体事業年度の組織再編における欠損金　**149**

> ② 合併等2年以内に行われた非適格合併により移転があった資産で法法61の13
> ①に規定する譲渡損益調整資産以外のもの
>
> ③ 上記①，②以外の資産で次に掲げるもの
> ⒜ 支配関係発生日の属する事業年度開始の日における帳簿価額又は取得価額
> が1,000万円に満たない資産
> ⒝ 支配関係発生日の属する事業年度開始の日における価額が同日における帳
> 簿価額を下回っていない資産（法人税確定申告書等の別表添付要件，書類保
> 存要件あり）

## 3　本問の検討

　P社とA社の支配関係はX17年6月1日であり，合併法人P社の適格合併
の日（X20年10月1日）の属する事業年度開始の日の5年前の日から支配関係
が継続しておらず，かつ，みなし共同事業要件を満たさないため，A社の欠
損金に引継制限が課されます。

### （1）A社のX18年3月期の欠損金20,000

　P社とA社の支配関係事業年度がX18年3月期であることから，A社の
X18年3月期の欠損金20,000は支配関係事業年度以後に発生した欠損金となり
ます。また，その欠損金は，支配関係発生日の属する事業年度開始の日前に
A社が取得した資産aの譲渡により生じた欠損金であるため，上記1②の引
継制限の対象となる欠損金に該当し，P社に引き継ぐことはできません。

### （2）A社のX20年3月期の欠損金30,000

　上記（1）と同様，A社のX20年3月期の欠損金30,000は支配関係事業年度
以後に発生した欠損金となります。また，その欠損金は資産cの譲渡により生
じた欠損金であり，資産cはB社とC社の適格合併及びA社とB社の適格合
併により，C社➡B社➡A社に引き継がれたもので，P社とA社の支配関係
発生日の属する事業年度開始の日前においてA社は保有していません。しか

し，B社とC社の適格合併及びA社とB社の適格合併は，P社とA社の適格合併から2年以内に行われたものであることから，上記2の取扱いにより，資産cは被合併法人であるA社が支配関係発生日の属する事業年度開始の日前から有していたものとみなされることとなり，その譲渡損である欠損金は上記1②の引継制限の対象となる欠損金に該当し，P社に引き継ぐことはできません。

## （3）A社のX20年9月期の欠損金10,000

　上記（1）と同様，A社のX20年9月期の欠損金10,000は支配関係事業年度以後に発生した欠損金となります。また，その欠損金は資産bの譲渡により生じた欠損金であり，資産bはA社とB社の適格合併により，B社➡A社に引き継がれたもので，P社とA社の支配関係発生日の属する事業年度開始の日前においてA社は保有していません。しかし，A社とB社の適格合併は，P社とA社の適格合併から2年以内に行われた適格合併であることから，上記2の取扱いを検討することになりますが，資産bはB社が支配関係発生日であるX17年6月1日より前に取得していたものの支配関係事業年度開始の日以後に取得している資産であるため，上記2の引継制限の対象となる欠損金の対象からは外れ，P社に欠損金を引き継ぐことができます（上記2（※4）参照）。

### 関連解説

**本問において逆さ合併を行った場合：合併法人が有していたものとみなされる場合の欠損金の使用制限**

　上記2の引継制限を避けるために，逆さ合併を行うことによる租税回避行為が考えられることから，合併法人の欠損金の使用制限規定においても同様に，合併等前2年以内期間内に行われた特定適格組織再編成等により移転があった資産（合併法人が有していたものとみなされるもの）の譲渡等損失に係る欠損

第5章　単体事業年度の組織再編における欠損金　151

金に使用制限規定が設けられています（法法57④二，法令112⑤⑥⑪）。

　例えば，本問の場合において，X20年10月1日の適格合併について，合併法人をA社，被合併法人をP社とした場合には，合併等前2年以内期間内に行われた特定適格組織再編成等により移転があった資産（資産c及び資産b）の譲渡損に係る欠損金は合併法人の有する欠損金となりますが，これらの資産について，支配関係発生日の属する事業年度開始の日前において合併法人が有していたものとみなすことで欠損金の使用制限規定によりその欠損金はないものとされます。なお，資産aの譲渡損に係る欠損金は元々A社が有していた資産であるため，合併法人の欠損金の使用制限規定によりないものとされます。

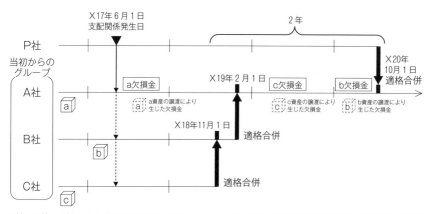

## Q47 前2年以内に特定適格組織再編成等が行われている場合の欠損金の引継制限・使用制限

> 当社（P社，3月決算）は，X20年10月1日に，当社を合併法人，100％子法人であるA社（3月決算，当社と事業関連性なし）を被合併法人とする適格合併を予定しています。なお，A社は，X17年6月1日に当社が買収した子法人で，A社は当時子法人B社，孫法人C社を有していましたが，X18年11月1日にB社を合併法人，C社を被合併法人とする適格合併が行われ，さらにX20年2月1日にA社を合併法人，B社を被合併法人とする適格合併が行われました。
>
> この場合，A社の欠損金は次のとおりである場合において，A社の欠損金を当社に引き継ぐことはできますか。
>
> ■ A社の適格合併直前における欠損金残高
>
> | 発生事業年度 | 欠損金残高 | 欠損金の構成内容 | 備考 |
> |---|---|---|---|
> | X18/3期 | 30,000 | 資産cの譲渡損 | 資産b，資産cはいずれも除外資産には該当しません。 |
> | X19/3期 | 10,000 | 資産bの譲渡損 | |
> | 合計 | 40,000 | | |

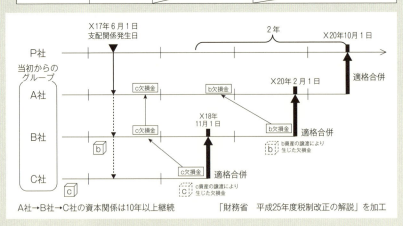

第5章　単体事業年度の組織再編における欠損金　**153**

# A

⋯⋯⋯⋯⋯⋯⋯⋯⋯⋯⋯⋯⋯⋯⋯⋯⋯⋯⋯⋯⋯⋯⋯⋯⋯⋯⋯⋯⋯⋯⋯⋯⋯⋯⋯⋯

`SUMMARY` Ｐ社とＡ社の適格合併において，Ａ社の欠損金のうち，X18年3月期の30,000はＰ社に引き継ぐことはできませんが，X19年3月期の10,000はＰ社に引き継ぐことができます。

`Reference` 法法57①③④・60の3①・62の7①③，法令112⑦⑪

`DETAIL`

## 1　適格合併における欠損金の引継制限

支配関係（**Q38**参照）のある法人間の適格合併において，支配関係が5年未満である等一定の場合には，租税回避行為を防止する目的から，被合併法人の欠損金に引継制限規定が設けられています。この場合の引継制限を受ける金額は次のとおりです（法法57③）。詳細は**Q38**を参照してください。

> ①　支配関係事業年度前の各事業年度において生じた欠損金額
> ②　支配関係事業年度以後の各事業年度において生じた欠損金額のうち特定資産譲渡等損失に相当する金額から成る部分の金額

## 2　合併等前2年以内に特定適格組織再編成等が行われている場合で被合併法人等の欠損金額に特定資産譲渡等損失額相当欠損金額が含まれている場合の欠損金の引継制限

上記1②の欠損金の引継制限が課せられる特定資産譲渡等損失に相当する金額から成る部分の金額の計算において，合併等前2年以内期間内[※1]に一若しくは二以上の適格合併[※2]が行われていた場合又は合併等前2年以内期間内に一若しくは二以上の特定支配関係法人で一定のもの[※3]の残余財産が確定していた場合において，被合併法人等（適格合併に係る被合併法人又は残余財産が確定した他の内国法人）の各事業年度において生じた欠損金額とみなされたもののうちに，各関連法人[※4]の関連法人対象事業年度[※5]ごとに特定資産譲渡等損失相当欠損金額[※6]に相当する金額が含まれているときは，上記

1②の金額は，その金額に特定資産譲渡等損失相当欠損金額を加算した金額とすることとされています（法法57③二，法令112⑦）。

（※1）合併等2年以内期間とは，適格合併の日又は残余財産確定の日以前2年以内の期間をいいます。

（※2）この場合の適格合併とは，特定支配関係法人を被合併法人とし，被合併法人等又はその特定支配関係法人との間に支配関係がある他の特定支配関係法人を合併法人とするもの並びに特定支配関係法人及びその特定支配関係法人との間に支配関係がある他の特定支配関係法人を被合併法人とする適格合併で法人を設立するものに限ります（以下「合併等前2年以内適格合併」といいます）。

（※3）特定支配関係法人で一定のものとは，被合併法人等又は他の特定支配関係法人との間に完全支配関係があるもので，被合併法人等又は他の特定支配関係法人が発行済株式又は出資の全部又は一部を有するものに限ります。

（※4）各関連法人とは，合併等前2年以内適格合併に係る被合併法人である特定支配関係法人又は残余財産が確定した特定支配関係法人をいいます。

（※5）関連法人対象事業年度とは，支配関係発生日の属する事業年度以後の事業年度で合併等前2年以内適格合併の日前10年以内に開始し，又は関連法人の残余財産の確定の日の翌日前10年以内に開始した各事業年度に限り，関連法人が法法62の7①（③において準用する場合を含む）の特定資産譲渡等損失の損金不算入の適用を受ける場合の適用期間又は関連法人が法法60の3①の適用を受ける場合の適用期間内の日の属する事業年度等を除きます。

（※6）特定資産譲渡等損失相当欠損金額とは，次の①から②を控除した金額とされています。

① 関連法人対象事業年度に生じた欠損金額のうち，関連法人対象事業年度を法法62の7①（特定資産に係る譲渡等損失額の損金不算入）の規定が適用される事業年度として関連法人が支配関係発生日の属する事業年度開始の日前から有していた資産（特定資産から除外される資産を除く。**Q56**参照）につきその規定を適用した場合に特定資産譲渡等損失額となる金額に達するまでの金額

② 関連法人対象事業年度に生じた欠損金額のうち，関連法人において法法57①（青色欠損金の繰越し）の規定により関連法人の前10年内事業年度の所得の金額の計算上損金の額に算入されたものその他一定のもの

## 3 本問の検討

P社とA社の支配関係はX17年6月1日であり，合併法人P社の適格合併

第5章　単体事業年度の組織再編における欠損金　155

の日（X20年10月1日）の属する事業年度開始の日の5年前の日から支配関係が継続しておらず，かつ，みなし共同事業要件（**Q39** 参照）を満たさないため，A社の欠損金に引継制限が課されます。

### （1）A社のX18年3月期の欠損金30,000

　P社とA社の支配関係事業年度がX18年3月期であることから，A社のX18年3月期の欠損金（資産cの譲渡損）30,000は支配関係事業年度以後に発生した欠損金となりますが，A社の有していた特定資産の譲渡等損失に相当する金額から成る欠損金ではありません。しかし，B社とC社の適格合併及びA社とB社の適格合併は，P社とA社の適格合併から2年以内に行われたものであることから，上記2の取扱いにより，関連法人であるC社が支配関係発生日の属する事業年度開始の日前に有していた資産cの譲渡等損失に係る欠損金額は，C社の特定資産譲渡等損失相当欠損金額に該当するため，A社の上記1②の引継制限の対象となる欠損金に加算することとなり，P社に欠損金を引き継ぐことはできません。

### （2）A社のX19年3月期の欠損金10,000

　上記（1）と同様，A社のX19年3月期の欠損金（資産bの譲渡損）10,000は支配関係事業年度以後に発生した欠損金となりますが，A社の有していた特定資産の譲渡等損失に相当する金額から成る欠損金ではありません。しかし，A社とB社の適格合併は，P社とA社の適格合併から2年以内に行われたものであることから，上記2の取扱いを検討することとなりますが，資産bは関連法人であるB社が支配関係発生日であるX17年6月1日より前に取得しているものの支配関係事業年度開始の日以後に取得している資産であるため，A社の上記2の引継制限の対象となる欠損金に加算する特定資産譲渡等損失相当欠損金額の対象からは外れ，P社に欠損金を引き継ぐことができます（上記2（※6）参照）。

> 関連解説

## 本問において逆さ合併を行った場合：合併法人の欠損金額に特定資産譲渡等損失額相当欠損金額が含まれている場合の欠損金の使用制限

　上記2の引継制限を避けるために，逆さ合併を行うことによる租税回避行為が考えられることから，合併法人の欠損金の使用制限規定においても同様に，合併等前2年以内期間内に特定適格組織再編成等が行われている場合には，合併法人等の欠損金額に含まれる特定資産譲渡等損失額相当欠損金額に，欠損金の使用制限規定が設けられています（法法57④二，法令112⑦⑪）。

　例えば，本問の場合において，X20年10月1日の適格合併において，合併法人をA社，被合併法人をP社とした場合には，合併等前2年以内期間内に行われた適格合併により引き継いだ欠損金額は合併法人の有する欠損金となりますが，その欠損金額のうち特定資産譲渡等損失額相当欠損金額は，合併法人A社の欠損金の使用制限の対象となる欠損金に加算することとされています。したがって，合併法人A社のX18年3月期の欠損金（資産cの譲渡損）30,000は特定資産譲渡等損失額相当欠損金額に該当するため，欠損金の使用制限規定によりないものとされます。

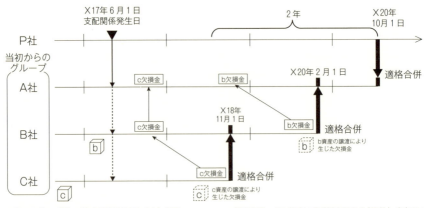

第 5 章　単体事業年度の組織再編における欠損金　**157**

## Q48　事業税の欠損金の引継制限・使用制限

　当社（P 社，3 月決算）は，X20年 4 月 1 日に，当社を合併法人，100% 子法人である S 社（3 月決算）を被合併法人とする適格合併を行いました。なお，S 社は，X17年10月 1 日に買収した子法人で，当社と事業関連性はありません。当社及び S 社の事業税の欠損金は次のとおりである場合において，事業税の欠損金の引継制限・使用制限はどのようになりますか。

- P 社の X20年 3 月期の事業税の欠損金残高

| 発生事業年度 | 欠損金残高[※] |
|---|---|
| X17/3期 | 2,000 |
| X20/3期 | 1,000 |

- S 社の X20年 3 月期の事業税の欠損金残高

| 発生事業年度 | 欠損金残高[※] |
|---|---|
| X16/3期 | 300 |
| X18/3期 | 400 |
| X20/3期 | 100 |

[※] 欠損金額のうち特定資産譲渡等損失に相当する金額から成る部分の金額はないものとします。

## A ·······························································

**SUMMARY**　S 社と P 社の事業税の欠損金について，欠損金の引継制限及び使用制限が課されます。具体的には，支配関係事業年度（X18年 3 月期）前に生じた S 社の X16年 3 月期の欠損金300に引継制限が課されるとともに，P 社の X17年 3 月期の欠損金2,000に使用制限が課されます。ただし，時価純資産超過額等がある場合の特例の要件を満たす場合には引継制限又は使用制限の緩和措置が設けられているため検討が必要です。

（Reference）　法法57②③④・80，地法72の23①，地令20の 3 ①・21

158

DETAIL

## 1 適格合併における事業税の欠損金の引継制限・使用制限

事業税の欠損金の取扱いについては，法人税法の規定を読み替える仕組みとなっているため，法人税法と同様の取扱いとなります（地法72の23①，地令20の3①，法法57②③④）。ただし，事業税には欠損金の繰戻還付の制度がありませんので，法人税の欠損金の繰戻しによる還付（法法80）の適用を受けていた場合には，繰戻還付の適用前の欠損金額を対象として，合併法人に引き継ぐこととなります（地令21）。

したがって，合併法人と被合併法人の支配関係が適格合併の日の属する事業年度開始の日の5年前の日（又はいずれかの法人の設立の日）から適格合併の日の前日まで継続していない場合でその合併がみなし共同事業要件（**Q39**参照）を満たさないときは，被合併法人の欠損金に引継制限，合併法人の欠損金に使用制限が課されています（地令20の3①，法法57②③④）。ただし，被合併法人又は合併法人の時価純資産超過額等がある場合の特例の要件を満たす場合には，被合併法人の欠損金の引継制限又は合併法人の欠損金の使用制限が緩和されています。詳細は**Q38**～**Q40**を参照してください。

## 2 本問の検討

P社とS社の支配関係発生日はX17年10月1日であり，合併法人P社の適格合併の日（X20年4月1日）の属する事業年度開始の日の5年前の日から支配関係が継続しておらず，かつ，みなし共同事業要件も満たさないため，適格合併によりS社から引き継ぐ欠損金の引継制限及びP社の欠損金の使用制限が課されます。したがって，支配関係事業年度（X18年3月期）前に生じた欠損金であるS社のX16年3月期の300はP社に引き継ぐことができないとともに，P社のX17年3月期の2,000はないものとされます。一方，支配関係事業年度以後に生じた欠損金には特定資産譲渡等損失に相当する金額から成る部分の金額がないため，S社のX18年3月期の400及びX20年3月期の100はP社に

第5章　単体事業年度の組織再編における欠損金　**159**

引き継ぐことができるとともに，P 社の X20年 3 月期の1,000に使用制限は課されません。

　なお，時価純資産超過額等がある場合の特例の要件を満たす場合には引継制限又は使用制限の緩和措置が設けられているため検討が必要です。


　事業税の欠損金の別表は第六号様式別表九・別表十二を使用します。本問の記載方法は **Q42** と同様となりますので，第六号様式別表九は **Q42** の法人税別表七（一）を，第六号様式別表十二は **Q42** の法人税別表七（一）付表一を参照してください。

## Q49 住民税の控除対象還付法人税額の取扱い

当社（Ｐ社，３月決算）は，X20年10月１日に，当社を合併法人，100％子法人であるＳ社（３月決算）を被合併法人とする適格合併を予定しています。なお，Ｓ社は，X19年４月１日に買収した子法人で，過去に法人税の欠損金の繰戻還付制度の適用を受けており，住民税について控除対象還付法人税額を有しています。この場合，Ｓ社の控除対象還付法人税額を当社に引き継ぎ，当社の住民税（法人税割）の課税標準から控除することはできますか。

■ Ｐ社のX21年３月期の法人税額

| 事業年度 | 法人税額 |
|---|---|
| X21/3期 | 10,000 |

■ Ｓ社のX20年３月期の住民税の控除対象還付法人税額残高

| 発生事業年度 | 控除対象還付法人税額残高 |
|---|---|
| X18/3期 | 2,000 |

## A

**SUMMARY** Ｓ社の住民税の控除対象還付法人税額をＰ社に引き継ぐことができます。なお，引継ぎに際して制限は課されません。また，Ｐ社のX21年３月期の住民税（法人税割）の課税標準額の算定において，法人税額10,000から引き継いだ控除対象還付税額2,000を控除することができます。

**Reference** 法法80，地法53⑫⑬・321の8⑫⑬

**DETAIL**

## 1 住民税の控除対象還付法人税額

### （1）基本的な取扱い

事業年度開始の日前10年以内に開始した事業年度（以下「前10年内事業年

度」といいます）において，法法80による法人税の繰戻還付制度により法人税の還付を受けた場合には，住民税（法人税割）の課税標準となる法人税額の算定においては，その事業年度の申告納付すべき法人税額からその法人税額を限度として，還付を受けた法人税額（以下「控除対象還付法人税額」といいます）を控除することとされています（地法53⑫・321の8⑫）。この場合において，その事業年度の申告納付すべき法人税額から控除しきれない控除対象還付法人税額がある場合には，その金額は還付されずに翌事業年度以降に繰り越され，翌事業年度以降の住民税（法人税割）の課税標準となる法人税額から控除されます。

### （2）合併による控除対象還付法人税額の引継ぎ

住民税の控除対象還付法人税額を有する法人を被合併法人として適格合併が行われた場合には，被合併法人の前10年内事業年度の控除対象還付法人税額は，合併法人の前10年内事業年度開始の日の属する事業年度（合併法人の適格合併の日の属する事業年度開始の日以後に開始した被合併法人の前10年内事業年度に係る控除対象還付法人税額については，適格合併の日の属する事業年度の前事業年度）の控除対象還付法人税額とみなすこととされています（地法53⑬・321の8⑬）。したがって，適格合併が行われた場合には，被合併法人の控除対象還付税額は合併法人に引き継がれ，合併法人の住民税（法人税割）の課税標準の算定において，引き継いだ控除対象還付法人税額を控除して計算することとなります。

なお，法人税や事業税の欠損金には引継制限規定が設けられていますが，住民税の控除対象還付法人税額には引継制限規定は設けられていません。

## 2　本問の検討

P社は，適格合併によりS社の住民税の控除対象還付法人税額を引き継ぐことができます。引き継いだ控除対象還付法人税額2,000は，P社のX18年3月期の控除対象還付法人税額とみなされ，P社の適格合併の日の属する事業年度

（X21年3月期）の住民税（法人税割）の課税標準の算定において，P社の申告納付すべき法人税額10,000から控除対象還付法人税額2,000を控除します。

なお，P社とS社の支配関係発生日はX19年4月1日であり，合併法人P社の適格合併の日（X20年10月1日）の属する事業年度開始の日の5年前の日から支配関係が継続していませんが，住民税の控除対象還付法人税額の引継ぎには，法人税や事業税のような引継制限規定は設けられていないため，P社に全額引き継ぐことができます。

住民税の控除対象還付法人税額の別表は第六号様式別表二の三（都道府県）及び第二十号様式別表二の三（市町村）を使用します。

なお，本問の第二十号様式別表二の三（市町村）の記載例は，第六号様式別表二の三（都道府県）と同様となりますので次ページを参照してください。

---

**関連解説**

## 合併法人の住民税の控除対象還付法人税額の使用制限

合併法人が住民税の控除対象還付法人税額を有していた場合においても，上記1と同様に，使用制限規定は設けられていません。

第5章　単体事業年度の組織再編における欠損金　**163**

| 控除対象還付法人税額又は控除対象<br>個別帰属還付税額の控除明細書 | 事業年度又は<br>連結事業年度 | 平成X20年 4 月 1 日から<br>平成X21年 3 月31日まで | 法人名 | P 社 |

| 事業年度又は<br>連結事業年度 | 控除対象還付法人税額又は控除対象個別帰属還付税額①円 | 既に控除を受けた額②円 | 控除未済額①-②③円 | 当期控除額④ | 翌期繰越額⑤ |
|---|---|---|---|---|---|
| 平成　年　月　日から<br>平成　年　月　日まで | | | | | |
| 平成　年　月　日から<br>平成　年　月　日まで | | | | | |
| 平成X17年 4 月 1 日から<br>平成X18年 3 月31日まで | 2,000 | | 2,000 | 2,000 | 0 |
| 平成　年　月　日から<br>平成　年　月　日まで | | | | | |
| 平成　年　月　日から<br>平成　年　月　日まで | | | | | |
| 当　期　分 | | | | | |
| 計 | 2,000 | 円 | 2,000 | 2,000 円 | 0 |

第六号様式別表二の三（提出用）（平成三一）

| 控除対象還付法人税額又は控除対象<br>個別帰属還付税額の控除明細書 | 事業年度又は<br>連結事業年度 | 平成X20年 4 月 1 日から<br>平成X20年 9 月30日まで | 法人名 | S 社 |

| 事業年度又は<br>連結事業年度 | 控除対象還付法人税額又は控除対象個別帰属還付税額① | 既に控除を受けた額② | 控除未済額①-②③ | 当期控除額④ | 翌期繰越額⑤ |
|---|---|---|---|---|---|
| 平成　年　月　日から<br>平成　年　月　日まで | 円 | 円 | 円 | 円 | |
| 平成　年　月　日から<br>平成　年　月　日まで | | | | | |
| 平成X17年 4 月 1 日から<br>平成X18年 3 月31日まで | 2,000 | | 2,000 | | 2,000 |
| 平成　年　月　日から<br>平成　年　月　日まで | | | | | |
| 平成　年　月　日から<br>平成　年　月　日まで | | | | | |
| 当　期　分 | | | | | |
| 計 | 2,000 | 円 | 2,000 | 円 | 2,000 |

第六号様式別表二の三（提出用）（平成三一）

## Ⅲ 適格分割，適格現物出資，適格現物分配における欠損金

## Q50 適格分割，適格現物出資における欠損金の引継制限・使用制限

　　当社（Ｐ社，3月決算）は，甲事業を移転するため，X20年4月1日に，当社を分割法人，100％子法人であるＳ社（3月決算）を分割承継法人とする適格分割を予定しています。なお，Ｓ社は，X17年4月1日に買収した子法人で，当社と事業関連性はありません。当社及びＳ社の欠損金は次のとおりである場合において，欠損金の引継制限・使用制限はどのようになりますか。

- Ｐ社のX20年3月期の
  欠損金残高

| 発生事業年度 | 欠損金残高(※1) |
|---|---|
| X17/3期 | 20,000 |

- Ｓ社のX20年3月期の
  欠損金残高

| 発生事業年度 | 欠損金残高(※1) |
|---|---|
| X16/3期 | 1,000 |
| X19/3期 | 5,000 |

（※1）欠損金額のうち特定資産譲渡等損失に相当する金額から成る部分の金額はないものとします。

## A ·······························································

SUMMARY　Ｐ社とＳ社の支配関係が5年未満で，かつ，みなし共同事業要件を満たしていないため，Ｓ社のX16年3月期に発生した欠損金1,000に使用制限が課されます。ただし，時価純資産超過額等がある場合の特例の要件を満たす場合には使用制限の緩和措置が設けられているため検討が必要です。

Reference　法法57④，法令113④

第 5 章　単体事業年度の組織再編における欠損金　**165**

DETAIL

## 1　欠損金の引継ぎ，引継制限

　適格分割の場合，分割法人の欠損金を分割承継法人に引き継ぐことはできません。したがって，欠損金を引き継ぐことができないため，欠損金の引継制限規定も設けられていません。詳細は **Q36**，**Q38** を参照してください。

## 2　欠損金の使用制限

### （1）基本的な取扱い

　支配関係（**Q38** 参照）がある法人間の分割は共同事業要件を満たす法人間の分割に比べ適格要件が緩和されています。そのため，含み益資産を有する法人から欠損金を有する法人にその含み益資産を分割により移転することで欠損金を利用する租税回避行為が考えられることから，分割承継法人の欠損金に使用制限規定が設けられています。

　具体的には，支配関係のある法人間の適格分割において，次の①～③のいずれかの日のうち最も遅い日から支配関係が継続していない場合で，その分割がみなし共同事業要件（**Q39** 参照）を満たさないときは，分割承継法人の欠損金に使用制限が課されます（法法57④）。

---

　①　分割承継法人の適格分割の日の属する事業年度開始の日の5年前の日
　②　分割承継法人の設立の日
　③　分割法人の設立の日

---

### （2）使用制限を受ける欠損金額

　欠損金の使用制限を受ける金額は次の金額とされています（法法57④）。

---

　①　支配関係事業年度(※2)前の各事業年度において生じた欠損金額
　②　支配関係事業年度以後の各事業年度において生じた欠損金額のうち特定資産譲渡等損失に相当する金額から成る部分の金額

（※2）支配関係事業年度とは，分割法人と分割承継法人との間に最後に支配関係があることとなった日の属する事業年度をいいます。

### (3) 時価純資産超過額等がある場合の特例

支配関係が5年未満でみなし共同事業要件を満たさない場合であっても，分割承継法人の支配関係事業年度の前事業年度末における時価純資産超過額が欠損金額以上である場合など一定の場合には，確定申告書の別表添付や書類の保存を条件として，分割承継法人の欠損金の使用制限が緩和されています（法令113④）。詳細は **Q40** を参照してください。

■適格分割の欠損金の使用制限フローチャート

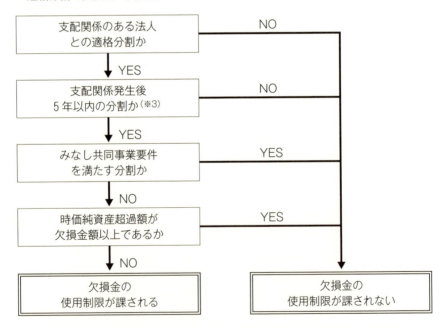

（※3）厳密には，適格分割の日の属する事業年度開始の日の5年前の日から支配関係が継続しているかどうかで判定します。また，5年の間に分割法人又は分割承継法人が設立しており，設立日から支配関係が継続している場合は「No」へ進みます。

第5章　単体事業年度の組織再編における欠損金　**167**

## 3　本問の検討

適格分割の場合，分割法人の欠損金を分割承継法人に引き継ぐことはできませんので，P社のX17年3月期に発生した欠損金20,000をS社に引き継ぐことはできません。また，P社とS社の支配関係発生日はX17年4月1日であり，分割承継法人S社の適格分割の日（X20年4月1日）の属する事業年度開始の日の5年前の日から支配関係が継続しておらず，かつ，みなし共同事業要件を満たさないため，S社の欠損金に使用制限が課されます。具体的には，支配関係事業年度（X18年3月期）前に生じた欠損金であるS社のX16年3月期の欠損金1,000は使用制限によりないものとされます。ただし，時価純資産超過額等がある場合の特例の要件を満たす場合には使用制限の緩和措置が設けられているため検討が必要です。

一方，支配関係事業年度以後に生じた欠損金には特定資産譲渡等損失に相当する金額から成る部分の金額がないため，S社のX19年3月期の欠損金5,000に使用制限は課されません。

### 関連解説

**適格現物出資における欠損金の引継制限・使用制限**

適格現物出資においても，適格分割と同様，現物出資法人の欠損金を被現物出資法人に引き継ぐことはできません。また，上記2と同様，被現物出資法人に欠損金の使用制限規定が設けられているとともに（法法57④），時価純資産超過額等がある場合の特例の要件を満たす場合には使用制限の緩和措置が設けられています（法令113④）。

■適格現物出資の欠損金の使用制限フローチャート

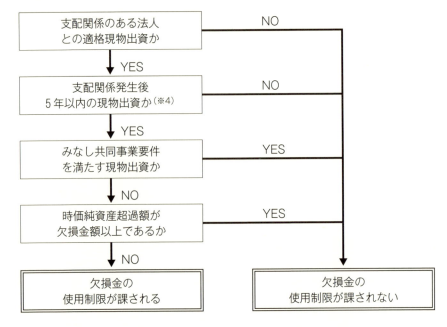

(※4) 厳密には，適格現物出資の日の属する事業年度開始の日の5年前の日から支配関係が継続しているかどうかで判定します。また，5年の間に現物出資法人又は被現物出資法人が設立しており，設立日から支配関係が継続している場合は「No」へ進みます。

第5章 単体事業年度の組織再編における欠損金　169

## Q51 適格現物分配における欠損金の使用制限

当社（Ｐ社，3月決算）は，X20年4月1日に，当社を被現物分配法人，100％子法人であるＳ１社（3月決算）を現物分配法人，Ｓ２社（Ｓ１社の100％子法人，3月決算）株式を現物分配による移転資産とする適格現物分配を予定しています。なお，Ｓ１社は，当社がX17年4月1日に買収した子法人です。当社が欠損金を有している場合において，「みなし共同事業要件」を満たせば当社の欠損金の使用制限は課されないのでしょうか。

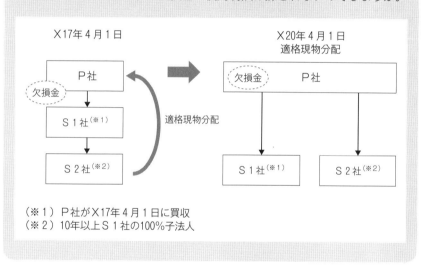

（※1）Ｐ社がX17年4月1日に買収
（※2）10年以上Ｓ１社の100％子法人

## A

SUMMARY　適格現物分配の場合，被現物分配法人の欠損金の使用制限の判定においては，みなし共同事業要件による判定ができません。Ｐ社とＳ１社の支配関係が5年未満であるため，Ｐ社の欠損金に使用制限が課されます。ただし，時価純資産超過額等がある場合の特例の要件を満たす場合には欠損金の使用制限の緩和措置が設けられているため検討が必要です。

Reference　法法57④，法令112⑩・113④

# DETAIL

## 1 欠損金の使用制限

### （1）基本的な取扱い

　適格現物分配の要件について，支配関係（**Q38** 参照）がある法人間の現物分配は共同事業要件を満たす法人間の現物分配に比べ要件が緩和されています。そのため，含み益資産を有する法人からその含み益資産を適格現物分配により欠損金を有する法人に引き継がせることで欠損金を利用する租税回避行為が考えられることから，被現物分配法人の欠損金について使用制限規定が設けられています。

　具体的には，支配関係のある法人間の現物分配において，次の①〜③のいずれかの日のうち最も遅い日から支配関係が継続していない場合には，被現物分配法人の欠損金について使用制限が課されます（法法57④）。

---

①　被現物分配法人の適格現物分配の日の属する事業年度開始の日の５年前の日
②　被現物分配法人の設立の日
③　現物分配法人の設立の日

---

　なお，適格現物分配の場合，事業の引継ぎではないことから，適格合併，適格分割，適格現物出資と異なり，欠損金の使用制限の判定において，みなし共同事業（**Q39** 参照）による判定はありません（法令112⑩）。

### （2）使用制限を受ける欠損金額

　欠損金の使用制限を受ける金額は次の金額とされています（法法57④）。

---

①　支配関係事業年度（※3）前の各事業年度において生じた欠損金額
②　支配関係事業年度以後の各事業年度において生じた欠損金額のうち特定資産譲渡等損失に相当する金額から成る部分の金額
（※3）支配関係事業年度とは，現物分配法人と被現物分配法人との間に最後に支配関係があることとなった日の属する事業年度をいいます。

## （3）時価純資産超過額等がある場合の特例

支配関係が5年未満の場合であっても，被現物分配法人の支配関係事業年度の前事業年度末における時価純資産超過額が欠損金額以上である場合など一定の場合には，確定申告書の別表添付や書類の保存を条件として，被現物分配法人の欠損金の使用制限が緩和されています（法令113④）。詳細は **Q40** を参照してください。

## 2 本問の検討

被現物分配法人Ｐ社と現物分配法人Ｓ１社の支配関係発生日はX17年4月1日であり，Ｐ社の適格現物分配の日（X20年4月1日）の属する事業年度開始の日の5年前の日から支配関係が継続していないため，Ｐ社の欠損金に使用制限が課されます。ただし，時価純資産超過額等がある場合の特例の要件を満たす場合には欠損金の使用制限の緩和措置が設けられているため検討が必要です。

■適格現物分配の欠損金の使用制限フローチャート

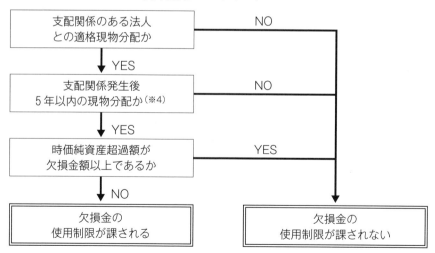

（※4）厳密には，適格現物分配の日の属する事業年度開始の日の5年前の日から支配関係が継続しているかどうかで判定します。また，5年の間に現物分配法人又は被現物分配法人が設立しており，設立日から支配関係が継続している場合は「No」へ進みます。

## Q52 事業を移転しない適格分割，適格現物出資，適格現物分配

当社（P社）は，土地を移転するため，X20年4月1日に，当社を現物出資法人，100％子法人であるS社（3月決算）を被現物出資法人とする適格現物出資を予定しています。なお，S社は，X18年10月1日に買収した子法人で当社と事業関連性はありません。現物出資資産である土地及びS社の欠損金が次のとおりである場合において，S社の欠損金に使用制限は課されますか。

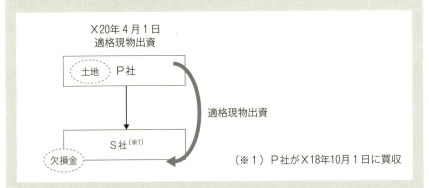

■現物出資資産である土地の時価，帳簿価額

| 時点 | 時価 | 帳簿価額 |
|---|---|---|
| 適格現物出資の直前 | 3,000 | 1,000 |

（備考）
P社で遊休土地であったもの。現物出資後はS社で事業用として利用予定

■S社のX20年3月期の欠損金残高

| 発生事業年度 | 欠損金残高 |
|---|---|
| X17/3期 | 6,000 |

## A

SUMMARY　S社の欠損金に使用制限が課せられますが，移転時価資産超過額等の特例規定により，制限を受ける欠損金は，適格現物出資の対象資産である土地の含み益相当額2,000（時価3,000－帳簿価額1,000）となります。したがって，6,000から

第5章　単体事業年度の組織再編における欠損金　**173**

制限を受ける2,000を差し引いた4,000については，欠損金の使用制限は課されません。

(Reference)　法法57④，法令113⑤⑥，法規26の2の2②

DETAIL ▷

## 1　欠損金の使用制限

### (1) 基本的な取扱い

　支配関係（**Q38**参照）がある法人間の現物出資は共同事業要件を満たす法人間の現物出資に比べ適格要件が緩和されています。そのため，含み益資産を有する法人から欠損金を有する法人にその含み益資産を適格現物出資により移転することで欠損金を利用する租税回避行為が考えられることから，被現物出資法人の欠損金に使用制限規定が設けられています。

　具体的には，支配関係のある法人間の適格現物出資において，次の①～③のいずれかの日のうち最も遅い日から支配関係が継続していない場合で，その現物出資がみなし共同事業要件（**Q39**参照）を満たさないときは，被現物出資法人の欠損金に使用制限が課されます（法法57④）。

> ①　被現物出資法人の適格現物出資の日の属する事業年度開始の日の5年前の日
> ②　被現物出資法人の設立の日
> ③　現物出資法人の設立の日

### (2) 使用制限を受ける欠損金額

　欠損金の使用制限を受ける金額は次の金額とされています（法法57④）。

> ①　支配関係事業年度(※2)前の各事業年度において生じた欠損金額
> ②　支配関係事業年度以後の各事業年度において生じた欠損金額のうち特定資産譲渡等損失に相当する金額から成る部分の金額
> （※2）支配関係事業年度とは，現物出資法人と被現物出資法人との間に最後に支配関係があることとなった日の属する事業年度をいいます。

■適格現物出資の欠損金の使用制限フローチャート

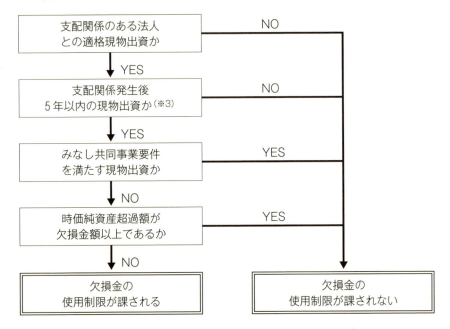

(※3) 厳密には、適格現物出資の日の属する事業年度開始の日の5年前の日から支配関係が継続しているかどうかで判定します。また、5年の間に現物出資法人又は被現物出資法人が設立しており、設立日から支配関係が継続している場合は「No」へ進みます。

## 2 事業を移転しない適格現物出資で移転簿価資産超過額又は移転時価資産超過額がある場合

### (1) 規定の趣旨

　欠損金の使用制限は、適格組織再編成等により移転を受けた資産の含み益と移転を受けた法人の欠損金を相殺する等の租税回避を防止するために設けられているため、適格組織再編成等による移転資産が含み損資産である場合には、そもそも制限を課す必要がありません。したがって、事業を移転しない適格現物出資については、下記(2)～(4)の特例により欠損金の使用制限が緩和

第5章　単体事業年度の組織再編における欠損金　**175**

されています。

## （2）移転簿価資産超過額がある場合（移転資産が含み損の場合）

　事業を移転しない適格現物出資により移転を受けた資産の移転直前の移転時価資産価額（その移転を受けた資産の価額の合計額をいいます）が移転直前の移転簿価資産価額（その移転を受けた資産の帳簿価額の合計額をいいます）以下である場合には，被現物出資法人の欠損金に使用制限は課されません（法令113⑤一）。すなわち，事業を移転しない適格現物出資により移転した資産が含み損資産である場合には，欠損金の使用制限は課されません。

## （3）移転時価資産超過額がある場合（移転時価資産超過額≦支配関係前欠損金額）

　事業を移転しない適格現物出資により移転を受けた資産の移転直前の移転時価資産価額が移転直前の移転簿価資産価額を超える場合において，移転時価資産価額から移転簿価資産価額を減算した金額（以下「移転時価資産超過額」といいます）が，被適格現物出資法人の支配関係事業年度の前事業年度末の欠損金額（以下「支配関係前欠損金額」といいます）以下である場合には，移転時価資産超過額に相当する欠損金額について，欠損金の使用制限が課されています（法令113⑤二）。すなわち，事業を移転しない適格現物出資により移転した資産が含み益資産であったとしても，その移転資産の含み益の租税回避行為を防止すれば足りることから，その含み益相当額に対してのみ欠損金の使用制限が課されます。

## （4）移転時価資産超過額がある場合（移転時価資産超過額＞支配関係前欠損金額）

　上記（3）について，含み益相当額が欠損金額を超える場合には，欠損金の使用制限によりないものとされる欠損金額は次のとおりとされています（法令113⑤三）。

① 支配関係事業年度前の各事業年度において生じた欠損金額（支配関係前欠損金額）
② 支配関係事業年度以後の各事業年度において生じた欠損金額のうち特定資産譲渡等損失に相当する金額から成る部分の金額（ただし，移転時価資産超過額－①が上限）

　すなわち，上記（3）と同様，含み益相当額に対してのみ欠損金の使用制限が課されますが，含み益相当額が支配関係前欠損金額を超えるため，結果として支配関係前欠損金額の全額が使用制限によりないものとされます。また，支配関係事業年度以後に生じた欠損金額について，特定資産譲渡等損失に相当する金額から成る部分の欠損金額のうちその超える金額を上限として欠損金の使用制限が課されることになります。

■ 事業を移転しない適格現物出資における欠損金の使用制限の特例

| 欠損金額 | 移転簿価資産超過額がある場合 | 移転時価資産超過額≦支配関係前欠損金額 | 移転時価資産超過額＞支配関係前欠損金額 |
|---|---|---|---|
| 支配関係事業年度前の各事業年度において生じた欠損金額 | 使用制限は課されない | 含み益相当額が切り捨てられる | 全額切り捨てられる |
| 支配関係事業年度以後の各事業年度において生じた欠損金額 | | 使用制限は課されない | 特定資産譲渡等損失に相当する金額から成る部分のうち，【移転時価資産超過額－支配関係前欠損金額】を上限として切り捨てられる |

**（5）時価純資産超過額等がある場合の特例との選択適用**
　時価純資産超過額等がある場合の特例（**Q40** 参照）は，欠損金を有する法

第5章　単体事業年度の組織再編における欠損金　**177**

人が含み益資産を有していた場合等の欠損金の使用制限の緩和措置であるのに対し，上記（2）～（4）の事業を移転しない適格組織再編成等の特例は，資産を移転する法人の移転資産が含み損資産等である場合の資産の移転を受けた法人の欠損金の使用制限の緩和措置となります。したがって，上記（2）～（4）の取扱いは，時価純資産超過額等がある場合の特例との選択適用となり，適用にあたっては次のとおり，確定申告書の添付要件や書類の保存要件を満たす必要があります（法令113⑥，法規26の2の2②）。

◆　別表添付要件

　　法人税確定申告書の別表七㈠付表四を添付する必要があります。

◆　書類保存要件

　　次の書類を保存する必要があります。

⒜　移転を受けた資産の移転の直前における価額及び帳簿価額を記載した書類

⒝　次のいずれかの書類で移転の直前における⒜の価額を明らかにする書類

● その資産の価額が継続して一般に公表されているものであるときは，その公表された価額が示された書類の写し

● その資産の価額を算定しているときは，その算定の根拠を明らかにする事項を記載した書類及びその算定の基礎とした事項を記載した書類

● その他，資産の価額を明らかにする事項を記載した書類

## 3　本問の検討

　現物出資法人P社と被現物出資法人S社の支配関係発生日はX18年10月1日であり，S社の適格現物出資の日（X20年4月1日）の属する事業年度開始の日の5年前の日から支配関係が継続していないため，S社の支配関係事業年度前に生じたX17年3月期の欠損金6,000に使用制限が課されます。ただし，

適格現物出資により移転する資産はＰ社の遊休土地のみであり，遊休土地の含み益は2,000（3,000－1,000）であることから，上記２（２）の事業を移転しない適格組織再編成等の特例により，Ｓ社の欠損金のうち，含み益相当額についてのみ欠損金の使用制限が課されます。したがって，Ｓ社のX17年３月期の欠損金6,000のうち，2,000は使用制限によりないものとされ，残りの4,000に使用制限は課されません。

### 関連解説

**事業を移転しない適格分割，適格現物分配**

　事業を移転しない適格分割又は適格現物分配についても，上記２と同様，分割承継法人又は被現物分配法人の欠損金の使用制限に緩和措置が設けられています（法法57④，法令113⑤）。

第5章　単体事業年度の組織再編における欠損金　**179**

⑤ 欠損金又は災害損失金の損金算入等に関する明細書

| 事業年度 | X20・4・1 X21・3・31 | 法人名 | S 社 |
|---|---|---|---|

別表七（一）　平三十一・四・一以後終了事業年度分

| 控除前所得金額 （別表四「39の①」）－（別表七（二）「9」又は「21」） | 1 | 円 | 所得金額控除限度額 (1)× 50又は100/100 | 2 | 円 |
|---|---|---|---|---|---|

| 事業年度 | 区　　分 | 控除未済欠損金額 | 当期控除額 （当該事業年度の(2)と(2)－当該事業年度前の (4)の合計額）のうち少ない金額） | 翌期繰越額 （(3)－(4)）又は（別表七（三）「15」） |
|---|---|---|---|---|
| | | 3 | 4 | 5 |
| ・・ | 青色欠損・連結みなし欠損・災害損失 | 円 | | 円 |
| ・・ | 青色欠損・連結みなし欠損・災害損失 | | | 円 |
| ・・ | 青色欠損・連結みなし欠損・災害損失 | | | |
| ・・ | 青色欠損・連結みなし欠損・災害損失 | | | |
| ・・ | 青色欠損・連結みなし欠損・災害損失 | | | |
| ・・ | 青色欠損・連結みなし欠損・災害損失 | | | |
| X16・4・1 X17・3・31 | 青色欠損・連結みなし欠損・災害損失 | 4,000 | | |
| ・・ | 青色欠損・連結みなし欠損・災害損失 | | | |
| ・・ | 青色欠損・連結みなし欠損・災害損失 | | | |
| | 計 | 4,000 | | |

| 当期分 | 欠　損　金　額 （別表四「47の①」） | | 欠損金の繰戻し額 | |
|---|---|---|---|---|
| | 同上のうち | 災害損失金 | | |
| | | 青色欠損金 | | |
| | 合　　計 | | | |

災害により生じた損失の額の計算

| 災害の種類 | | 災害のやんだ日又はやむを得ない事情のやんだ日 | ・　・ |
|---|---|---|---|

| 災害を受けた資産の別 | 棚卸資産 ① | 固定資産 （固定資産に準ずる繰延資産を含む。） ② | 計 ①＋② ③ |
|---|---|---|---|
| 当期の欠損金額 （別表四「47の①」） 6 | | | 円 |
| 資産の滅失等により生じた損失の額 7 | 円 | 円 | |
| 被害資産の原状回復のための費用等に係る損失の額 8 | | | |
| 被害の拡大又は発生の防止のための費用に係る損失の額 9 | | | |
| 計 (7)＋(8)＋(9) 10 | | | |
| 保険金又は損害賠償金等の額 11 | | | |
| 差引災害により生じた損失の額 (10)－(11) 12 | | | |
| 同上のうち所得税額の還付又は欠損金の繰戻しの対象となる災害損失金額 13 | | | |
| 中間申告における災害損失欠損金の繰戻し額 14 | | | |
| 繰戻しの対象となる災害損失欠損金額 ((6の③)と((13の③)－(14の③))のうち少ない金額) 15 | | | |
| 繰越控除の対象となる損失の額 ((6の③)と((12の③)－(14の③))のうち少ない金額) 16 | | | |

（注）S社の当期の繰越控除に関する記載（1，2，4，5欄）は省略しています。

**事業を移転しない適格組織再編成等が行われた場合の控除未済欠損金額の特例に関する明細書**

| 事業年度 | X20・4・1<br>X21・3・31 | 法人名 | S 社 |
|---|---|---|---|

| 適格組織再編成等の別 | 適格分割 | **適格現物出資** | 適格現物分配 | 適格組織再編成等の日 | X20・4・1 |
|---|---|---|---|---|---|
| | | | | 支配関係発生日 | X18・10・1 |

*別表七(一)付表四 平三十一・四・一以後終了事業年度分*

### 調整後の当該法人分の控除未済欠損金額の特例計算

| 当該法人の<br>事業年度の区分 | 当該法人の控除<br>未済欠損金額<br><br>当該法人の前期の<br>別表七(一)「5」 | 特例計算による調整後の当該法人分の控除未済欠損金額の計算 | | | |
|---|---|---|---|---|---|
| | | 移転時価資産価額<br>が移転簿価資産価<br>額以下である場合 | 移転時価資産価額が移転簿価資産価額を超える場合 | | 特例計算による調整<br>後の当該法人分の<br>控除未済欠損金額 |
| | | | 移転時価資産超過額が<br>支配関係前欠損金額の<br>合計額以下である場合 | 移転時価資産超過額が<br>支配関係前欠損金額の<br>合計額を超える場合 | |
| | | | 支配関係事業年度<br>前の事業年度に<br>あっては((6)－<br>(7))、支配関係事業<br>年度以後の事業年<br>度にあっては(1) | 支配関係事業年度<br>前の事業年度に<br>あっては0、支配関<br>係事業年度以後の事<br>業年度にあっては<br>((1)－(10)) | (2)、(3)又は(4) |
| | 1 | 2 | 3 | 4 | 5 |
| ・ ・<br>・ ・ | 円 | | 円 | 円 | 円 |
| ・ ・<br>・ ・ | | | | | |
| ・ ・<br>・ ・ | | | | | |
| X16・4・1<br>X17・3・31 青色 | 6,000 | | 4,000 | | 4,000 |
| ・ ・<br>・ ・ | | | | | |
| ・ ・<br>・ ・ | | | | | |
| 計 | 6,000 | | 4,000 | | 4,000 |

### 移転時価資産価額が移転簿価資産価額を超える場合の調整後の当該法人分の控除未済欠損金額の計算の明細

| 当該法人の<br>事業年度の区分 | 支配関係前<br>欠損金額<br><br>支配関係事業年度<br>前の事業年度の(1) | 移転時価資産超過<br>額が支配関係前<br>欠損金額の合計額<br>以下である場合<br>(6)のうち移転時価<br>資産超過額を<br>構成するものと<br>された部分の金額<br>(11)の金額を(6)の古<br>いものから順次振当 | 移転時価資産超過額が支配関係前<br>欠損金額の合計額を超える場合 | | |
|---|---|---|---|---|---|
| | | | 支配関係事業年度以<br>後の事業年度の欠損<br>金額のうち特定資産<br>譲渡等損失相当額以外<br>の部分から成る金額<br>別表七(一)付表一<br>「8」－「12」 | 支配関係後欠損金額<br><br>支配関係事業年度<br>以後の事業年度の<br>((1)－(8)) | (9)のうち制限対象<br>金額を構成するもの<br>とされた部分の金額<br>(13)の金額を(9)の<br>古いものから順次振当 |
| | 6 | 7 | 8 | 9 | 10 |
| ・ ・<br>・ ・ | 円 | 円 | 円 | 円 | 円 |
| ・ ・<br>・ ・ | | | | | |
| ・ ・<br>・ ・ | | | | | |
| X16・4・1<br>X17・3・31 青色 | 6,000 | 2,000 | | | |
| ・ ・<br>・ ・ | | | | | |
| 計 | 6,000 | 2,000 | | | |

### 制限対象金額の計算の明細 / 移転直前における移転時価資産価額及び移転簿価資産価額の明細

| 制限対象金額の計算の明細 | | | 移転直前における移転時価資産価額及び移転簿価資産価額の明細 | | | |
|---|---|---|---|---|---|---|
| 移転時価資産超過額<br>(17の①)－(17の②) | 11 | 2,000 円 | 名 称 等 | | 時 価<br>① | 帳 簿 価 額<br>② |
| 支配関係前欠損金額の合計額<br>(6の計) | 12 | 6,000 | 土 地 | 14 | 3,000 円 | 1,000 円 |
| | | | | 15 | | |
| 制限対象金額<br>(11)－(12) | 13 | | | 16 | | |
| | | | 計 | 17 | 3,000 | 1,000 |

第 5 章　単体事業年度の組織再編における欠損金　**181**

## Ⅳ　株式交換等，株式移転における欠損金

## Q53　株式交換等，株式移転における欠損金の取扱い

　当社（P社）は，X20年4月1日に，当社を株式交換完全親法人，A社（当社が60％保有）を株式交換完全子法人とする適格株式交換を予定しています。当社及びA社は欠損金を有していますが，欠損金の取扱いはどのようになりますか。

**A** ··················································································

SUMMARY　適格株式交換は，完全子法人の株主が変わるだけですので，欠損金を引き継ぐことはできません。また，欠損金の引継制限規定や使用制限規定は設けられていません。

Reference　法法57①②③

DETAIL

　適格株式交換等は，完全子法人の株主が変わるだけで，完全子法人の欠損金を完全親法人に引き継ぐことはできないため，引継制限規定も設けられていません。また，適格株式交換等は，資産又は負債の移転がありませんので，完全親法人の欠損金の使用制限規定も設けられていません（法法57①②③）。詳細は **Q36**，**Q38** を参照してください。

関連解説

**適格株式移転における欠損金の取扱い**

　適格株式移転においても適格株式交換等と同様，完全子法人の欠損金を完全親法人に引き継ぐことができないとともに，完全親法人の欠損金の使用制限規定も設けられていません（法法57①②③）。

## V 特定資産譲渡等損失の損金不算入

### Q54 適格組織再編の態様と特定資産譲渡等損失の損金不算入

支配関係がある法人との適格組織再編において，一定の資産の譲渡等損失が損金不算入となる規定（特定資産譲渡等損失の損金不算入）があると聞きました。適格組織再編の態様別に規定の概要を教えてください。

**A** ...........................................................

SUMMARY〉 支配関係発生日から適格組織再編の日の属する事業年度開始の日までの期間が5年未満の場合には，資産の含み損を利用した租税回避行為を防止する目的から，特定資産譲渡等損失の損金不算入規定が設けられています。適格組織再編の態様別のこの規定の適用の有無及び制限を受ける金額は次のとおりです。

■適格組織再編の態様別の特定資産譲渡等損失の損金不算入の適用関係

| 適格組織再編の態様 | 特定資産譲渡等損失の損金不算入 | | |
|---|---|---|---|
| | 特定資産 | | 制限を受ける金額 |
| | 特定引継資産 | 特定保有資産 | |
| 適格合併 | あり | あり | 特定引継資産の譲渡等による損失額と特定保有資産の譲渡等による損失額の合計額 |
| 適格分割 | | | |
| 適格現物出資 | | | |
| 適格現物分配 | | | |
| 適格株式交換等 | | | |
| 適格株式移転 | | | |

Reference 法法61の13①・62の7①②③，法令123の9①⑥

## 第5章 単体事業年度の組織再編における欠損金

DETAIL

### 1 特定資産の譲渡等損失の損金不算入

#### (1) 適格合併

　支配関係（**Q38**参照）がある法人間の合併は共同事業要件を満たす法人間の合併に比べ適格要件が緩和されています。そのため，含み損資産を有する外部の法人を買収等でグループに取り込んだ上で所得が見込まれる法人と合併し，その含み損資産の譲渡により含み損を実現する租税回避行為が考えられることから，被合併法人から合併法人に引き継いだ資産の譲渡等による損失の計上に

■適格合併：特定譲渡等損失の損金不算入規定の判定フローチャート

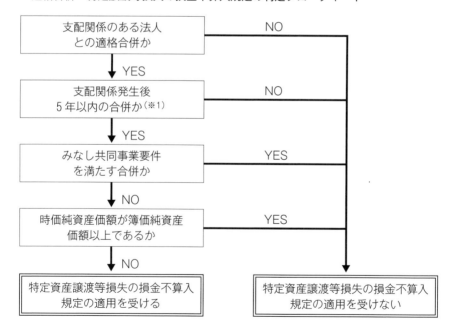

（※1）厳密には，適格合併の日の属する事業年度開始の日の5年前の日から支配関係が継続しているかどうかで判定します。また，5年の間に合併法人又は被合併法人が設立しており，設立日から支配関係が継続している場合は「No」へ進みます。

一定の制限を課すための特定資産譲渡等損失の損金不算入規定が設けられています。

また，制限を避けるために逆さ合併を行うことも考えられることから，合併法人の保有資産の譲渡等による損失額の計上にも一定の制限を課すための特定資産譲渡等損失の損金不算入規定が設けられています。

具体的には，支配関係のある法人間の合併において，次の①〜③のいずれかの日のうち最も遅い日から支配関係が継続していない場合で，その合併がみなし共同事業要件<sup>(※2)</sup>を満たさないときは，適用期間（下記2参照）において，特定資産（下記3参照）の譲渡，評価換え，貸倒れ，除却その他これらに類する事由による損失額を損金の額に算入しないこととしています。（法法62の7①②）。

> ①　合併法人の適格合併の日の属する事業年度開始の日の5年前の日
> ②　被合併法人の設立の日
> ③　合併法人の設立の日

（※2）みなし共同事業要件は，欠損金の引継制限・使用制限の判定におけるみなし共同事業要件と同様の内容です。詳細は **Q39** を参照してください。

## （2）適格分割

適格分割においても分割法人から分割承継法人に引き継がれる資産及び分割承継法人の保有資産について，上記（1）と同様，特定資産譲渡等損失の損金不算入規定の適用があります（法法62の7①②）。

なお，規定の趣旨は，含み損資産の譲渡等による租税回避行為を防ぐためであることから，含み損との相殺を可能とする適格吸収分割及び適格共同新設分割を行った場合に適用され，含み損との相殺が不可能な適格単独新設分割においては適用がありません（法法62の7③）。

## （3）適格現物出資

適格現物出資においても現物出資法人から被現物出資法人に引き継がれる資産及び被現物出資法人の保有資産について，上記（1）と同様，特定資産譲渡

等損失の損金不算入規定の適用があります（法法62の7①②）。また，取扱いは上記（2）の適格分割と同様です。

### （4）適格現物分配

適格現物分配においても現物分配法人から被現物分配法人に引き継がれる資産及び被現物分配法人の保有資産について，上記（1）と同様，特定資産譲渡等損失の損金不算入規定の適用があります（法法62の7①②）。ただし，現物分配は事業の引継ぎではないことから，みなし共同事業要件による判定はありません。

■適格現物分配：特定譲渡等損失の損金不算入規定の判定フローチャート

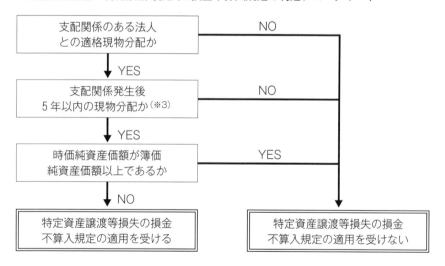

（※3）厳密には，適格現物分配の日の属する事業年度開始の日の5年前の日から支配関係が継続しているかどうかで判定します。また，5年の間に現物分配法人又は被現物分配法人が設立しており，設立日から支配関係が継続している場合は「No」へ進みます。

### （5）適格株式交換等，適格株式移転

適格株式交換等及び適格株式移転は，完全子法人の株主が変わるだけで資産

又は負債の引継ぎがないため，特定資産譲渡等損失の損金不算入規定の適用はありません。

## 2 適用期間

特定資産譲渡等損失の損金不算入規定の適用期間は，特定適格組織再編成等[※4]の日の属する事業年度開始の日から3年を経過する日その他一定の日までの期間とされています（法法62の7①）。詳細は**Q55**を参照してください。

> （※4）特定適格組織再編成等とは，適格合併，非適格合併で法法61の13①の譲渡損益調整資産の適用があるもの，適格分割，適格現物出資又は適格現物分配のうち，みなし共同事業要件を満たさないものをいいます。

## 3 特定資産（特定引継資産，特定保有資産）

特定資産譲渡等損失の損金不算入規定の適用の対象となる特定資産とは，特定引継資産と特定保有資産に分類されます。また，一定の資産は，特定資産から除外されています。詳細は**Q56**を参照してください。

## 4 時価純資産超過額等がある場合の特例

支配関係が5年未満でみなし共同事業要件を満たさない場合であっても，支配関係法人の支配関係事業年度の前事業年度末における時価純資産価額が簿価純資産価額以上である場合など一定の場合には，確定申告書の別表添付や書類の保存を条件として，支配関係法人の特定引継資産に係る特定資産譲渡等損失の損金不算入規定の緩和措置が設けられています（法令123の9①）。これは，特定資産譲渡等損失の損金不算入規定は租税回避行為を防止するためであり，特定組織再編成等を行わなくても自社で資産の含み損益を相殺することが可能であれば制限を課す必要がないためです。

また，特定適格組織再編成等における内国法人の特定保有資産についても同様の特例が設けられています（法令123の9⑥）。

詳細は**Q58**を参照してください。

第5章　単体事業年度の組織再編における欠損金　**187**

# Q55　適用期間

当社（Ｐ社，3月決算）は，X20年10月1日に，当社を合併法人，100%子法人であるＳ社（3月決算）を被合併法人とする適格合併を予定しています。なお，Ｓ社はX18年10月1日に買収した子法人です。この合併は，みなし共同事業要件を満たさないため，特定資産譲渡等損失の損金不算入規定の適用を受けるものです。この場合，規定の適用を受ける期間について教えてください。

**A** ·······················································································

**SUMMARY** 　特定資産譲渡等損失の損金不算入規定の適用を受ける期間は，Ｐ社の適格合併の日（X20年10月1日）の属する事業年度開始の日（X20年4月1日）から3年を経過する日であるX23年3月31日までとなります。

**Reference** 　法法62の7①・61の11①・61の12①・62の9①

**DETAIL**

## 1　適用期間

特定資産譲渡等損失の損金不算入規定の適用を受ける適用期間は，内国法人の特定適格組織再編成等<sup>(※)</sup>の日の属する事業年度（以下「特定組織再編成事業年度」といいます）開始の日から，次の①～⑤のいずれかのうち最も早い日までの期間とされています（法法62の7①）。

> ①　特定組織再編成事業年度開始の日以後3年を経過する日
> ②　最後に支配関係（**Q38**参照）があることとなった日以後5年を経過する日
> ③　連結納税の開始に伴う資産の時価評価損益（法法61の11①）の適用を受ける場合には，連結開始直前事業年度終了の日
> ④　連結納税への加入に伴う資産の時価評価損益（法法61の12①）の適用を受ける場合には，連結加入直前事業年度終了の日

⑤　非適格株式交換等又は非適格株式移転に係る完全子法人の有する資産の時価評価損益（法法62の9①）の適用を受ける場合には，その適用を受ける事業年度終了の日

（※）特定適格組織再編成等とは，適格合併，非適格合併で法法61の13①の譲渡損益調整資産の適用があるもの，適格分割，適格現物出資又は適格現物分配のうち，みなし共同事業要件を満たさないものをいいます。

## 2　本問の検討

　合併法人Ｐ社と被合併法人Ｓ社の適格合併の日がX20年10月1日であることから，特定組織再編成事業年度開始の日（X20年4月1日）以後3年を経過する日はX23年3月31日となります。一方，Ｐ社とＳ社の支配関係はX18年10月1日に生じているため，最後に支配関係があることとなった日以後5年を経過する日はX23年9月30日となります。特定資産譲渡等損失の損金不算入規定の適用を受ける期間は，X23年3月31日とX23年9月30日のいずれか早い日までであるため，X20年4月1日からX23年3月31日までが適用期間となります。

### 関連解説

**期中に特定適格組織再編成等が行われる場合の適用期間**

　特定資産譲渡等損失の損金不算入規定の適用開始日は，特定適格組織再編成等の日ではなく，特定組織再編成事業年度開始の日とされています。特定引継資産は特定適格組織再編成等により移転する資産をいうため，移転をした後にこの規定の対象になります。これに対して特定保有資産は特定適格組織再編成等による移転を伴わないため，特定組織再編成事業年度開始の日からこの規定の対象になります。

　期中に特定適格組織再編成等を行う場合には，特定保有資産については，期首から特定適格組織再編成等の日までの譲渡損にも，この規定の適用がある点に注意が必要です。

第5章　単体事業年度の組織再編における欠損金　**189**

## Q56　特定資産の範囲

　当社（P社，3月決算）は，X20年10月1日に，当社を合併法人，100%子法人であるS社（3月決算）を被合併法人とする適格合併を予定しています。なお，S社はX20年7月1日に買収した子法人で，この合併は，みなし共同事業要件を満たさないため，特定資産譲渡等損失の損金不算入規定の適用を受けるものです。S社から合併により引き継ぐ資産は次のとおりである場合において，どの資産が特定資産譲渡等損失の損金不算入規定の対象となりますか。

■ S社から適格合併により引き継ぐ資産

| 区分 | 取得日 | X20年10月1日の帳簿価額 | |
|---|---|---|---|
| | | 会　計　上 | 税　務　上 |
| 土地（販売用） | X18年4月 | 2,000万円 | 2,000万円 |
| 土地（本社） | X15年3月 | 1,200万円 | (※1) 900万円 |
| 建物A | X14年8月 | 800万円 | 800万円 |
| 建物Aの資本的支出 | X17年6月 | 200万円 | 200万円 |
| 土地（支店）(※2) | X15年7月 | 1,500万円 | 1,500万円 |
| 機械装置 | X20年5月 | 1,100万円 | 1,100万円 |

（※1）会計上との差異は圧縮積立金の申告調整によるもの：▲300万円
（※2）X20年4月1日における帳簿価額は1,500万円，時価は2,500万円

## A ·················································································

**SUMMARY** 　S社から引き継ぐ資産について，特定資産譲渡等損失の損金不算入規定の対象となる特定資産の判定は次のとおりです。

190

■特定資産譲渡等損失の損金不算入規定の対象となる特定資産の判定

| 区分 | 特定資産に該当 | 判定理由 |
|---|---|---|
| 土地（販売用） | ○ | 棚卸資産である土地に該当するため |
| 土地（本社） | × | 固定資産である土地だが，帳簿価額が1,000万円未満であるため |
| 建物A | ○ | 固定資産であり，建物Aと資本的支出との合計額が1,000万円以上であるため |
| 建物Aの資本的支出 | | |
| 土地（支店） | × | 固定資産であり，帳簿価額が1,000万円以上であるが，X20年4月1日の時価が帳簿価額を下回っていないため |
| 機械装置 | × | 固定資産であり，帳簿価額が1,000万円以上であるが，支配関係事業年度開始の日以後に取得した資産であるため |

〔Reference〕　法法61の13①・62の7②，法令123の8③⑭，法規27の15②，法基通12の2-2-3・12の2-2-6・7-8-4⑵の(注)

DETAIL ▷

## 1　特定譲渡等損失の損金不算入規定の対象となる特定資産

　特定資産とは，特定引継資産と特定保有資産に分類されます。また，一定の資産は特定資産から除外されています（下記2参照）。

### （1）特定引継資産

　内国法人が支配関係法人[※3]から特定適格組織再編成等[※4]により移転を受けた資産で，支配関係法人が支配関係発生日[※5]の属する事業年度開始の日前から有していたものとされています（法法62の7②一，法令123の8③）。

　（※3）支配関係法人とは，内国法人と支配関係（**Q38**参照）がある法人をいいます。

（※4）特定適格組織再編成等とは，適格合併，非適格合併で法法61の13①の譲渡損益調整資産の適用があるもの，適格分割，適格現物出資又は適格現物分配のうち，みなし共同事業要件（**Q39**参照）を満たさないものをいいます。

（※5）支配関係発生日とは，内国法人との間に最後に支配関係があることとなった日をいいます。

## （2）特定保有資産

内国法人が支配関係発生日の属する事業年度開始の日前から有していた資産とされています（法法62の7②二）。

## 2　特定資産から除外されるもの

特定資産から除外される資産は次のとおりです（法令123の8③⑭）。

■特定資産（特定引継資産，特定保有資産）から除外される資産

| 区　　分 | 特定引継資産から除外される資産（除外：○） | 特定保有資産から除外される資産（除外：○） |
|---|---|---|
| ①棚卸資産（土地，土地の上に存する権利を除く） | ○ | ○ |
| ②短期売買商品等 | ○ | ○ |
| ③売買目的有価証券 | ○ | ○ |
| ④帳簿価額又は取得価額が1,000万円に満たない資産 | ○<br>特定適格組織再編成等の日で判定 | ○<br>特定適格組織再編成等の日の属する事業年度開始の日で判定 |
| ⑤支配関係発生日の属する事業年度開始の日における価額が同日における帳簿価額を下回っていない資産（別表添付要件，書類保存要件あり） | ○ | ○ |

| | | |
|---|:---:|:---:|
| ⑥非適格合併により移転を受けた資産で法法61の13①の譲渡損益調整資産の適用がないもの | ○ | ― |

　また，上記⑤の別表添付要件及び書類保存要件は次のとおりです（法令123の8③五，法規27の15②）。

◆　別表添付要件

　　法人税確定申告書の別表十四（六）付表一を添付する必要があります。

◆　書類保存要件

　　次の書類を保存する必要があります。

　(a)　資産の種類，名称，構造，取得価額，その取得をした日，支配関係発生日の属する事業年度開始の日における帳簿価額その他その資産の内容を記載した書類

　(b)　次のいずれかの書類で(a)の支配関係発生日の属する事業年度開始の日における価額を明らかにする書類

　　●その資産の価額が継続して一般に公表されているものであるときは，その公表された価額が示された書類の写し

　　●支配関係発生日の属する事業年度開始の日における価額を算出し，これを同日における価額としているときは，その算定の根拠を明らかにする事項を記載した書類及びその算定の基礎とした事項を記載した書類

　　●その他，資産の価額を明らかにする事項を記載した書類

## 3　本問の検討

### (1) 土地（販売用）

　棚卸資産は原則として特定資産から除外されますが，棚卸資産である土地及び土地の上に存する権利については除外されません。また，本問の土地（販売用）は，適格合併の日における帳簿価額が1,000万円未満ではないため，特定資産からは除外されません。

## （2） 土地（本社）

　土地（本社）は固定資産ですが，適格合併の日における帳簿価額が1,000万円未満のため，特定資産から除外されます。なお，帳簿価額は会計上の1,200万円ではなく，税務上の900万円（圧縮記帳適用後の金額：法基通12の2-2-3）で判定します。

## （3） 建物Ａ及び資本的支出

　資産について資本的支出を行っている場合には，それぞれ別個として計上されていた場合であっても，譲渡等を行う資産としては一体不可分な関係にあることから，帳簿価額が1,000万円未満かどうかの判定は，旧減価償却資産と追加償却資産の合計額で判定することとされています（法基通12の2-2-6，7-8-4(2)の(注)）。したがって，建物Ａと資本的支出の適格合併の日におけるそれぞれの帳簿価額は1,000万円未満ですが，これらの合計額は1,000万円となり1,000万円未満ではないため，特定資産から除外されません。

## （4） 土地（支店）

　土地（支店）は固定資産であり，適格合併の日における帳簿価額が1,000万円未満ではありませんが，Ｐ社とＳ社の支配関係発生日（X20年7月1日）の属する事業年度開始の日（X20年4月1日）における時価（2,500万円）が帳簿価額（1,500万円）を下回っていないため，特定資産から除外されます。なお，この適用を受けるためには，確定申告書の別表添付要件及び書類保存要件を満たす必要があります。

## （5） 機械装置

　機械装置は固定資産であり，適格合併の日における帳簿価額が1,000万円未満ではありませんが，取得日が支配関係発生日（X20年7月1日）の属する事業年度開始の日（X20年4月1日）以後（X20年5月）に取得した資産であるため，特定資産から除外されます。

## Q57 特定資産譲渡等損失額の計算

当社（P社，3月決算）は，X20年4月1日に，当社を合併法人，100%子法人であるS社（3月決算）を被合併法人とする適格合併を行いました。なお，S社はX17年4月1日に買収した子法人です。この合併は，みなし共同事業要件を満たさないため，特定資産譲渡等損失の損金不算入規定の適用を受けるものです。次の特定資産をX20年4月10日に譲渡する場合，特定資産譲渡等損失の損金不算入額の計算はどのようになりますか。

■譲渡する特定引継資産（適格合併によりS社から引き継いだもの）

| 資産の区分 | 帳簿価額 | 譲渡価額 | 譲渡損益 |
|---|---|---|---|
| 土地 | 2,000万円 | 2,500万円 | 譲渡益　500万円 |
| 建物 | 1,200万円 | 400万円 | 譲渡損　800万円 |

■譲渡する特定保有資産（P社の保有資産）

| 資産の区分 | 帳簿価額 | 譲渡価額 | 譲渡損益 |
|---|---|---|---|
| 土地 | 5,000万円 | 6,000万円 | 譲渡益　1,000万円 |
| 建物 | 3,600万円 | 3,000万円 | 譲渡損　600万円 |

## A

**SUMMARY**　特定資産譲渡等損失の損金不算入額は，次のとおり300万円となります。

① 特定引継資産の譲渡等による損失額

譲渡による損失の額800万円－譲渡による利益の額500万円＝300万円

② 特定保有資産の譲渡等による損失額

譲渡による損失の額600万円－譲渡による利益の額1,000万円

＝▲400万円⇒ゼロ

③ 上記①と②の合計額＝300万円

Reference　法法62の7②

第5章　単体事業年度の組織再編における欠損金　**195**

**DETAIL**

## 1　特定資産譲渡等損失額

　特定資産譲渡等損失の損金不算入額の計算は，①特定引継資産の譲渡等損失額と②特定保有資産の譲渡等損失額の合計額とされています（法法62の7②）。また，①，②の計算は，それぞれにおいて，譲渡等による損失の額の合計額から譲渡等による利益の額を控除した金額とされていることから，仮に①について損失の額＞利益の額であり，②が損失の額＜利益の額の場合，①のプラスと②のマイナスを相殺することができない仕組みになっています。

> ①　特定引継資産の譲渡等損失額＝特定引継資産の譲渡等による損失の額の合計額から譲渡等による利益の額の合計額を控除した金額
> ②　特定保有資産の譲渡等損失額＝特定保有資産の譲渡等による損失の額の合計額から譲渡等による利益の額の合計額を控除した金額

## 2　本問の検討

　特定引継資産の譲渡等損失額は，譲渡等による損失額（建物の譲渡損）800万円から譲渡等による利益額（土地の譲渡益）500万円を控除した300万円となります。一方，特定保有資産の譲渡等損失額は，譲渡等による損失額（建物の譲渡損）600万円から譲渡等による利益額（土地の譲渡益）1,000万円を控除した額がマイナスとなるため，ゼロとなります。

　したがって，特定資産譲渡等損失額は，特定引継資産の譲渡等損失額である300万円と特定保有資産の譲渡等損失額であるゼロを合計した300万円となります。

## Q58 時価純資産超過額等がある場合

　当社（P社，3月決算）は，X20年4月1日に，当社を合併法人，100％子法人であるS社（3月決算）を被合併法人とする適格合併を行いました。なお，S社はX17年4月1日に買収した子法人で，この合併は，みなし共同事業要件を満たしません。このたび，合併によりS社から引き継いだ土地BをX20年10月10日に譲渡することとなりました。この場合，土地Bの譲渡損120を計上することはできますか。なお，土地Bは特定資産から除外される資産には該当しないものとします。

■土地Bの譲渡（譲渡日：X20年10月10日）

| 資産 | 譲渡対価 | 簿価 | 譲渡損 |
|---|---|---|---|
| 土地B | 180 | 300 | 120 |

■S社のX17年3月期末の時価純資産価額，簿価純資産価額

| 資産 | 時価 | 簿価 | 負債 | 時価 | 簿価 |
|---|---|---|---|---|---|
| 現預金 | 200 | 200 | 買掛金 | 100 | 100 |
| 売掛金 | 400 | 400 | 借入金 | 500 | 500 |
| 棚卸資産 | 300 | 300 | 負債合計 | 600 | 600 |
| 土地A | 500 | 200 | 純資産 | 1,000 | 800 |
| 土地B | 200 | 300 | | | |
| 資産合計 | 1,600 | 1,400 | 負債純資産合計 | 1,600 | 1,400 |

## A

**SUMMARY** 　時価純資産超過額等がある場合の特例により，土地Bの譲渡による損失額は損金算入されます。なお，特例を適用する場合は，確定申告書の別表添付要件及び書類の保存要件を満たす必要があります。

( Reference )　法法62の7，法令123の9①②④⑤，法規27の15の2①

第5章　単体事業年度の組織再編における欠損金　**197**

DETAIL ▷

## 1　特例規定の趣旨

　適格合併では，被合併法人の資産及び負債が簿価で合併法人に引き継がれるため，資産の含み損益を利用した租税回避行為を防止する目的から，支配関係発生日から適格合併の日の属する事業年度開始の日までの期間が5年未満の場合には，特定資産譲渡等損失の損金不算入規定が設けられています。（法法62の7）。詳細は **Q54** を参照してください。

　しかし，被合併法人の支配関係事業年度の前事業年度末における時価純資産価額が簿価純資産価額以上であり，合併を行わなくても自社で資産の含み損益を相殺することが可能であるような場合には制限を課す必要がないため，確定申告書の別表添付や書類の保存を条件として，特定資産譲渡等損失の損金不算入規定の緩和措置が設けられています（法令123の9①）。

## 2　時価純資産超過額がある場合（時価純資産価額≧簿価純資産価額）

　被合併法人の支配関係事業年度[※1]の前事業年度末において時価純資産超過額[※2]がある場合には，適格合併を行わなくても自社で含み損益を相殺することができるため，被合併法人から引き継いだ資産について特定資産譲渡等損失の損金不算入規定による制限は課されません（法令123の9①一）。

　（※1）支配関係事業年度とは，合併法人と被合併法人との間に最後に支配関係（**Q38** 参照）があることとなった日の属する事業年度をいいます。
　（※2）時価純資産超過額とは，時価純資産価額から簿価純資産価額を減算した金額をいいます。

## 3　簿価純資産超過額がある場合（時価純資産価額＜簿価純資産価額）

　被合併法人の支配関係事業年度の前事業年度末において簿価純資産超過額[※3]がある場合には，被合併法人から引き継いだ資産について特定資産譲渡等損失の損金不算入規定による制限は，簿価純資産超過額の範囲で課されま

す（法令123の9①二）。これは，簿価純資産超過額（いわゆる含み損部分の金額）を他の資産の含み益と相殺することが可能であるため，簿価純資産超過額に相当する部分だけ特定資産譲渡等損失の損金不算入規定による制限を課せば足りるためです。

ただし，簿価純資産超過額がある場合において，欠損金の引継制限の特例（**Q40**参照）を受けているときは，簿価純資産超過額に相当する部分の金額について，特定資産譲渡等損失の損金不算入規定による制限は課されません。これは，欠損金の引継制限規定により制限を課しているため，特定資産譲渡等損失の損金不算入規定により制限を課す必要がないためです（法令123の9①二イ）。

（※3）簿価純資産超過額とは，簿価純資産価額から時価純資産価額を減算した金額をいいます。

■時価純資産超過額又は簿価純資産超過額がある場合の特定資産譲渡等損失の損金不算入規定の特例

| 時価純資産超過額がある場合 | 簿価純資産超過額がある場合 | |
|---|---|---|
| | 欠損金の引継制限の特例（**Q40**参照）を受ける場合 | 欠損金の引継制限の特例（**Q40**参照）を受けない場合 |
| 損金不算入とならない | 損金不算入とならない | 簿価純資産超過額の範囲内で損金不算入となる |

## 4 別表添付要件，書類の保存要件

上記2～3の適用を受けるためには，法人税確定申告書の別表添付要件及び書類の保存要件を満たす必要があります（法令123の9②，法規27の15の2①）。

◆ 別表添付要件

法人税確定申告書の別表十四(六)及び別表十四(六)付表一を添付する必要があります。また，簿価純資産超過額がある場合の特例を受ける場合には，

第5章　単体事業年度の組織再編における欠損金　**199**

合併事業年度だけでなく，特定資産譲渡等損失が簿価純資産超過額に達するまでの各事業年度において別表添付要件が課されています。

◆　書類保存要件

次の書類を保存する必要があります。

(a)　支配関係事業年度の前事業年度終了の時において有する資産及び負債の価額及び帳簿価額を記載した書類

(b)　次のいずれかの書類で支配関係事業年度の前事業年度終了の時における(a)の価額を明らかにする書類

●その資産の価額が継続して一般に公表されているものであるときは，その公表された価額が示された書類の写し

●その資産及び負債の価額を算定しているときは，その算定の根拠を明らかにする事項を記載した書類及びその算定の基礎とした事項を記載した書類

●その他，資産及び負債の価額を明らかにする事項を記載した書類

## 5　本問の検討

合併法人P社と被合併法人S社の支配関係発生日はX17年4月1日であり，P社の適格合併の日（X20年4月1日）の属する事業年度開始の日の5年前の日から支配関係が継続しておらず，かつ，みなし共同事業要件（**Q39**参照）を満たさないため，特定資産譲渡等損失の損金不算入規定による制限が課されます。

しかし，S社の支配関係事業年度の前事業年度（X17年3月期）の時価純資産価額（1,000）が簿価純資産価額（800）以上であるため，上記**2**の時価純資産超過額等がある場合の特例により，S社から合併により引き継いだ土地Bの譲渡による損失額120について，特定資産譲渡等損失の損金不算入規定による制限は課されません。なお，この適用を受けるためには，合併法人P社において確定申告書の別表添付要件及び書類の保存要件を満たす必要があります。

**関連解説**

### 合併法人，分割承継法人，被現物出資法人又は被現物分配法人の時価純資産超過額等がある場合の特定資産譲渡等損失の損金不算入規定の特例

　合併法人，分割承継法人，被現物出資法人又は被現物分配法人の特定保有資産についても，上記2～4と同様の特例が認められています（法令123の9④⑤）。

第5章　単体事業年度の組織再編における欠損金　**201**

① 特定資産譲渡等損失額の損金不算入に関する明細書

| 事業年度又は連結事業年度 | X20・4・1<br>X21・3・31 | 法人名 | （　　Ｐ　社　　） |
|---|---|---|---|

別表十四(六)　平三十一・四・一以後終了事業年度又は連結事業年度分

| | | | | | |
|---|---|---|---|---|---|
| 当 期 中 の 適 用 期 間 | 1 | X20・4・1<br>X21・3・31 | 特定引継資産に係る特定資産譲渡等損失額の損金不算入額<br>（11）、（16）、（21）又は（別表十四(六)付表二「6」） | 6 | 0 円 |
| 特定適格組織再編成等の区分 | 2 | 適格合併 | 特定保有資産に係る特定資産譲渡等損失額の損金不算入額<br>（14）、（23）、（28）、（30）、（33）、（36）又は（別表十四(六)付表二「11」） | 7 | |
| 特定適格組織再編成等の日 | 3 | X20・4・1 | 特定資産譲渡等損失額の損金不算入額<br>（6）＋（7） | 8 | 0 |
| 特定適格組織再編成等に係る被合併法人等の名称 | 4 | Ｓ 社 | | | |
| 支 配 関 係 発 生 日 | 5 | X17・4・1 | | | |

**特定引継資産又は特定保有資産に係る特定資産譲渡等損失額の損金不算入額の計算**

| | | | | | |
|---|---|---|---|---|---|
| (1)の期間における特定引継資産の譲渡等特定事由による損失の額 | 9 | 120 円 | (1)の期間における特定保有資産の譲渡等特定事由による損失の額 | 12 | 円 |
| (1)の期間における特定引継資産の譲渡又は評価換えによる利益の額 | 10 | 0 | (1)の期間における特定保有資産の譲渡又は評価換えによる利益の額 | 13 | |
| 特定引継資産に係る特定資産譲渡等損失額<br>（9）－（10） | 11 | 120 | 特定保有資産に係る特定資産譲渡等損失額<br>（12）－（13） | 14 | |

**特定引継資産又は特定保有資産に係る特定資産譲渡等損失額の損金不算入額の特例計算**

| | 特 定 引 継 資 産 | | | | 特 定 保 有 資 産 | | |
|---|---|---|---|---|---|---|---|
| 時価が純資産超過額がある場合 | 時 価 純 資 産 超 過 額<br>〔被合併法人等の別表十四<br>（六）付表－「6」－「7」〕 | 15 | 200 円 | 時価が純資産超過額がある場合 | 時 価 純 資 産 超 過 額<br>〔当該法人の別表十四<br>（六）付表－「6」－「7」〕 | 22 | 円 |
| | 特定引継資産に係る特定資産譲渡等損失額 | 16 | 0 | | 特定保有資産に係る特定資産譲渡等損失額 | 23 | 0 |
| 簿価純資産超過額がある場合 | 簿 価 純 資 産 超 過 額<br>〔被合併法人等の別表十四<br>（六）付表－「7」－「6」〕 | 17 | | 簿価純資産超過額がある場合 | 簿 価 純 資 産 超 過 額<br>〔当該法人の別表十四<br>（六）付表－「7」－「6」〕 | 24 | |
| | 引継対象未処理欠損金額の特例計算において特定資産譲渡等損失相当額から成る欠損金額とみなされた金額<br>（被合併法人等の別表七(一)付表三「10の計」） | 18 | | | 控除未済欠損金額の特例計算において特定資産譲渡等損失相当額から成る欠損金額とみなされた金額<br>（当該法人の別表七(一)付表三「10の計」） | 25 | |
| | 前期以前の適用期間における特定資産譲渡等損失額<br>（前期以前の適用期間の（21）） | 19 | | | 前期以前の適用期間における特定資産譲渡等損失額<br>（前期以前の適用期間の（28）） | 26 | |
| | 特定資産譲渡等損失限度額<br>（17）－（18）－（19） | 20 | | | 特定資産譲渡等損失限度額<br>（24）－（25）－（26） | 27 | |
| | 特定引継資産に係る特定資産譲渡等損失額<br>（（11）又は（別表十四(六)付表二「6」）と（20）のうち少ない金額） | 21 | | | 特定保有資産に係る特定資産譲渡等損失額<br>（（14）又は（別表十四(六)付表二「11」）と（27）のうち少ない金額） | 28 | |

**事業を移転しない特定適格組織再編成等が行われた場合の特定保有資産に係る特定資産譲渡等損失額の損金不算入額の特例計算**

| | | | | | | | |
|---|---|---|---|---|---|---|---|
| 移転簿価純資産超過額がある場合 | 移 転 簿 価 資 産 超 過 額<br>〔当該法人の別表十四<br>（六）付表－「7」－「6」〕 | 29 | 円 | 移転時価資産超過額がある場合 | (31)≦(32)の場合 | 特定保有資産に係る特定資産譲渡等損失額 | 33 | 0 円 |
| | 特定保有資産に係る特定資産譲渡等損失額 | 30 | 0 | | | 前期以前の適用期間における特定資産譲渡等損失額<br>（前期以前の適用期間の（36）） | 34 | |
| 移転時価純資産超過額がある場合 | 移 転 時 価 資 産 超 過 額<br>〔当該法人の別表十四<br>（六）付表－「6」－「7」〕 | 31 | | | (31)＞(32)の場合 | 特定資産譲渡等損失限度額<br>（31）－（32）－（34） | 35 | |
| | 特 例 切 捨 欠 損 金 額<br>（別表七(一)付表四「10の計」＋「12」） | 32 | | | | 特定保有資産に係る特定資産譲渡等損失額<br>（（14）と（35）のうち少ない金額） | 36 | |

| 支配関係事業年度開始日における時価が帳簿価額を下回っていない資産並びに時価純資産価額及び簿価純資産価額等に関する明細書 | 事業年度又は連結事業年度 | X20・4・1<br>X21・3・31 | 法人名 | （ P 社 ） |

## I 支配関係事業年度開始日における時価が帳簿価額を下回っていない資産に関する明細書

| 引　継　資　産 | | | 保　有　資　産 | | |
|---|---|---|---|---|---|
| 名　称　等 | 時　価 | 帳簿価額 | 名　称　等 | 時　価 | 帳簿価額 |
| | 円 | 円 | | 円 | 円 |
| | | | | | |
| | | | | | |
| | | | | | |
| | | | | | |
| | | | | | |
| | | | | | |
| | | | | | |

## II 時価純資産価額及び簿価純資産価額等に関する明細書

| 時価純資産価額及び簿価純資産価額等の算定の対象となる法人名 | 1 | S 社 | （1）の法人の支配関係事業年度の前事業年度等 | 5 | X16・4・1<br>X17・3・31 |
|---|---|---|---|---|---|
| 特定資産譲渡等損失額の特例に係る特定引継資産又は特定保有資産の別 | 2 | 特定引継資産・特定保有資産 | （5）の支配関係事業年度の前事業年度等終了の時における時価純資産価額又は特定適格組織再編成等の直前における時価資産価額<br>（18の①）－（29の①） | 6 | 1,000 円 |
| 特定適格組織再編成等の日 | 3 | X20・4・1 | （5）の支配関係事業年度の前事業年度等終了の時における簿価純資産価額又は特定適格組織再編成等の直前における簿価資産価額<br>（18の②）－（29の②） | 7 | 800 |
| 支配関係発生日 | 4 | X17・4・1 | | | |

### 支配関係事業年度の前事業年度等終了の時における時価純資産価額及び簿価純資産価額又は特定適格組織再編成等の直前における時価資産価額及び簿価資産価額の明細

| 資　産 | | 時　価 | 帳簿価額 | 負　債 | | 時　価 | 帳簿価額 |
|---|---|---|---|---|---|---|---|
| 名　称　等 | | ① | ② | 名　称　等 | | ① | ② |
| 現預金 | 8 | 200 円 | 200 円 | 買掛金 | 19 | 100 円 | 100 円 |
| 売掛金 | 9 | 400 | 400 | 借入金 | 20 | 500 | 500 |
| 棚卸資産 | 10 | 300 | 300 | | 21 | | |
| 土地A | 11 | 500 | 200 | | 22 | | |
| 土地B | 12 | 200 | 300 | | 23 | | |
| | 13 | | | | 24 | | |
| | 14 | | | | 25 | | |
| | 15 | | | | 26 | | |
| | 16 | | | | 27 | | |
| | 17 | | | | 28 | | |
| 計 | 18 | 1,600 | 1,400 | 計 | 29 | 600 | 600 |

別表十四（六）付表一　平三十一・四・一以後終了事業年度又は連結事業年度分

第5章 単体事業年度の組織再編における欠損金 **203**

## Q59 非適格組織再編における特定資産譲渡等損失の損金不算入

　当社は，新規分野への業務拡大のため，当社と事業関連性のないＡ社
を吸収合併する予定です。この合併は非適格合併として処理する予定です
が，当社又はＡ社の有する含み損資産の譲渡等について，特定資産譲渡
等損失の損金不算入の適用を受けることになりますか。

# A

SUMMARY 　非適格合併を行った場合，被合併法人Ａ社の移転資産に係る特定
資産譲渡等損失の損金不算入規定の適用はありません。また，合併法人Ｐ社の保有
資産に係る特定資産譲渡等損失の損金不算入規定の適用もありません。

Reference　法法62の7①・61の13①

DETAIL

　非適格合併は，被合併法人の資産及び負債を時価で合併法人に移転するため，
合併法人においてその資産及び負債の含み損益を利用することはできません。
したがって，一定の場合(※)を除いて，租税回避行為がなされる可能性が低い
ため，特定資産譲渡等損失の損金不算入規定の適用はありません。

（※）完全支配関係のある法人間の非適格合併において，法法61の13①（完全支配
　　関係がある法人の間の取引の損益）により被合併法人の資産の譲渡損益が繰
　　り延べられた場合には，譲渡損益調整資産の含み損と合併法人の資産の含み
　　益を相殺することが可能であるため，譲渡損益調整資産については，特定資
　　産譲渡等損失の損金不算入規定の適用を受けることとなります（法法62の7
　　①）。

　また，非適格合併における合併法人の支配関係発生日の属する事業年度開始
の日前から有していた資産についても，同様に，特定資産譲渡等損失の損金不
算入規定の適用はありません。

| 関連解説 |

**非適格分割，非適格現物出資又は非適格現物分配**

非適格分割，非適格現物出資又は非適格現物分配においても，上記の非適格合併と同様，分割法人，現物出資法人又は現物分配法人から移転した資産に係る特定資産譲渡等損失の損金不算入規定の適用はありません。

また，分割承継法人，被現物出資法人又は被現物分配法人の支配関係発生日の属する事業年度開始の日前から有していた資産についても，同様に，特定資産譲渡等損失の損金不算入規定の適用はありません。

# 第6章

連結納税制度と欠損金

第6章 連結納税制度と欠損金 207

# Ⅰ 連結納税における欠損金

## Q60 連結欠損金の概要と地方税の欠損金

> 当社（P社）は，多額の欠損金を有しているため，100％子法人であるS1社及びS2社と連結納税の採用を検討しています。連結欠損金の繰越控除について概要を教えてください。また，地方税（事業税，住民税）の欠損金の取扱いはどのようになりますか。

A ……………………………………………………………………

SUMMARY　連結納税制度とは，連結納税グループに属する全ての法人を1つの納税単位として申告及び納税を行う制度です。したがって，連結納税制度における連結所得金額は，連結納税グループに属する全ての法人の益金の額から損金の額を控除して計算します。連結所得金額の計算で，益金の額から損金の額を控除した額がマイナスとなった場合のマイナス部分の金額を連結欠損金といい，単体納税と同様，翌連結事業年度以後10年間繰り越し，連結所得から控除することができます。

なお，連結納税制度は法人税法の制度であり，地方税（事業税，住民税）には連結納税制度はありませんので，個別の法人として申告納付を行いますが，事務負担

■連結欠損金のイメージ

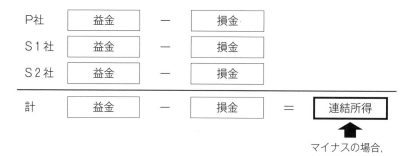

を考慮し，連結納税で算出した個別所得金額や個別帰属法人税額を用いて課税標準額を計算することとされています。この場合の事業税（所得割）の欠損金は，個別所得金額がマイナスの場合のマイナス金額をいい，住民税（法人税割）の欠損金は個別帰属法人税額がマイナスの場合のマイナス金額をいいます。なお，住民税の欠損金については，連結納税の開始時又は加入時に切り捨てられた法人税の欠損金に相当する住民税の欠損金を控除対象個別帰属調整額，連結事業年度中に発生した住民税の欠損金を控除対象個別帰属税額と呼ぶこととしています。

（Reference）　法法２十二の七の二・十九の二・15の２①・57①・81の２・81の９
①⑥，法令155の21①，地法23①三・四の二，地法53⑤⑥⑨・72の23
①④・292①三・四の二・321の８⑤⑥⑨，地令20の３②

DETAIL ▷

## 1　法人税における取扱い

### （1）連結所得金額

　連結法人[※1]の各連結事業年度[※2]の連結所得の金額は，その連結事業年度の益金の額からその連結事業年度の損金の額を控除した金額とされています（法法81の２）。すなわち，連結納税制度における連結所得金額は，連結納税グループに属する全ての法人の益金の額から損金の額を控除して計算しますので連結納税グループに属する法人の所得と欠損を相殺すること（損益通算）を可能とします。

> （※1）連結法人とは，連結親法人又はその連結親法人との間に連結完全支配関係
> 　　　がある連結子法人をいいます（法法２十二の七の二）。
> （※2）連結事業年度とは，連結親法人の事業年度をいいます（法法15の２①）。

### （2）連結欠損金額

　連結欠損金額とは，各連結事業年度の連結所得金額の計算上，その連結事業年度の損金の額がその連結事業年度の益金の額を超える場合におけるその超え

第6章　連結納税制度と欠損金　**209**

る部分の金額をいいます（法法2十九の二）。すなわち，連結所得金額の計算
で，益金の額から損金の額を控除した額がマイナスとなった場合のそのマイナ
ス部分の金額をいいます。

### （3）連結欠損金の繰越控除

　各連結事業年度開始の日前10年以内[※3] に開始した連結事業年度において
生じた連結欠損金額がある場合は，各連結事業年度の連結所得金額の計算上，
損金の額に算入することとされています（法法81の9①）。ただし，損金の額
に算入することができる金額は，連結親法人が中小法人等その他一定の場合
（**Q63** 参照）を除いて，連結欠損金の控除前の連結所得金額の50％相当額が上
限となります。

　（※3）連結欠損金の発生事業年度が，平成30年3月31日以前に開始した連結事業
　　　　　年度である場合は，「9年以内」

### （4）連結欠損金の個別帰属額

　連結納税グループを離脱する等一定の場合には，各連結法人に帰属する欠損
金額を単体納税における青色欠損金として使用するため，連結納税制度では各
連結法人に帰属する欠損金額（連結欠損金個別帰属額）の取扱いが定められて
います（法法81の9⑥，法令155の21①）。詳細は **Q65** ～ **Q68** を参照してくだ
さい。

## 2　連結納税制度を採用している場合の地方税（事業税，住民税）の取扱い

### （1）地方税（事業税，住民税）の課税標準

　地方税（事業税，住民税）には連結納税制度はありません。したがって，連
結納税制度を採用している法人であっても，個別の法人として地方税（事業税，
住民税）の申告及び納税を行う必要があります。しかし，事務負担等を考慮し，
単体納税としての地方税（事業税，住民税）の課税標準額を別途計算するので
はなく，連結納税において算出した個別所得金額や個別帰属法人税額を用いて

計算することとされています（地法72の23①二，23①三・四の二，292①三・四の二）。

## （2）地方税（事業税，住民税）の欠損金
### ① 事業税（所得割）の欠損金
　単体納税において法人税とは別に事業税の欠損金を認識しているため，連結納税においても同様に法人税とは別に認識している事業税の欠損金をそのまま使用します。事業税の欠損金は，各（連結）事業年度の個別帰属損金額が個別帰属益金額を超える場合におけるその超える部分の金額をいいます（地法72の23④）。すなわち，事業税の課税標準の計算で，個別帰属益金額から個別帰属損金額を控除した額がマイナスとなった場合のそのマイナス部分の金額をいいます。また，各（連結）事業年度開始の日前10年以内(※4)に開始した（連結）事業年度において生じた事業税の欠損金額がある場合は，各（連結）事業年度の事業税の個別所得金額から控除することとされています（地法72の23①二④，地令20の3②）。ただし，控除することができる金額は，各連結法人が中小法人等その他一定の場合（**Q63**参照）を除いて，事業税の欠損金の控除前の個別所得金額の50％相当額が上限となります（地令20の3②，法法57①）。

　(※4) 事業税の欠損金の発生事業年度が，平成30年3月31日以前に開始した（連結）事業年度である場合は，「9年以内」

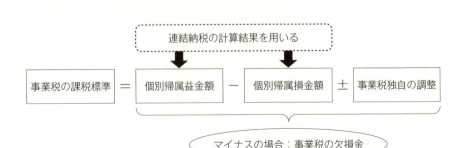

## ② 住民税（法人税割）の欠損金

単体納税における住民税（法人税割）の課税標準は，欠損金控除後の課税所得に対して課された法人税額であるため，住民税独自の欠損金を認識する必要はありませんでしたが，連結納税では連結納税開始時又は加入時に法人税の欠損金が切り捨てられた場合でも住民税では切り捨てられないことから，住民税の欠損金を別に認識しておく必要があります。具体的には，連結納税開始時又は加入時に切り捨てられた法人税の欠損金に相当する住民税の欠損金を控除対象個別帰属調整額として認識し（**Q62**参照），（連結）事業年度中に発生した住民税の欠損金（個別帰属法人税額がマイナスとなった場合のマイナス金額）を控除対象個別帰属税額（**Q70**参照）として認識します（地法53⑥⑨，321の8⑥⑨）。また，各（連結）事業年度開始の日前10年以内(※5)に開始した（連結）事業年度において生じた控除対象個別帰属調整額及び控除対象個別帰属税額がある場合は，各（連結）事業年度の住民税の課税標準となる個別帰属法人税額から控除することとされています（地法53⑤⑨，321の8⑤⑨）。

(※5) 控除対象個別帰属調整額及び控除対象個別帰属税額の発生事業年度が，平成30年3月31日以前に開始した（連結）事業年度である場合は，「9年以内」

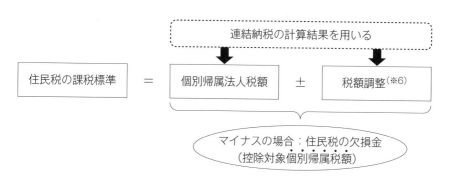

(※6) 税額調整：
所得税額控除，外国税額控除，試験研究費の税額控除の足しこみなどの一定の調整

## Q61 連結納税開始前又は加入前の法人税の欠損金

当社（P社，3月決算）は，X20年4月1日から100％子法人である
S1社及びS2社（いずれも3月決算）と連結納税の採用を検討していま
す。当社，S1社及びS2社はいずれも欠損金を有していますが，単体納
税時代の欠損金を連結納税に持ち込むことはできますか。なお，S1社と
の100％資本関係は10年以上継続しており，S2社は当社がX18年10月1
日に設立した子法人です。

## A ·······················································································

SUMMARY　P社の単体納税時代の欠損金は，連結納税開始時に非特定連結欠損
金とみなされ，連結所得から控除することができます。また，S1社及びS2社の単
体納税時代の欠損金は，連結納税開始時に特定連結欠損金とみなされ，欠損金額が
発生した法人の個別所得金額から控除することができます。

Reference　法法61の11①・61の12①・81の9①②一③，法令155の19⑬

DETAIL

### 1　親法人の連結納税開始前の欠損金

連結親法人の連結納税開始の日前10年以内[※1] に開始した各事業年度にお
いて生じた青色欠損金又は災害損失欠損金は，連結納税開始時に連結欠損金
（以下「非特定連結欠損金」といいます）とみなされ，連結納税において連結
所得金額から控除することができます（法法81の9①②一）。

（※1）連結欠損金の発生事業年度が，平成30年3月31日以前に開始した連結事業
年度である場合は，「9年以内」

### 2　子法人の連結納税開始前又は加入前の欠損金

連結子法人のうち，時価評価の対象外とされる連結子法人（以下「特定連結

第6章　連結納税制度と欠損金　**213**

子法人」といいます）については，連結納税開始の日（又は加入の日）前10年以内に開始した各事業年度において生じた青色欠損金又は災害損失欠損金は，連結納税開始時（又は加入時）に連結欠損金（以下「特定連結欠損金」といいます）とみなされ，連結納税においてその法人の個別所得金額を上限として控除することができます（法法81の9①②③，61の11①，61の12①）。ただし，特定連結子法人が連結親法人同等法人である場合には，特定連結欠損金ではなく非特定連結欠損金とみなされ，連結納税において連結所得金額から控除することができます（法法81の9①②③）。

　一方，連結子法人が特定連結子法人に該当しない場合には，単体納税時代の欠損金は連結納税開始時又は加入時に切り捨てられます（法法81の9②）。

### ■特定連結子法人（連結納税開始時）

| 区　　　分 | 内　　　容 |
|---|---|
| 株式移転による完全子法人 | 連結納税開始の日の5年前の日からその開始の日までに株式移転により連結親法人となる法人を設立した株式移転完全子法人で，株式移転の日から連結納税開始の日まで連結親法人となる法人による完全支配関係が継続しているもの。 |
| 5年超保有の子法人 | 連結納税開始の日の5年前の日からその開始の日まで連結親法人となる法人による完全支配関係が継続している子法人。 |
| グループ内で設立した子法人 | 連結納税開始の日の5年前の日からその開始の日までに設立され，その設立の日から連結納税開始の日まで連結親法人となる法人による完全支配関係が継続している子法人。 |
| 適格株式交換等による完全子法人 | 連結納税開始の日の5年前の日からその開始の日までに行われた適格株式交換等により連結親法人となる法人による完全支配関係が生じた株式交換等完全子法人で，適格株式交換等の日から連結納税開始の日まで連結親法人となる法人による完全支配関係が継続しているもの。 |
| 適格合併に係る被合併法人の5年超保有の子法人 | 連結納税開始の日の5年前の日からその開始の日までに行われた適格合併により連結親法人となる法人による完全支配関係が生じた被合併法人の子法人で，適格合併の日から連結納税開始の日まで連結親法人となる法人による完全支 |

| | 配関係が継続しているもの。<br>ただし，連結納税開始の日の5年前の日又は子法人の設立の日のいずれか遅い日から適格合併の日の前日まで被合併法人による完全支配関係が継続していた子法人に限る。 |
|---|---|
| 適格株式交換等完全子法人又は適格株式移転完全子法人の5年超保有の子法人 | 連結納税開始の日の5年前の日からその開始の日までに行われた適格株式交換等又は適格株式移転により連結親法人となる法人による完全支配関係が生じた株式交換等完全子法人又は株式移転完全子法人の子法人で，適格株式交換等の日又は適格株式移転の日から連結納税開始の日まで連結親法人となる法人による完全支配関係が継続しているもの。<br>ただし，連結納税開始の日の5年前の日又は子法人の設立の日のいずれか遅い日から適格株式交換等の日又は適格株式移転の日まで株式交換等完全子法人又は株式移転完全子法人による完全支配関係が継続していた子法人に限る。 |
| 単元未満株式の買取り等による子法人 | 連結納税開始の日の5年前の日からその開始の日までに，単元未満株式の買取り等，法令の制限等による株式の買取りにより連結親法人となる法人による完全支配関係が生じ，その後も連結親法人となる法人による完全支配関係が継続している子法人。<br>ただし，連結納税開始の日の5年前の日又は子法人の設立の日のいずれか遅い日から買取りの日までの間に連結親法人となる法人による株式の買い増しがあった場合を除く。 |

## ■特定連結子法人（連結納税加入時）

| 区　　　分 | 内　　　　容 |
|---|---|
| グループ内で設立した子法人 | 連結親法人又は連結子法人が完全支配関係のある法人を設立した場合のその法人。 |
| 適格株式交換等による完全子法人 | 連結親法人又は連結子法人が適格株式交換等により発行済株式の全部を有することとなった場合のその法人。 |
| 適格合併に係る被合併法人の5年超保有の子法人 | 連結親法人が連結納税グループ外の法人を適格合併により吸収した場合の被合併法人の子法人。<br>ただし，適格合併の日の5年前の日又は子法人の設立の日のいずれか遅い日から適格合併の日の前日まで被合併法人による完全支配関係が継続していた子法人に限る。 |

| 適格株式交換等完全子法人の5年超保有の子法人 | 連結親法人が連結納税グループ外の法人を適格株式交換等により完全子法人化した場合の株式交換等完全子法人の子法人。<br>ただし、適格株式交換等の日の5年前の日又は子法人の設立の日のいずれか遅い日から適格株式交換等の日の前日まで株式交換等完全子法人による完全支配関係が継続していた子法人に限る。 |
|---|---|
| 単元未満株式の買取り等による子法人 | 単元未満株式の買取り等、法令の制限等による株式の買取りにより連結親法人となる法人による完全支配関係が生じた子法人。<br>ただし、その買取りの日の5年前の日又は子法人の設立の日のいずれか遅い日から買取りの日までの間に連結親法人となる法人による株式の買い増しがあった場合を除く。 |

■ **連結納税開始時又は加入時に連結欠損金とみなされるもの**

| 区　分 | | | | 連結納税制度における取扱い | |
|---|---|---|---|---|---|
| 親法人の欠損金 | | | | 開始時 | 非特定連結欠損金 |
| 特定連結子法人の欠損金 | 株式移転による完全子法人以外 | | | 開始時 | 特定連結欠損金 |
| | | | | 加入時 | 特定連結欠損金 |
| | 株式移転による完全子法人 | 連結親法人同等法人(※2) | 適格株式移転 | 開始時 | 非特定連結欠損金 |
| | | | 非適格株式移転 | 開始時 | ①非適格株式移転前の各事業年度の欠損金<br>特定連結欠損金 |
| | | | | | ②非適格株式移転以後の各事業年度の欠損金<br>非特定連結欠損金 |
| | | 連結親法人同等法人以外 | | 開始時 | 特定連結欠損金 |
| 連結納税グループ外の法人を適格合併により吸収した場合の被合併法人の欠損金 | | | | | 特定連結欠損金 |
| 連結納税グループ外の法人の残余財産が確定した場合のその法人の欠損金 | | | | | 特定連結欠損金 |

（※2）連結親法人同等法人とは，次のすべてを満たす特定連結子法人をいいます（法法81の9③，法令155の19⑬）。
- 連結親法人の連結納税開始の日の5年前の日からその開始の日までに，株式移転により親法人を設立した子法人であること
- 発行済株式の全部が株式移転の日から連結納税開始の日までその親法人に継続して保有されていること
- 株式移転の直前に他の法人による支配関係（50％超を保有される関係）がないこと


## 3　本問の検討

### （1）P社の欠損金

P社は連結親法人となるため，単体納税時代の欠損金は連結納税開始時に非特定連結欠損金とみなされ，連結納税において連結所得金額から控除することができます。

### （2）S1社の欠損金

S1社は，連結納税開始の日（X20年4月1日）の5年前の日からその開始の日までP社による完全支配関係が継続しているため，「5年超保有の子法人」として特定連結子法人に該当することから，単体納税時代の欠損金は連結納税開始時に特定連結欠損金とみなされ，連結納税においてS1社の個別所得金額から控除することができます。

### （3）S2社の欠損金

S2社は，P社による保有期間が5年未満ですが，P社により設立された子法人で設立以後連結納税開始の日までP社による完全支配関係が継続しているため，「グループ内で設立した子法人」として特定連結子法人に該当することから，単体納税時代の欠損金は連結納税開始時に特定連結欠損金とみなされ，連結納税においてS2社の個別所得金額から控除することができます。

第6章　連結納税制度と欠損金　**217**

## Q62　連結納税開始前又は加入前の地方税（事業税，住民税）の欠損金

　当社（Ｐ社，３月決算）は，X20年４月１日から100％子法人Ｓ１社及びＳ２社（いずれも３月決算）と連結納税による法人税の申告を行うこととなりました。当社とＳ１社との100％資本関係は10年以上継続していますが，Ｓ２社は当社が２年前に買収した子法人であるため，連結納税の開始時にＳ２社の法人税の欠損金は切り捨てられます。この場合，当社，Ｓ１社及びＳ２社の単体納税時代の地方税の欠損金の取扱いはどのようになりますか。なお，法人税の税率は23.2％とします。

■最終単体事業年度（X20年３月期）の欠損金の残高

| 会社名 | 法人税の欠損金 | 事業税の欠損金 |
|---|---|---|
| Ｐ社 | 10,000 | 9,500 |
| Ｓ１社 | 4,000 | 4,000 |
| Ｓ２社 | 1,000 | 1,000 |

## A ·······················································

**SUMMARY**　連結納税の開始時に法人税の欠損金が切り捨てられた場合であっても，事業税や住民税の欠損金は切り捨てられません。したがって，事業税の欠損金については，単体納税で法人税とは別に認識していた欠損金をそのまま使用します。

| 会社名 | X21/3期（最初連結事業年度）の期首の欠損金 | | |
|---|---|---|---|
| | 法人税 | 事業税 | 住民税<br>(控除対象個別帰属調整額) |
| Ｐ社 | （非特定連結欠損金）<br>10,000 | 9,500 | 0 |
| Ｓ１社 | （特定連結欠損金）<br>4,000 | 4,000 | 0 |
| Ｓ２社 | （切捨て）<br>0 | 1,000 | 232 |

住民税の欠損金については，切り捨てられた法人税の欠損金に相当する住民税の欠損金（控除対象個別帰属調整額）を計算し認識する必要があります。

(Reference)　法法81の12①②③，措法68の8①，地法53⑤⑥・72の23①・321の8⑤⑥，地令23の2②

---

**DETAIL**

## 1　連結納税開始前又は加入前の事業税（所得割）の欠損金

事業税には連結納税制度はありませんので，連結納税の開始時又は加入時に法人税の欠損金が切り捨てられた場合であっても，事業税の欠損金は切り捨てられません。また，単体納税において法人税とは別に事業税の欠損金を認識しているため，連結納税においても同様に，法人税とは別に認識している事業税の欠損金をそのまま使用します（地法72の23①二，地令20の3②）。

## 2　連結納税開始前又は加入前の住民税（法人税割）の欠損金

住民税には連結納税制度はありませんので，連結納税の開始時又は加入時に法人税の欠損金が切り捨てられた場合であっても，住民税の欠損金は切り捨てられません。ただし，単体納税における住民税（法人税割）の課税標準は，欠損金控除後の課税所得に対して課された法人税額であるため，住民税独自の欠損金を認識する必要はありませんでした。しかし，連結納税開始時又は加入時に法人税の欠損金が切り捨てられた場合には，その切り捨てられた法人税の欠損金に相当する住民税の欠損金（以下「控除対象個別帰属調整額」といいます）を認識する必要が生じ，次の算式により計算することとされました（地法53⑤⑥，321の8⑤⑥）。

| 控除対象個別帰属調整額 | ＝ | 連結納税開始前又は<br>加入前の法人税の欠損金額<br>（連結欠損金とみなされたものを除く） | × | 法人税率<sup>(※)</sup> |

第6章　連結納税制度と欠損金　**219**

（※）法人税の税率は，その法人の最初連結事業年度終了の日における連結納税申告で適用される連結親法人の法人税率を使用することとされています。したがって，連結親法人が次のいずれかに該当するかによって税率が異なります（法法81の12①②③，措法68の8①）。

●連結親法人が普通法人である場合（中小連結法人（**Q69** 参照）以外に該当）
23.2％。

●連結親法人が普通法人である場合（中小連結法人（**Q69** 参照）に該当）
15％。ただし，連結事業年度開始の日が令和3年4月1日以降である場合は19％

●連結親法人が協同組合等の場合
20％（年800万円以下は16％）。ただし，連結事業年度開始の日が令和3年4月1日以降である場合は20％

## 3　本問の検討

### （1）連結納税開始前又は加入前の事業税の欠損金

連結納税の開始時にS2社の法人税の欠損金が切り捨てられた場合であっても，事業税の欠損金は切り捨てられません。したがって，各社の単体納税時代の事業税の欠損金（P社9,500，S1社4,000，S2社1,000）については，連結納税の開始後もそのまま使用します。

### （2）連結納税開始前又は加入前の住民税の欠損金

連結納税の開始時にS2社の法人税の欠損金が切り捨てられた場合であっても，住民税の欠損金は切り捨てられません。したがって，切り捨てられた法人税の欠損金に相当する住民税の欠損金として，次の算式により控除対象個別帰属調整額を計算し認識する必要があります。

S2社の控除対象個別帰属調整額＝法人税の欠損金1,000×法人税率23.2％＝232

なお，P社及びS1社の法人税の欠損金は切り捨てられていないため，住民税の控除対象個別帰属調整額を認識する必要はありません。

**Q63** 連結親法人が中小法人等の場合の欠損金（法人税，地方税）の控除制限

当社（P社）は，100％子法人であるS1社及びS2社と連結納税の採用を検討しています。当社は，資本金が1億円の中小法人に該当しますが，連結納税を採用した場合の欠損金の控除制限（50％）について教えてください。また，どのような場合に控除制限が適用されないのでしょうか。

**A** ··························································································

**SUMMARY** 連結親法人が中小法人等の場合には，連結欠損金の控除制限（50％）は適用されません。また，連結親法人が一定の再建中の法人に該当する場合や新設法人に該当する場合には，一定期間において連結欠損金の控除制限（50％）は適用されません。

**Reference** 法法57⑪・81の9⑧，法令117・155の21の2②③④⑤⑥，地法53⑤⑥⑨・321の8⑤⑥⑨，地令20の3②

**DETAIL**

連結納税においては，連結所得金額の50％を上限に連結欠損金額を控除することとされていますが，下記1～3の場合には，この控除制限は適用されず，連結所得金額を上限に控除することができます（法法81の9⑧）。ただし，下記2又は3については，控除制限の適用がない期間が限定されているため留意が必要です。

## 1 連結親法人が各連結事業年度終了の時において中小法人等に該当する場合

連結親法人が連結事業年度終了の時において，中小法人等[※1]に該当する場合には，控除制限（50％）は適用されません（法法81の9⑧一）。

第6章　連結納税制度と欠損金　**221**

（※1）中小法人等の範囲
　　⑴　普通法人（受託法人を除く）のうち，資本金の額若しくは出資金の額
　　　　が1億円以下であるもの（資本金の額が5億円以上の大法人による完全
　　　　支配関係がある法人を除く）又は資本若しくは出資を有しないもの。
　　➡連結納税では，連結親法人の定義において他の内国法人による完全支配
　　　関係がある法人は除外されているため，ここでいう完全支配関係がある
　　　法人は外国法人と考えられます。
　　⑵　協同組合等


## 2　連結親法人が一定の再建中の法人に該当する場合

　連結親法人が一定の再建中の法人に該当する場合には，次に掲げる事実の区
分に応じて，それぞれに掲げる事業年度においては，連結欠損金の控除制限
（50％）の適用はないこととされています（法法81の9⑧二）。


### （1）会社更生法の更生手続開始の決定があったこと

　更生手続開始の決定の日からその更生手続開始の決定に係る更生計画認可の
決定の日以後7年を経過する日までの期間[※2]内の日の属する各連結事業年
度（法法81の9⑧二イ，法令155の21の2②）

　（※2）7年を経過する日前においてその更生手続開始の決定を取り消す決定の確
　　　　定その他一定の事実が生じた場合には，その更生手続開始の決定の日から
　　　　その事実が生じた日までの期間


### （2）民事再生法の再生手続開始の決定があったこと

　再生手続開始の決定の日からその再生手続開始の決定に係る再生計画認可の
決定の日以後7年を経過する日までの期間[※3]内の日の属する各連結事業年
度（法法81の9⑧二ロ，法令155の21の2③）

　（※3）7年を経過する日前においてその再生手続開始の決定を取り消す決定の確
　　　　定その他一定の事実が生じた場合には，その再生手続開始の決定の日から
　　　　その事実が生じた日までの期間

**（3）再生計画認可の決定があったことに準ずる事実など法人税法59条第2項に規定する一定の事実（上記（2）の事実を除く）**

これらの事実が生じた日から同日の翌日以後7年を経過する日までの期間内の日の属する各連結事業年度（法法81の9⑧二ハ・59②，法令117）

一定の事実とは，特別清算開始の命令があったこと，破産手続開始の決定があったことなどをいいます。

**（4）上記（1）～（3）の事実に準ずる一定の事実**

その事実が生じた日から同日の翌日以後7年を経過する日までの期間内の日の属する各連結事業年度（法法81の9⑧二ニ，法令155の21の2④）

## 3　連結親法人が新設法人に該当する場合

連結親法人の設立の日から同日以後7年を経過する日までの期間内の属する連結事業年度については，控除制限（50%）は適用されません（法法81の9⑧三）。

ただし，適用の対象となる新設法人は，普通法人である連結親法人に限られ，次に掲げる法人は適用の対象外となります。

> ①　資本金の額が5億円以上の大法人による完全支配関係がある連結親法人
> ②　株式移転完全親法人である連結親法人
> ③　中小法人等である連結親法人（上記1が適用されるため）

なお，新設法人が合併法人等である場合には，その合併法人又はその合併に係る被合併法人の設立の日のうち最も早い日等の一定の日が設立の日となります（法令155の21の2⑤）。

ただし，上記2，3の事実が生じた場合においても，次に掲げる事由が生じた場合には，全額控除できる特例の適用は終了します。この場合，それぞれに掲げる日のうち最も早い日以後に終了する事業年度においては，欠損金の繰越

控除適用前の所得金額の50% 相当額を限度として，欠損金を控除します（法法81の9⑧三，法令155の21の2⑥）。

| 特例の適用が終了する事由 | 特例の適用が終了する基準となる日 |
|---|---|
| 連結親法人の発行する株式が金融商品取引所等に上場されたこと | 上場された日 |
| 店頭売買有価証券登録原簿に登録されたこと | 登録された日 |

## 4　地方税（事業税，住民税）の欠損金の控除制限

### （1）事業税の欠損金の控除制限

　事業税の欠損金の取扱いについては，法人税と同様の取扱いとなりますので，上記1～3を参照してください（地令20の3②，法法57⑪）。ただし，上記1～3に該当するかどうかの判定は，法人税の取扱いと異なり，各法人で行うことになります。なお，連結納税における事業税の欠損金については **Q60** を参照してください。

### （2）住民税の欠損金の控除制限

　住民税の欠損金（控除対象個別帰属調整額又は控除対象個別帰属税額）については，控除制限は適用されないこととされています（地法53⑤⑥⑨，321の8⑤⑥⑨）。なお，連結納税における住民税の控除対象個別帰属調整額又は控除対象個別帰属税額については **Q60** を参照してください。

## Q64 連結欠損金の繰越控除の順序，繰越控除額の計算

連結納税制度における連結欠損金の繰越控除の順序を教えてください。また，特定連結欠損金がある場合には，繰越控除の順序はどのようになりますか。

## A

**SUMMARY** 連結欠損金の繰越控除は，最も古い連結事業年度に発生した連結欠損金から順に損金算入を行います。また，同一事業年度に特定連結欠損金と非特定連結欠損金が発生している場合には，特定連結欠損金を優先して損金算入を行います。

■繰越控除の順序のイメージ

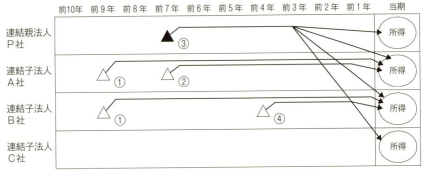

出典：財務省「平成22年度税制改正の解説」を加工

(Reference) 法法81の9①，連基通11-1-1

**DETAIL**

### 1 連結欠損金の繰越控除の順序

繰り越された連結欠損金が2以上の連結事業年度において生じたものからな

る場合には，最も古い連結事業年度において生じたものから順に損金算入を行い，次に同一の連結事業年度において特定連結欠損金と非特定連結欠損金（**Q61** 参照）がある場合には，まず特定連結欠損金が生じた連結子法人の個別所得金額を上限に特定連結欠損金に相当する金額の損金算入を行い，その後に連結所得金額の残額を上限に非特定連結欠損金に相当する金額の損金算入を行うこととされています（法法81の9①，連基通11-1-1）。

## 2　連結欠損金の繰越控除のステップ

　法人税法の規定では，各連結事業年度開始の日前10年以内に開始した連結事業年度において生じた連結欠損金を損金の額に算入することを定めた上で，その連結欠損金をその生じた連結事業年度ごとに区分した後のそれぞれの連結欠損金に係る限度超過額については損金算入しないこととして規定していますが（法法81の9①），具体的には次のステップに従って繰越控除額の計算を行います（計算例は **Q65** 〜 **Q67** 参照）。

(1)　連結欠損金を発生年度ごとにわけます。
(2)　発生年度の古い連結欠損金から繰越控除額の計算をスタート
　　下記(3)又は(4)の計算を発生年度の古い事業年度から行います。
(3)　同一の連結事業年度に発生した連結欠損金が非特定連結欠損金のみで

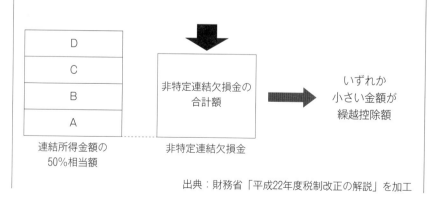

出典：財務省「平成22年度税制改正の解説」を加工

ある場合には，非特定連結欠損金と連結所得金額の50％相当額とのいずれか小さい金額が繰越控除額となります。
(4) 同一の連結事業年度に発生した特定連結欠損金と非特定連結欠損金がある場合には，特定連結欠損金を優先して繰越控除しますが，具体的には次の３ステップで繰越控除額を計算します。
① 特定連結欠損金の繰越控除対象額の計算
　各連結法人の特定連結欠損金個別帰属額と個別所得金額を比較し，いずれか小さい金額の合計額を繰越控除額の対象とします。

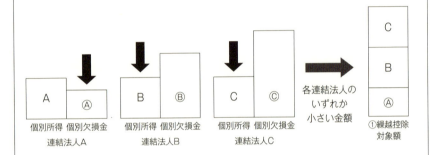

出典：財務省「平成22年度税制改正の解説」を加工

② 非特定連結欠損金の繰越控除対象額の計算
　連結所得金額の50％相当額（一定の法人は100％相当額。**Q63** 参照）から上記①の繰越控除対象額を控除した残額がある場合は，その残額と非特定連結欠損金額を比較し，いずれか小さい金額を繰越控除額の対象とします。

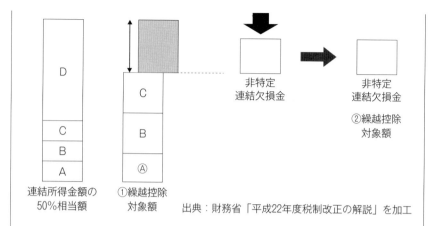

出典:財務省「平成22年度税制改正の解説」を加工

③ 【連結所得金額の50％相当額】と【①＋②】の比較

連結所得金額の50％相当額が上記【①＋②】に満たない場合には，連結欠損金の繰越控除額は，【①＋②】ではなく，【連結所得金額の50％相当額】となります。

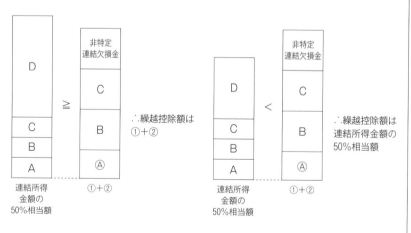

出典:財務省「平成22年度税制改正の解説」を加工

## Q65 連結欠損金の個別帰属額の計算（連結欠損金の発生）

当社（P社，3月決算）は，100%子法人であるS1社及びS2社（いずれも3月決算）と連結納税による法人税の申告を行っています。当社，S1社及びS2社の当期（X20年3月期）の所得は次のとおりである場合において，連結欠損金発生額及び個別帰属額の計算はどのようになりますか。なお，前期から繰り越した連結欠損金はありません。

■当期（X20年3月期）の連結所得

| 会社名 | 連結所得金額 | | |
|---|---|---|---|
| | 益金の額 － 損金の額 ＝ 所得金額 | | |
| P社 | 15,000 － 18,500 ＝ ▲3,500 | | |
| S1社 | 3,000 － 4,500 ＝ ▲1,500 | | |
| S2社 | 4,000 － 2,000 ＝ 2,000 | | |
| 合計 | 22,000 － 25,000 ＝ ▲3,000 | | |

## A

SUMMARY 連結欠損金が3,000発生します。また，連結欠損金個別帰属発生額は，P社が2,100，S1社が900と計算されます。

Reference 法法2十九の二・81の18①，法令155の21①

DETAIL

### 1 連結欠損金の発生

連結欠損金額とは，各連結事業年度の連結所得の計算上，その連結事業年度の損金の額が益金の額を超える場合におけるその超える部分の金額をいいます（法法2十九の二）。すなわち，連結所得金額の計算で，益金の額から損金の額を控除した額がマイナスとなった場合のそのマイナス部分の金額をいいます。

## 2 連結欠損金個別帰属発生額

連結欠損金の発生額のうち，各連結法人に帰属する金額を連結欠損金個別帰属発生額といい，次の算式で計算します（法令155の21①）。また，この計算は，連結欠損金の発生年度別に行います。

$$\boxed{\begin{array}{c}\text{連結欠損金}\\\text{個別帰属発生額}\end{array}} = \boxed{\begin{array}{c}\text{連結欠損金の}\\\text{発生額}\end{array}} \times \frac{\text{その連結法人の調整前個別欠損金額}^{(※)}}{\text{各連結法人の調整前個別欠損金額}^{(※)}\text{の合計額}}$$

(※) 調整前個別欠損金額とは，連結欠損金控除前の各連結法人の個別欠損金額をいい，具体的には，各連結法人の個別帰属損金額[※ i] が個別帰属益金額[※ ii] を超える場合のその超える部分の金額をいいます。
- (※ i) 個別帰属損金額：連結事業年度の損金の額のうち，その連結法人に帰属するものの合計額（法法81の18①）
- (※ ii) 個別帰属益金額：連結事業年度の益金の額のうち，その連結法人に帰属するものの合計額（法法81の18①）

# 3 本問の検討

## （1）連結欠損金の発生

X20年3月期の連結所得の計算において，益金の額22,000から損金の額25,000を控除した金額▲3,000（マイナスの額）が連結欠損金となり，翌連結事業年度以降10年間繰り越し，連結所得から控除することができます。

## （2）連結欠損金個別帰属発生額

P社，S1社及びS2社の連結欠損金個別帰属発生額は次のとおり計算されます。なお，S2社は個別所得が発生しているため，分母の金額はP社及びS1社の調整前個別欠損金額の合計額を使用します。

| 会社名 | 調整前個別欠損金額 | 連結欠損金個別帰属発生額 |
|---|---|---|
| P社 | 3,500 | $3,000 \times (3,500 / 5,000) = 2,100$ |
| S1社 | 1,500 | $3,000 \times (1,500 / 5,000) = 900$ |
| S2社 | 発生なし | － |
| 合計 | 5,000 | P社 2,100＋S1社 900＝3,000 |

第 6 章　連結納税制度と欠損金　**231**

## Q66　連結欠損金の個別帰属額の計算①
### （連結欠損金繰越控除額：特定連結欠損金がない場合）

Q65において，X21年 3 月期の所得見込が次のとおりである場合，連結欠損金繰越控除額及び個別帰属額の計算はどのようになりますか。なお，欠損金の控除制限は50％とします。

■当期（X21年 3 月期）の連結所得

| 会社名 | 連結所得 |
|---|---|
| | X21/3期 |
| P 社 | 1,000 |
| S 1 社 | 2,000 |
| S 2 社 | 2,000 |
| 合計 | 5,000 |

## A

**SUMMARY**　前期から繰り越した連結欠損金は3,000ですが，当期（X21年 3 月期）の連結所得金額（5,000）の50％相当額が2,500であるため，当期の連結欠損金繰越控除額は2,500となり，各連結法人の連結欠損金繰越控除額の個別帰属額は次のとおりとなります。

| 会社名 | 連結欠損金個別帰属額 | | |
|---|---|---|---|
| | 期首 | 繰越控除額 | 期末 |
| P 社 | 2,100 | ▲1,750 | 350 |
| S 1 社 | 900 | ▲750 | 150 |
| S 2 社 | — | — | — |
| 合計 | 3,000 | ▲2,500 | 500 |

<u>Reference</u>　法法81の9①，法令155の21②③

<u>DETAIL</u>

## 1　連結欠損金の繰越控除（特定連結欠損金がない場合）

　各連結事業年度開始の日前10年以内[※] に開始した連結事業年度において生じた連結欠損金額がある場合は，各連結事業年度の連結所得金額の計算上，損金の額に算入することとされています（法法81の9①）。ただし，損金の額に算入することができる金額は，連結親法人が中小法人等その他一定の場合（**Q63** 参照）を除いて，連結欠損金の控除前の連結所得金額の50％相当額が上限となります。なお，連結欠損金に特定連結欠損金が含まれない場合には，非特定連結欠損金と連結所得金額の50％相当額とのいずれか小さい金額が繰越控除額となります。詳細は **Q64** を参照してください。

　（※）連結欠損金の発生事業年度が，平成30年3月31日以前に開始した連結事業年度である場合は，「9年以内」

## 2　連結欠損金繰越控除額の個別帰属額（特定連結欠損金がない場合）

　上記1で計算した連結欠損金繰越控除額について，各連結法人に帰属する金額を連結欠損金繰越控除額の個別帰属額といい，次の算式で計算します（法令155の21③二）。また，この計算は，連結欠損金の発生年度別に行います。

$$\text{連結欠損金繰越控除額の個別帰属額} = \text{連結欠損金繰越控除額} \times \frac{\text{その連結法人の非特定連結欠損金個別帰属額}}{\text{非特定連結欠損金個別帰属額の合計額}}$$

## 3　連結欠損金個別帰属額の残高

　連結欠損金個別帰属額の残高は，発生年度別に連結欠損金個別帰属発生額から連結欠損金繰越控除額の個別帰属額を控除して計算します（法令155の21②三）。

第6章　連結納税制度と欠損金　**233**

| 連結欠損金個別帰属額 | = | 連結欠損金<br>個別帰属発生額 | − | 連結欠損金繰越控除額の個別帰属額 |

## 4　本問の検討

### （1）連結欠損金繰越控除額

　前期から繰り越した連結欠損金は3,000ですが，当期（X21年3月期）の連結欠損金の控除前の連結所得金額（5,000）の50％相当額が2,500であるため，連結欠損金繰越控除額はいずれか小さい金額である2,500となります。

### （2）連結欠損金繰越控除額の個別帰属額

　連結欠損金に特定連結欠損金が含まれないため，連結欠損金繰越控除額の個別帰属額の計算は，次のとおりとなります。

| 会社名 | 連結欠損金個別帰属額 | 連結欠損金繰越控除額の個別帰属額 |
|---|---|---|
| P社 | 2,100 | 2,500 × （2,100／3,000）＝1,750 |
| S1社 | 900 | 2,500 × （900／3,000）＝ 750 |
| S2社 | | |
| 合計 | 3,000 | P社 1,750＋S1社 750＝2,500 |

### （3）連結欠損金個別帰属額の残高

　連結欠損金個別帰属額の残高は，P社350（2,100−1,750），S1社150（900−750）となります。

## Q67 連結欠損金の個別帰属額の計算②
### （連結欠損金繰越控除額：特定連結欠損金がある場合）

　当社（P社，3月決算）は，当期（X20年3月期）より，100％子法人であるS1社及びS2社（いずれも3月決算）と連結納税による法人税の申告を行っています。当社，S1社及びS2社の欠損金及び当期の所得見込は次のとおりである場合において，連結欠損金繰越控除額及び個別帰属額の計算はどのようになりますか。なお，欠損金の控除制限は50％とします。

■期首の連結欠損金残高（特定連結欠損金あり）

| 会社名 | 発生年度別の連結欠損金の残高[※1] | | |
| --- | --- | --- | --- |
| | X18/3期 | X19/3期 | 合計 |
| P社 | 2,000　　（0） | 1,000　　（0） | 3,000　　（0） |
| S1社 | 600　（600） | 500　（500） | 1,100（1,100） |
| S2社 | 400　（400） | 1,500（1,500） | 1,900（1,900） |
| 合計 | 3,000（1,000） | 3,000（2,000） | 6,000（3,000） |

（　）は連結欠損金のうち特定連結欠損金

（※1）欠損金は単体納税時代に発生したものですが，連結納税開始時に連結欠損金（非特定連結欠損金，特定連結欠損金）とみなされたものです（Q61参照）。

■当期（X20年3月期）の所得見込

| 会社名 | 所得見込 |
| --- | --- |
| | X20/3期 |
| P社 | 3,500 |
| S1社 | 3,300 |
| S2社 | 1,200 |
| 合計 | 8,000 |

第 6 章　連結納税制度と欠損金　**235**

# A ......................................................................

| SUMMARY | 前期から繰り越した連結欠損金は6,000ですが,当期（X20年 3 月期）の連結所得金額（8,000）の50％相当額が4,000であるため,当期の連結欠損金繰越控除額は4,000となり,各連結法人の連結欠損金繰越控除額の個別帰属額は次のとおりとなります。

| 会社名 | 連結欠損金個別帰属額 | | |
|:---:|:---:|:---:|:---:|
| | 期首 | 繰越控除額 | 期末 |
| Ｐ社 | 3,000　　(0) | ▲2,000　　(0) | 1,000　　(0) |
| Ｓ 1 社 | 1,100 (1,100) | ▲985　(▲985) | 115　(115) |
| Ｓ 2 社 | 1,900 (1,900) | ▲1,015 (▲1,015) | 885　(885) |
| 合計 | 6,000 (3,000) | ▲4,000 (▲2,000) | 2,000 (1,000) |

（　）は連結欠損金のうち特定連結欠損金

| Reference | 　法法81の 9 ①,法令155の21②③⑤

| DETAIL |

## 1 　連結欠損金繰越控除（特定連結欠損金がある場合）

　各連結事業年度開始の日前10年以内[※2]に開始した連結事業年度において生じた連結欠損金額がある場合は,各連結事業年度の連結所得の金額の計算上,損金の額に算入することとされています（法法81の 9 ①）。ただし,損金の額に算入することができる金額は,連結親法人が中小法人等その他一定の場合（**Q63**参照）を除いて,連結欠損金の控除前の連結所得金額の50％相当額が上限となります。また,連結欠損金に特定連結欠損金が含まれる場合には,次の 3 ステップにより繰越控除額を計算します。詳細は**Q64**を参照してください。

　（※ 2 ）連結欠損金の発生事業年度が,平成30年 3 月31日以前に開始した連結事業年度である場合は,「 9 年以内」

① 特定連結欠損金の繰越控除対象額の計算
　各連結法人の特定連結欠損金個別帰属額と個別所得金額を比較し，いずれか小さい金額の合計額を繰越控除額の対象とします。
② 非特定連結欠損金の繰越控除対象額の計算
　連結所得金額の50％相当額（一定の法人は100％相当額。**Q63** 参照）から上記①の繰越控除対象額を控除した残額がある場合は，その残額と非特定連結欠損金額を比較し，いずれか小さい金額を繰越控除額の対象とします。
③ 【連結所得金額の50％相当額】と【①＋②】の比較
　連結所得金額の50％相当額が上記【①＋②】に満たない場合には，連結欠損金の繰越控除額は，【①＋②】ではなく，【連結所得金額の50％相当額】となります。

## 2　連結欠損金繰越控除額の個別帰属額（特定連結欠損金がある場合）

　上記1で計算した連結欠損金繰越控除額について，各連結法人に帰属する連結欠損金個別帰属額は次の算式で計算します（法令155の21③一）。また，この計算は，連結欠損金の発生年度別に行います。

| 連結欠損金繰越控除額の個別帰属額 | ＝ | (1)特定連結欠損金繰越控除額の個別帰属額 | ＋ | (2)非特定連結欠損金繰越控除額の個別帰属額 |
|---|---|---|---|---|

### （1）特定連結欠損金繰越控除額の個別帰属額

① 上記1③で【連結所得金額の50％相当額】≧【①＋②】の場合

　特定連結欠損金個別帰属額と個別所得金額のいずれか少ない金額とされています（法令155の21③一イ）。

| その法人の特定連結欠損金個別帰属額 | VS | その法人の個別所得金額 | ➡ | いずれか少ない金額 |
|---|---|---|---|---|

　なお，上記の計算では，特定連結欠損金個別帰属額と比較する控除対象個別所得金額について，控除制限（50％相当額）の計算は行われないこととされています。したがって，特定連結欠損金は，その連結子法人の個別所得金額から

しか控除はできませんが，非特定連結欠損金に比べて早期に使用できる仕組みになっています。

② 上記1③で【連結所得金額の50％相当額】＜【①＋②】の場合

特定連結欠損金繰越控除額の個別帰属額は次の算式による金額となります（法令155の21③一イカッコ書）。

$$
\begin{array}{c}
\text{特定連結欠損金繰越} \\
\text{控除額の個別帰属額}
\end{array}
=
\begin{array}{c}
\text{特定連結欠損金} \\
\text{繰越控除額}^{(※3)}
\end{array}
\times
\dfrac{\text{その連結法人の(A)と(B)の}}{\text{各連結法人の}} \\
$$

その連結法人の(A)と(B)の
いずれか少ない金額(※4)
／
各連結法人の
分子金額の合計額

（※3）連結所得金額の50％相当額とされた連結欠損金の繰越控除額
（※4）(A) 特定連結欠損金個別帰属額
　　　 (B) 個別所得金額

## （2）非特定連結欠損金繰越控除額の個別帰属額

次の算式によって計算される額とされています（法令155の21③一ロ）。

$$
\begin{array}{c}
\text{非特定連結欠損金} \\
\text{繰越控除額の個別帰属額}
\end{array}
=
\begin{array}{c}
\text{非特定連結欠損金} \\
\text{繰越控除額}^{(※5)}
\end{array}
\times
$$

その連結法人の非特定
連結欠損金個別帰属額(※6)
／
各連結法人の
分子金額の合計額

（※5）非特定連結欠損金の繰越控除額
（※6）非特定連結欠損金の繰越控除額のうちその法人に帰属する額

## 3　連結欠損金個別帰属額の残高

連結欠損金個別帰属額の残高は，発生年度別に連結欠損金個別帰属発生額から連結欠損金繰越控除額の個別帰属額を控除して計算します（法令115の21②三）。

また，連結欠損金のうち特定連結欠損金個別帰属額の残高も同様に，発生年度別に特定連結欠損金個別帰属発生額から特定連結欠損金繰越控除額の個別帰属額を控除して計算します（法令115の21⑤三）。

## 4 本問の検討

連結欠損金の繰越控除は，連結欠損金の発生年度別に計算を行い，同一の連結事業年度に発生した特定連結欠損金と非特定連結欠損金がある場合には特定連結欠損金を優先して控除します。

### （1）連結欠損金の繰越控除額

〈X18年3月期に発生した連結欠損金〉

① 特定連結欠損金の繰越控除対象額の計算

◆S1社の繰越控除対象額

特定連結欠損金個別帰属額600＜個別所得金額3,300　∴600

◆S2社の繰越控除対象額

特定連結欠損金個別帰属額400＜個別所得金額1,200　∴400

◆特定連結欠損金の繰越控除対象額の合計額

600＋400＝1,000

② 非特定連結欠損金の繰越控除対象額の計算

連結所得金額8,000×50％－上記①の特定連結欠損金の繰越控除対象額の合計額1,000＝3,000＞P社の非特定連結欠損金2,000　∴2,000

③ 【連結所得金額の50％相当額】と【①＋②】の比較

連結所得金額8,000×50％＝4,000≧特定連結欠損金の繰越控除対象額の合計額1,000＋非特定連結欠損金の繰越控除対象額2,000＝3,000　∴繰越控除額は【①＋②】の3,000

〈X19年3月期に発生した連結欠損金〉

① 特定連結欠損金の繰越控除対象額の計算

◆S1社の繰越控除対象額

特定連結欠損金個別帰属額500＜個別所得金額3,300－控除済繰越控除額（X18年3月期）600＝2,700　∴500

第6章　連結納税制度と欠損金　**239**

◆S2社の繰越控除対象額

特定連結欠損金個別帰属額1,500＞個別所得金額1,200－控除済繰越控除額（X18年3月期）400＝800　∴800

◆特定連結欠損金の繰越控除額の合計額

500＋800＝1,300

② 非特定連結欠損金の繰越控除対象額の計算

連結所得金額8,000×50％－控除済繰越控除額（X18年3月期）3,000－上記①の特定連結欠損金繰越控除額の合計額1,300⇒マイナスのため0＜P社の非特定連結欠損金1,000　∴0

③ 【連結所得金額の50％相当額】と【①＋②】の比較

連結所得金額8,000×50％－控除済繰越控除額（X18年3月期）3,000＝1,000＜特定連結欠損金の繰越控除対象額の合計額1,300＋非特定連結欠損金の繰越控除対象額0＝1,300　∴繰越控除額は【連結所得金額の50％相当額】の1,000

〈連結欠損金の繰越控除額〉

X20年3月期の連結所得8,000から控除する繰越控除額は，X18年3月期の3,000とX19年3月期の1,000の合計額4,000となります。

## （2）連結欠損金繰越控除額の個別帰属額

連結欠損金繰越控除額の個別帰属額は次のとおり計算されます。

〈X18年3月期に発生した連結欠損金〉

① 特定連結欠損金（S1社，S2社）

第3ステップで【連結所得金額の50％相当額】≧【①＋②】となるため，個別帰属額は，特定連結欠損金個別帰属額と個別所得金額のいずれか少ない金額であるS1社は600，S2社は400となります。

② 非特定連結欠損金（P社）

非特定連結欠損金繰越控除額2,000×（P社の非特定連結欠損金個別帰

属額2,000／各連結法人の非特定連結欠損金個別帰属額の合計額2,000)
＝2,000

〈X19年3月期に発生した連結欠損金〉

① 特定連結欠損金（S1社，S2社）

第3ステップで【連結所得金額の50％相当額】＜【①＋②】となるため，S1社及びS2社の個別帰属額は次のとおり計算されます。

◆S1社：特定連結欠損金繰越控除額1,000×（S1社の特定連結欠損金個別帰属額と個別所得金額のいずれか少ない金額500／各連結法人の分子の金額の合計額1,300）＝385

◆S2社：特定連結欠損金繰越控除額1,000×（S2社の特定連結欠損金個別帰属額と個別所得金額のいずれか少ない金額800／各連結法人の分子の金額の合計額1,300）＝615

② 非特定連結欠損金（P社）

非特定連結欠損金の繰越控除額がないため，連結欠損金繰越控除額の個別帰属額もありません。

■連結欠損金繰越控除額の個別帰属額

| 会社名 | 連結欠損金繰越控除額の個別帰属額 | | |
| --- | --- | --- | --- |
| | X18/3期 | X19/3期 | 合計 |
| P社 | 2,000　　（0） | 0　　（0） | 2,000　　（0） |
| S1社 | 600　（600） | 385　（385） | 985　（985） |
| S2社 | 400　（400） | 615　（615） | 1,015（1,015） |
| 合計 | 3,000（1,000） | 1,000（1,000） | 4,000（2,000） |

（　）は連結欠損金のうち特定連結欠損金

## （3）連結欠損金個別帰属額の残高

連結欠損金個別帰属額の残高は，P社1,000（3,000−2,000），S1社115（1,100

－985），S2社885（1,900－1,015）となります。

　また，S1社及びS2社の連結欠損金個別帰属額の残高は，特定連結欠損金個別帰属額の残高となります。

## Q68 連結子法人が離脱した場合の連結欠損金個別帰属額

　当社（Ｐ社，３月決算）は，100％子法人であるＳ１社及びＳ２社（いずれも３月決算）と数年前から連結納税による法人税の申告を行っています。当社は，Ｓ１社株式の一部を譲渡することとなり，Ｓ１社は，当社の連結納税グループから離脱する予定です。この場合，Ｓ１社の連結納税開始時に切り捨てられた欠損金100は連結納税離脱後に復活しますか。また，Ｓ１社の連結事業年度において発生した欠損金のうち連結納税離脱前の連結欠損金個別帰属額200は，単体納税において使用することはできますか。

## A

**SUMMARY**　Ｓ１社はＰ社の連結納税グループから離脱し単体納税に戻りますが，連結納税開始時に切り捨てられた欠損金100は復活しません。しかし，Ｓ１社の連結欠損金個別帰属額200は，最終の連結事業年度終了の日の翌日の属する事業年度開始の日前10年以内に開始した単体納税における青色欠損金とみなされ，単体納税の所得金額から控除することができます。

**Reference**　法法４の５①②・57⑥⑨

**DETAIL**

### 1　連結納税開始時又は加入時に切り捨てられた欠損金

　単体納税時代の欠損金で，連結納税開始時又は加入時に切り捨てられたものについては，その後連結納税を離脱して単体納税に戻る場合であっても復活することはありません（法法57⑨二）。ただし，連結納税開始後又は加入後，その開始又は加入の日の属する連結事業年度中に連結納税から離脱し，一度も連結納税申告に参加しなかった場合には，欠損金は切り捨てられることはなく，そのまま単体申告で使用することができます（法法57⑨二）。

第6章　連結納税制度と欠損金　**243**

## 2　連結納税離脱による連結欠損金個別帰属額の取扱い

　連結子法人が連結親法人との間に連結完全支配関係を有しなくなったことなど一定の場合には，その有しなくなった日において連結納税の承認が取り消されたものとみなされ，その連結子法人は連結納税から離脱することになります（法法4の5②）。この場合，その連結子法人は，単体納税に戻りますが，最終の連結事業年度終了の日の翌日の属する事業年度開始の日前10年以内に開始した各連結事業年度において生じた連結欠損金個別帰属額は，その連結子法人の単体納税における青色欠損金とみなされ，単体納税の所得金額から控除することとされています（法法57⑥）。ただし，法法4の5①の帳簿の備付けの不備等により国税庁長官の職権で連結納税の承認を取り消された場合には，離脱する連結子法人に帰属する連結欠損金個別帰属額は切り捨てられ，単体納税で使用することはできません。

## 3　本問の検討

### （1）連結納税開始時に切り捨てられた欠損金

　S1社は連結申告に参加することなく連結納税グループから離脱するものではないため，連結納税開始時に切り捨てられた欠損金100は，単体納税に戻る場合において復活することはありません。

### （2）連結事業年度において発生した連結欠損金個別帰属額

　P社のS1社株式の一部譲渡によりS1社はP社の連結納税グループから離脱し単体納税に戻りますが，最終の連結事業年度終了の日の翌日の属する事業年度開始の日前10年以内に開始した各連結事業年度において生じた連結欠損金個別帰属額200は，S1社の単体納税における青色欠損金とみなされ，単体納税の所得金額から控除することができます。

## Q69 連結欠損金の繰戻還付

当社（Ｐ社，資本金1,000万円）は100％子法人であるＳ社と連結納税による法人税の申告を行っています。前期は課税所得が発生し法人税を納付していますが，当期は欠損の見込であり，連結欠損金の繰戻還付制度の適用を検討しています。当社はこの制度の適用を受けることはできますか。

**A** ･････････････････････････････････････････････････････････

SUMMARY　連結納税においても連結欠損金の繰戻還付制度は設けられています。ただし，連結親法人が中小連結法人に該当するなど一定の場合を除き，その適用は停止されています。

Ｐ社は中小連結法人に該当するため，連結欠損金の繰戻還付制度の適用を受けることができます。なお，事業税（所得割）や住民税（法人税割）には欠損金の繰戻還付制度がないため留意が必要です。

Reference　法法66⑥・81の31①④⑤，措法68の98①，地法53⑮・72の23①・321の8⑮，地令21①

DETAIL

### 1　連結納税における連結欠損金の繰戻還付制度

連結納税においても連結欠損金の繰戻還付制度は設けられており，連結欠損金額が発生した場合には，連結確定申告書の提出と同時に，次の算式により計算した金額に相当する法人税の還付を請求することができることとされています（法法81の31①）。

第6章　連結納税制度と欠損金　**245**

---

〈還付金額の計算〉

$$還付所得連結事業年度^{(※1)}の \atop 連結法人税額 \times \frac{欠損連結事業年度^{(※2)}の連結欠損金額^{(※3)}}{還付所得連結事業年度^{(※1)}の連結所得金額}$$

（※1）欠損連結事業年度$^{(※2)}$開始の日前1年以内に開始したいずれかの連結事業年度
（※2）連結欠損金額に係る連結事業年度
（※3）分子の連結欠損金額は，分母の連結所得金額が限度

---

　ただし，次に掲げる欠損金額を除き，平成14年4月1日から令和2年3月31日までの間に終了する各連結事業年度において生じた連結欠損金額については適用が停止されています（法法81の31①④⑤，措法68の98①）。

---

〈連結欠損金の繰戻還付の対象となる連結欠損金の種類〉
①　連結親法人について解散等の事実が生じた場合の連結欠損金額
　⇒解散等の事実についての詳細は **Q27** を参照
②　災害損失欠損金額及び設備廃棄等欠損金額
③　連結親法人が中小連結法人である場合の各連結事業年度において生じた連結欠損金額

---

　中小連結法人とは，次に掲げる法人をいいます（措法68の98①，法法66⑥）。

---

〈中小連結法人の範囲〉
(1)　普通法人である連結親法人のうち，その事業年度終了の時において資本金の額若しくは出資金の額が1億円以下であるもの$^{(※4)}$又は資本若しくは出資を有しないもの$^{(※5)}$
（※4）資本金の額が5億円以上の大法人による完全支配関係のある普通法人を除く
（※5）保険業法に規定する相互会社を除く
(2)　協同組合等である連結親法人

---

　したがって，適用にあたって，まずは生じた連結欠損金額が上記のいずれか

に該当するか否かの確認が必要です。

本問の場合，連結親法人Ｐ社の資本金が1,000万円の中小連結法人に該当するため，連結欠損金の繰戻還付制度の適用を受けることができます。

## 2　事業税（所得割）の取扱い

事業税（所得割）には欠損金の繰戻還付制度はありません。したがって，その事業年度において生じた欠損金額（繰戻還付適用前の金額）を事業税の欠損金として，第六号様式別表九で翌期以降に繰り越します（別表様式は **Q17** を参照してください）。

繰り越した事業税の欠損金額は，翌期以降（10年間）の事業税の課税標準となる個別所得金額から控除して納付税額を計算します（地法72の23①二，地令21①）。

## 3　住民税（住民税割）の取扱い

住民税（法人税割）には欠損金の繰戻還付制度はありません。したがって，法人税額の繰戻還付がなかったものとするために，還付を受けた法人税額に相当する住民税の欠損金を認識する必要があります。具体的には，欠損金の繰戻還付の規定により還付を受けた連結法人税個別帰属税額を住民税の欠損金（正式名称は「控除対象個別帰属還付税額」といいます）として，道府県民税は第六号様式別表二の三で，市町村民税は第二十号様式別表二の三で翌期以降に繰り越します（別表様式は **Q17** を参照してください）。

繰り越した住民税の欠損金（控除対象個別帰属還付税額）は，翌期以降（10年間）の道府県民税・市町村民税（法人税割）の課税標準となる連結法人税個別帰属税額から控除して納付税額を計算します（地法53⑮，321の8⑮）。

## Ⅱ　連結納税における法人税，事業税，住民税の計算

## Q70　欠損金がある場合の法人税，事業税，住民税の計算

　　当社（Ｐ社，3月決算）は，100％子法人であるＳ社（3月決算）と当期（X20年3月期）より連結納税による法人税の申告を行っています。当期及び翌期の所得見込額及び当期の期首の欠損金の状況が次のとおりである場合において，法人税，事業税及び住民税の計算及び欠損金はどのようになりますか。なお，税率は次のとおりとし，欠損金の控除制限（50％）は考慮しないものとします。また，地方税については，事業税（所得割）及び住民税（法人税割）に係る税額計算のみ行うものとします。

【税率】法人税23.2％，地方法人税10.3％，事業税1％，特別法人事業税260％，住民税7％

■当期及び翌期の法人税及び事業税の所得見込額

| 所得見込額（法人税＝事業税） | Ｐ社 | Ｓ社 | 合計 |
|---|---|---|---|
| 当期（X20/3期） | 10,000 | ▲12,000 | ▲2,000 |
| 翌期（X21/3期） | 10,000 | 15,000 | 25,000 |

■当期の期首の欠損金（欠損金の発生はすべて X19年3月期）

| 欠損金 | Ｐ社 | Ｓ社 | 合計 |
|---|---|---|---|
| 法人税 | 0 | (※) 0 | 0 |
| 事業税 | 0 | 1,000 | |
| 住民税（控除対象個別帰属調整額） | 0 | 232 | |

（※）Ｓ社は連結納税開始時に法人税の欠損金1,000が切り捨てられています。

## A

SUMMARY 本問では，連結納税開始時にS社の法人税の欠損金が切り捨てられており，最初連結納税事業年度（X20年3月期）において欠損が生じているため，法人税，事業税，住民税の計算には留意が必要です。具体的な計算については，Detailをご確認ください。

Reference 法法81の9②，地方法人税法4，地法53⑤⑥⑨・321の8⑤⑥⑨・72の23④

DETAIL

### 1 連結納税開始時に法人税の欠損金が切り捨てられた場合

連結子法人が特定連結子法人に該当しない場合には，連結納税開始時にその連結子法人の法人税の欠損金は切り捨てられます（法法81の9②）。この場合，地方税（事業税，住民税）には連結納税制度はないため，法人税の欠損金が切り捨てられた場合でも，事業税（所得割）及び住民税（法人税割）の欠損金は切り捨てられません（地法72の23④，53⑤，321の8⑤）。

なお，住民税（法人税割）の課税標準は法人税額であるため，単体納税では住民税独自の欠損金を認識する必要はありませんでしたが，連結納税においては法人税の欠損金が切り捨てられることもあることから，連結納税開始時又は加入時に切り捨てられた法人税の欠損金に相当する住民税の欠損金を控除対象個別帰属調整額として認識し，（連結）事業年度中に発生した住民税の欠損金（個別帰属法人税額がマイナスとなった場合のマイナス金額）を控除対象個別帰属税額として認識します（地法53⑤⑥⑨，321の8⑤⑥⑨）。詳細は**Q60**～**Q62**を参照してください。

### 2 本問の検討

X20年3月期及びX21年3月期の法人税，事業税，住民税の計算及び欠損金は次のとおりとなります。

第6章　連結納税制度と欠損金　**249**

## （1）X20年3月期

### ① 法人税，地方法人税(※1) の計算

| | | P社 | S社 | 合計 |
|---|---|---|---|---|
| 所得 | (a) 欠損金控除前 | 10,000 | ▲12,000 | ▲2,000 |
| | (b) 欠損金へ振替(★) | 0 | ▲2,000 | ▲2,000 |
| | (c) 欠損金振替後：(a)−(b) | 10,000 | ▲10,000 | 0 |
| 税額 | (d) 連結法人税：(c)×23.2% | 2,320 | ▲2,320 | 0 |
| | (e) 地方法人税：(d)×10.3% | 239 | ▲239 | 0 |

（★）▲2,000は連結欠損金（S社の連結欠損金個別帰属額）として翌期以降10年間繰越し

（※1）地方法人税の概要は **Q4** 参照。なお，連結納税を採用している場合には，連結親法人が納税義務者となり，連結納税グループ全体の地方法人税の申告及び納付を行います。また，連結子法人は，地方法人税につき連帯納付責任を負うとともに，連結子法人に帰属する額を連結法人税の個別帰属額の届出書に記載することとなります。

### ② 事業税，特別法人事業税(※2) の計算

| | | P社 | S社 |
|---|---|---|---|
| 所得 | (a) 欠損金控除前 | 10,000 | ▲12,000 |
| | (b) 欠損金へ振替(★) | 0 | ▲12,000 |
| | (c) 欠損金振替後：(a)−(b) | 10,000 | 0 |
| 税額 | (d) 事業税：(c)×1% | 100 | 0 |
| | (e) 特別法人事業税：(d)×260% | 260 | 0 |

（★）▲12,000は事業税の欠損金として翌期以降10年間繰越し

（※2）特別法人事業税の概要は **Q4** 参照。

③ 住民税の計算

|  |  |  | P社 | S社 |
|---|---|---|---|---|
| 課税<br>標準 | (a) | 個別帰属法人税額 | 2,320 | ▲2,320 |
|  | (b) | 欠損金へ振替(★) | 0 | ▲2,320 |
|  | (c) | 欠損金振替後：(a)−(b) | 2,320 | 0 |
| 税額 | (d) | 住民税：(c)× 7 % | 162 | 0 |

（★）▲2,320は住民税の欠損金（控除対象個別帰属税額）として翌期以降10年間繰越し

④ 欠損金の残高

上記の結果，S社の法人税，事業税，住民税の欠損金は次のとおりとなります。

| 欠損金 |  | S社 |
|---|---|---|
| 法人税 | 期首 | 0 |
|  | 当期発生 | 2,000 |
|  | 期末 | 2,000 |
| 事業税 | 期首 | 1,000 |
|  | 当期発生 | 12,000 |
|  | 期末 | 13,000 |
| 住民税<br>（控除対象個別帰属調整額<br>及び控除対象個別帰属税額） | 期首 | 232 |
|  | 当期発生 | 2,320 |
|  | 期末 | 2,552 |

第6章　連結納税制度と欠損金　**251**

## （2）X21年3月期

### ① 法人税，地方法人税の計算

| | | | P社 | S社 | 合計 |
|---|---|---|---|---|---|
| 所得 | (a) | 欠損金控除前 | 10,000 | 15,000 | 25,000 |
| | (b) | 欠損金の控除(★) | 0 | ▲2,000 | ▲2,000 |
| | (c) | 欠損金控除後：(a)－(b) | 10,000 | 13,000 | 23,000 |
| 税額 | (e) | 連結法人税：(c)×23.2% | 2,320 | 3,016 | 5,336 |
| | (f) | 地方法人税：(d)×10.3% | 239 | 310 | 549 |

（★）S社の連結欠損金個別帰属額2,000（X20年3月期発生分）

### ② 事業税，特別法人事業税の計算

| | | | P社 | S社 |
|---|---|---|---|---|
| 所得 | (a) | 欠損金控除前 | 10,000 | 15,000 |
| | (b) | 欠損金の控除(★) | 0 | ▲13,000 |
| | (c) | 欠損金振替後：(a)－(b) | 10,000 | 2,000 |
| 税額 | (d) | 事業税：(c)×1％ | 100 | 20 |
| | (e) | 特別法人事業税：(d)×260% | 260 | 52 |

（★）S社のX19年3月期発生分1,000，X20年3月期発生分12,000の欠損金合計額
13,000

### ③ 住民税の計算

| | | | P社 | S社 |
|---|---|---|---|---|
| 課税標準 | (a) | 個別帰属法人税額 | 2,320 | 3,016 |
| | (b) | 欠損金の控除(★) | 0 | ▲2,552 |
| | (c) | 欠損金振替後：(a)－(b) | 2,320 | 464 |
| 税額 | (d) | 住民税：(c)×7％ | 162 | 32 |

（★）S社のX19年3月期発生分の控除対象個別帰属調整額232，X20年3月期発生
分の控除対象個別帰属税額2,320の合計額2,552

④ 欠損金の残高

上記①〜③の計算の結果，S社の法人税，事業税，住民税の欠損金は次のとおりとなります。

| 欠損金 | | S社 |
|---|---|---|
| 法人税 | 期首 | 2,000 |
| | 当期控除 | ▲2,000 |
| | 期末 | 0 |
| 事業税 | 期首 | 13,000 |
| | 当期控除 | ▲13,000 |
| | 期末 | 0 |
| 住民税<br>（控除対象個別帰属調整額<br>及び控除対象個別帰属税額） | 期首 | 2,552 |
| | 当期控除 | ▲2,552 |
| | 期末 | 0 |

第6章 連結納税制度と欠損金 253

## Ⅲ 組織再編等があった場合の連結納税における欠損金

### Q71 株式移転により親法人を設立し連結納税を開始した場合

当社（P社，3月決算）は，X18年4月1日にS1社及びS2社（いずれも3月決算）の適格株式移転により設立された株式移転完全親法人です。S1社は10年以上100％資本関係の子法人S3社を有しています。当社，S1社，S2社及びS3社は，X20年4月1日より連結納税の採用を検討していますが，S1社，S2社及びS3社の欠損金は連結納税開始時にどのような取扱いとなりますか。

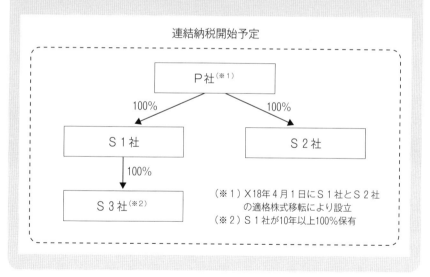

## A

**SUMMARY** 連結納税開始時のS1社，S2社及びS3社の欠損金の取扱いは次のとおりとなります。

| | 法人税欠損金 | 事業税欠損金 | 住民税欠損金 |
|---|---|---|---|
| S1社及びS2社 | 特定連結子法人，かつ，連結親法人同等法人に該当するため，欠損金は非特定連結欠損金とみなされ，連結所得から控除することができます。 | 切捨てられません。 | 法人税の欠損金の切捨てがないため，控除対象個別帰属調整額は認識しません。 |
| S3社 | 特定連結子法人に該当するため，欠損金は特定連結欠損金とみなされ，S3社の個別所得金額から控除することができます。 | | |

Reference) 法法61の11①・81の9②③，法令155の19⑬，地法53⑤⑥・321の8⑤
⑥・72の23④

DETAIL

## 1 法人税の欠損金の取扱いと本問の検討

### (1) 株式移転完全子法人（S1社，S2社）の欠損金

　株式移転による完全子法人で一定の要件を満たすものは特定連結子法人に該当し，その完全子法人の欠損金は，連結納税開始時に連結欠損金とみなされます（法法81の9②）。この場合において，その株式移転完全子法人が特定連結子法人のうち連結親法人同等法人に該当するか否か，その株式移転が適格株式移転に該当するか否かにより，連結欠損金とみなされた欠損金額が，特定連結欠損金に該当するか，非特定連結欠損金に該当するかに違いが生じます（法法81の9②③，法令155の19⑬）。

〈特定連結子法人：株式移転による完全子法人（法法61の11①，**Q61** 参照）〉
　連結納税開始の日の5年前の日からその開始の日までに株式移転により連結親法人となる法人を設立した株式移転完全子法人で，株式移転の日から連結納税開始の日まで連結親法人となる法人による完全支配関係が継続しているもの。

第6章　連結納税制度と欠損金　**255**

　本問の場合，株式移転完全子法人であるS1社とS2社は，連結納税開始の日（X20年4月1日）の5年前の日からその開始の日までに株式移転によりP社を設立しており，その後P社により継続して保有されているため，特定連結子法人に該当します。また，株式移転の直前に他の法人による支配関係がないため，連結親法人同等法人に該当し，かつ，株式移転が適格株式移転であることから，S1社及びS2社の欠損金は，連結納税開始時に非特定連結欠損金とみなされ，連結所得から控除することができます。

## （2）適格株式移転完全子法人（S1社）による完全支配関係がある子法人（S3社）の欠損金

　適格株式移転完全子法人による完全支配関係がある子法人が，特定連結子法人に該当する場合には，その子法人の有する欠損金は，連結納税開始時に特定連結欠損金とみなされ，その子法人の個別所得金額を限度として控除することができますが，特定連結子法人に該当しない場合には連結納税開始時に欠損金は切り捨てられます（法法81の9②）。

> 〈特定連結子法人：適格株式移転完全子法人の5年超保有の子法人（法法61の11①，**Q61**参照）〉
> 　連結納税開始の日の5年前の日からその開始の日までに行われた適格株式移転により連結親法人となる法人による完全支配関係が生じた株式移転完全子法人の子法人で，適格株式移転の日から連結納税開始の日まで連結親法人となる法人による完全支配関係が継続しているもの。
> 　ただし，連結納税開始の日の5年前の日又は子法人の設立の日のいずれか遅い日から適格株式移転の日まで株式移転完全子法人による完全支配関係が継続していた子法人に限る。

　本問の場合，連結納税開始の日（X20年4月1日）の5年前の日以後にS1社及びS2社による適格株式移転によりP社が設立され，P社によるS3社の完全支配関係が生じており，かつ，その適格株式移転の日（X18年4月1日）以後P社によるS3社の完全支配関係が継続しています。また，S3社は連結

納税開始の日の5年前の日から適格株式移転の日まで適格株式移転完全子法人であるS1社による完全支配関係が継続していました。

以上から，S3社は特定連結子法人に該当し，S3社の欠損金は連結納税開始時に特定連結欠損金とみなされ，S3社の個別所得金額を上限として控除することができます。

## 2　事業税（所得割）の欠損金の取扱いと本問の検討

事業税には連結納税制度はありませんので，S1社，S2社及びS3社の事業税（所得割）の欠損金は，連結納税開始時において切り捨てられることはありません（地法72の23④）。

## 3　住民税（法人税割）の欠損金の取扱いと本問の検討

住民税には連結納税制度はありませんので，連結納税開始時に法人税の欠損金が切り捨てられた場合には，住民税（法人税割）の欠損金である控除対象個別帰属調整額を認識する必要があります（地法53⑤⑥，321の8⑤⑥）。詳細はQ62を参照してください。

本問の場合，S1社，S2社及びS3社は連結納税開始時に特定連結子法人に該当し法人税の欠損金が切り捨てられないため，住民税の控除対象個別帰属調整額を認識する必要はありません。

## Q72 連結子法人が合併によりグループ内法人を吸収合併した場合

当社（S1社）及びS2社（いずれも3月決算）は，P社（3月決算）を連結親法人とする連結納税による法人税の申告を行っています。当社は，X20年10月1日に，当社を合併法人，S2社を被合併法人とする適格合併を予定しています。この場合において，当社及びS2社の欠損金の取扱いはどのようになりますか。なお，S2社の最終事業年度（X20年9月期）は欠損▲15,000（法人税＝事業税）が生じる見込みです。また，P社，S1社及びS2社の資本関係は10年以上継続しています。

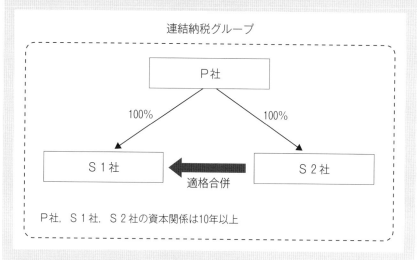

■ X20年3月期末の欠損金残高

|  | 欠損金残高 |  |  |
|---|---|---|---|
|  | 法人税 | 事業税 | 住民税（控除対象個別帰属税額） |
| S1社 | 7,000 (2,000) | 10,000 | 1,160 |
| S2社 | 16,000 (1,000) | 30,000 | 3,480 |

（　）は連結欠損金のうち特定連結欠損金

**A**　　　　　　　　　　　　　　　　　　　　　　　　　　　　　　　　　　　　　　　　　　　

SUMMARY　　連結納税グループ内で適格合併が行われた場合のＳ１社及びＳ２社の欠損金の取扱いは次のとおりとなります。

|  | 法人税欠損金 | 事業税欠損金 | 住民税欠損金 |
|---|---|---|---|
| Ｓ１社 | 連結欠損金個別帰属額7,000に使用制限は課されません。 | 欠損金10,000に使用制限は課されません。 | 控除対象個別帰属税額1,160に使用制限は課されません。 |
| Ｓ２社 | 連結欠損金個別帰属額16,000がＳ１社の連結欠損金個別帰属額に付け替わります。なお，特定連結欠損金個別帰属額1,000はＳ１社の特定連結欠損金個別帰属額に付け替わります。また，X20/9期の欠損▲15,000はＳ１社のX21/3期の損金の額に算入されます。 | X20/3期の欠損金30,000とX20/9期の欠損金15,000がＳ１社に引き継がれ，引継制限は課されません。 | 控除対象個別帰属税額3,480はＳ１社に引き継がれ，引継制限は課されません。 |

Reference　　法法４の５②・14①・57②③④⑥・62の７①・81の３・81の９④⑤，法令113①④・123の９①・155の21②⑤，地法53⑤⑦⑨⑩・321の8⑤⑦⑨⑩，地令20の３②

DETAIL

## 1　法人税の欠損金の取扱いと本問の検討

### (1) 被合併法人（Ｓ２社）の欠損金

　連結納税グループ内で適格合併が行われた場合，被合併法人の連結欠損金個別帰属額を合併法人の連結欠損金個別帰属額に引き継ぎますが，この引継ぎについて制限は課されません（法令155の21②二，法法81の９⑤一）。これは，連結納税の開始時又は加入時に，特定連結子法人以外の連結法人の欠損金は原則として切り捨てられているため，現に残っている欠損金は連結納税グループとしての納税単位における欠損金であり租税回避の余地がないためです。

第6章 連結納税制度と欠損金 **259**

　また，連結納税グループの連結欠損金に異動は生じないため，単に被合併法人である連結法人の連結欠損金個別帰属額が合併法人である連結法人の連結欠損金個別帰属額に付け替わるのみとなります（法令155の21②二）。この場合において，被合併法人が特定連結欠損金個別帰属額を有する場合には，合併法人の特定連結欠損金個別帰属額に付け替わります（法令155の21⑤二）。

　本問の場合，被合併法人S2社の欠損金16,000は，合併法人S1社の連結欠損金個別帰属額に付け替わりますが，そのうち，特定連結欠損金である1,000は，特定連結欠損金個別帰属額に付け替わります。

### (2) 期中合併における被合併法人（S2社）の最終事業年度の所得又は欠損

　上記（1）の被合併法人の連結欠損金個別帰属額につき合併法人の連結欠損金個別帰属額として付け替わるのは，合併の直前の連結事業年度に有する連結欠損金個別帰属額となります（法令155の21②二）。

　期中合併の場合，被合併法人は合併の日に連結納税を離脱しますが，最終事業年度となる合併の日の属する連結事業年度開始の日から合併の日の前日までの期間については，みなし事業年度を設け単体申告を行うことになり（法法4の5②四，14①十），被合併法人の連結欠損金個別帰属額はその単体申告における青色欠損金額とみなされます（法法57⑥）。

　したがって，被合併法人が連結欠損金個別帰属額を有する場合において，最終事業年度が所得である場合には，まずその所得金額から青色欠損金額（連結欠損金個別帰属額につき青色欠損金額とみなされたもの）を控除し，残額があれば，その残額は合併法人の連結欠損金個別帰属額に付け替わります。逆に，最終事業年度が欠損である場合には，その欠損金額は合併法人の連結欠損金個別帰属額に付け替わるのではなく，合併法人の合併の日の属する連結事業年度の損金の額に算入することとされており，連結所得金額の計算の過程を経ることとなります（法令155の21②二，法法81の9④）。

■期中合併における被合併法人の最終事業年度が所得の場合

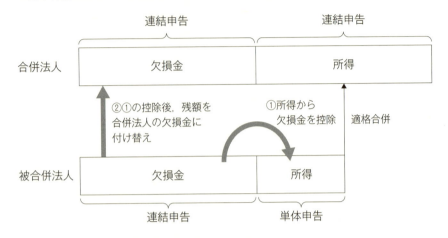

■期中合併における被合併法人の最終事業年度が欠損の場合

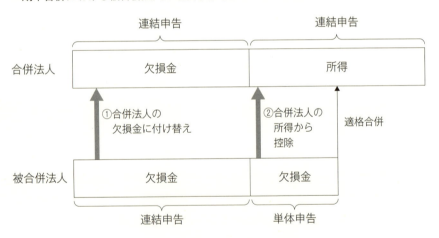

　本問の場合，適格合併が期中のX20年10月1日に行われているため，被合併法人S2社のX20年4月1日～X20年9月30日までの最終事業年度は単体申告となりますが，最終事業年度は欠損であるため，欠損金額▲15,000は，合併法人S1社の合併の日の属する連結事業年度（X21年3月期）の損金の額に算入

第6章　連結納税制度と欠損金　**261**

されます。

### （3）合併法人（S1社）の欠損金

　合併法人である連結法人の欠損金についても，上記（1）と同様，租税回避の余地がないため，使用制限は課されません（法法81の9⑤）。したがって，本問における合併法人S1社の欠損金7,000に使用制限は課されません。

## 2　事業税（所得割）の欠損金の取扱いと本問の検討

　事業税には連結納税制度はありませんので，上記1のような法人税の連結納税特有の取扱いは適用されません。したがって，単体納税制度と同様，被合併法人の事業税（所得割）の欠損金を合併法人に引き継ぐことができますが，合併法人と被合併法人の支配関係が適格合併の日の属する事業年度開始の日の5年前の日（又はいずれかの法人の設立の日）から適格合併の日の前日まで継続していない場合で，その合併がみなし共同事業要件を満たさないときは，欠損金の引継制限が課されます（地令20の3②，法法57②③）。ただし，時価純資産超過額等がある場合の特例の要件を満たす場合には欠損金の引継制限が緩和されています（地令20の3②，法法57③，法令113①）。詳細は**Q48**を参照してください。

　なお，被合併法人の最終事業年度の事業税の欠損は，合併法人に欠損金額として引き継がれます（地令20の3②，法法57②③）。したがって，合併法人の事業税の課税所得は，法人税の個別所得金額に損金算入された被合併法人の最終事業年度の欠損を加算するとともに，被合併法人から最終事業年度の欠損金額を引き継ぐこととなります。

　また，合併法人の事業税（所得割）の欠損金についても，被合併法人と同様に，支配関係が5年未満で，その合併がみなし共同事業要件を満たさないときは欠損金の使用制限が課されますが，時価純資産超過額等がある場合の特例の

要件を満たす場合には欠損金の使用制限が緩和されています（地令20の3②，法法57④，法令113④）。詳細は**Q48**を参照してください。

　本問の場合，合併法人Ｓ1社と被合併法人Ｓ2社の支配関係が5年以上であるため，Ｓ2社の事業税の欠損金に引継制限は課されません。なお，Ｓ1社に引き継ぐ事業税の欠損金額は，X20年3月期末に有している30,000と最終事業年度（X20年9月期）の15,000となります。また，合併法人Ｓ1社の事業税の欠損金10,000についても，同様に使用制限は課されません。

## 3　住民税（法人税割）の欠損金の取扱いと本問の検討

　連結納税グループ内で適格合併が行われた場合には，被合併法人の住民税（法人税割）の欠損金である控除対象個別帰属調整額及び控除対象個別帰属税額は合併法人に引き継がれ，合併法人と被合併法人の支配関係が5年未満であっても引継制限は課されません（地法53⑦⑩，321の8⑦⑩）。なお，期中合併における被合併法人の最終事業年度の欠損は合併法人の法人税の課税所得計算で損金の額に計上されているため，住民税独自の欠損金を認識する必要はありません。

　また，合併法人の住民税（法人税割）の欠損金である控除対象個別帰属調整額及び控除対象個別帰属税額についても，同様に使用制限は課されません（地法53⑤⑨，321の8⑤⑨）。

　本問の場合，被合併法人Ｓ2社の控除対象個別帰属税額3,480は合併法人Ｓ1社に引き継がれ引継制限は課されません。また，Ｓ1社の控除対象個別帰属税額1,160についても使用制限は課されません。

第6章　連結納税制度と欠損金　**263**

---

関連解説

## 特定資産譲渡等損失の損金不算入

　連結納税グループ内で適格合併が行われた場合，単体納税制度と同様に，合併法人と被合併法人の支配関係発生日（又はいずれかの法人の設立の日）から適格合併の日の属する事業年度開始の日までの期間が5年未満の場合は，被合併法人から引き継ぐ特定引継資産及び合併法人の特定保有資産について特定資産譲渡等損失の損金不算入規定の適用を受けます（法法81の3，62の7①）。ただし，時価純資産超過額等がある場合の特例の要件を満たす場合には，損金不算入規定の緩和措置が設けられています（法令123の9①）。詳細は**第5章Ⅴ**
**特定資産譲渡等損失の損金不算入**を参照してください。

## Q73 連結子法人が合併によりグループ外法人を吸収合併した場合

当社（S社，3月決算）は，親法人であるP社（3月決算）と連結納税による法人税の申告を行っています。当社は，X20年10月1日に，当社を合併法人，80％を保有するA社（3月決算，当社と事業関連性なし）を被合併法人とする適格合併を予定しています（A社の少数株主には金銭を交付するため当社はP社の連結納税グループから離脱しません）が，これによりB社がP社の連結納税グループに加入します。なお，A社は，当社がX18年4月1日に買収した法人で，10年以上100％資本関係のB社を有しています。当社，A社及びB社がいずれも欠損金を有している場合において，欠損金の取扱いはどのようになりますか。

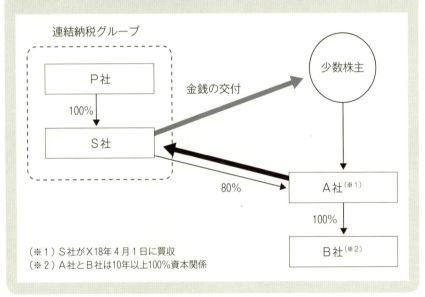

（※1）S社がX18年4月1日に買収
（※2）A社とB社は10年以上100％資本関係

## A

SUMMARY　連結子法人S社が連結納税グループ外の法人A社を適格合併により吸収する場合のS社，A社及びB社の欠損金の取扱いは次のとおりとなります。

第6章　連結納税制度と欠損金　**265**

| | | 法人税欠損金 | 事業税欠損金 | 住民税欠損金 |
|---|---|---|---|---|
| S社 | | A社との支配関係が5年未満のため，S社の欠損金に使用制限が課されます。ただし，時価純資産超過額等がある場合の特例の要件を満たす場合には使用制限が緩和されるため検討が必要です。 | 同左 | 控除対象個別帰属調整額，控除対象個別帰属税額に使用制限は課されません。 |
| A社 | | S社との支配関係が5年未満のため，A社の欠損金に引継制限が課されます。ただし，時価純資産超過額等がある場合の特例の要件を満たす場合には引継制限が緩和されるため検討が必要です。 | 同左 | |
| B社 | | 特定連結子法人に該当するため，欠損金は特定連結欠損金とみなされ，B社の個別所得金額から控除することができます。 | 切捨てられません | 法人税の欠損金が切り捨てられないため，控除対象個別帰属調整額は認識しません。 |

⎛Reference⎞　法法2十二の八・57②③④・61の12①・62の7①・81の3・81の9
　　　　　　②③⑤，法令113①④・123の9①，地法53⑤⑥⑨・72の23④・321の
　　　　　　8⑤⑥⑨，地令20の3②

**DETAIL** ⟩

## 1　法人税欠損金の取扱いと本問の検討

### （1）被合併法人（A社），合併法人（S社）の欠損金

　連結法人が連結納税グループ外の法人を適格合併により吸収する場合，単体納税と同様，被合併法人の欠損金を合併法人に引き継ぐことができますが，合併法人と被合併法人の支配関係が適格合併の日の属する事業年度開始の日の5年前の日（又はいずれかの法人の設立の日）から適格合併の日の前日まで継続していない場合で，その合併がみなし共同事業要件を満たさないときは，欠損金の引継制限が課されます（法法81の9②二）。ただし，時価純資産超過額等

がある場合の特例の要件を満たす場合には，被合併法人の欠損金の引継制限は緩和されています（法法81の9②二，57③，113①）。詳細は **Q38** を参照してください。

なお，被合併法人は適格合併により連結納税グループに加入することなく解散することとなりますが，合併法人に引き継がれる欠損金は，合併法人の特定連結欠損金とみなされ，合併法人の個別所得金額を上限として控除することができます（法法81の9②二③二）。詳細は **Q61** を参照してください。

また，合併法人の欠損金についても，被合併法人と同様に，支配関係が5年未満で，その合併がみなし共同事業要件を満たさないときは使用制限が課されますが，時価純資産超過額等がある場合の特例の要件を満たす場合には，合併法人の欠損金の使用制限が緩和されています（法法81の9⑤三，57④，113④）。詳細は **Q38** を参照してください。

本問の場合，S社とA社の支配関係発生日がX18年4月1日であり，適格合併の日（X20年10月1日）の属する事業年度開始の日の5年前の日から継続していないため，A社の欠損金に引継制限が課されるとともに，S社の欠損金にも使用制限が課されます。ただし，時価純資産超過額等がある場合の特例の要件を満たす場合には引継制限又は使用制限の緩和措置が設けられているため検討が必要です。

## （2）被合併法人（A社）による完全支配関係がある子法人（B社）の欠損金

被合併法人による完全支配関係がある子法人は適格合併により連結納税グループに加入することとなります。この場合において，その子法人が特定連結子法人に該当する場合には，その子法人の欠損金は，連結納税加入時に特定連結欠損金とみなされ，連結納税においてその子法人の個別所得金額を上限として控除することができますが，特定連結子法人に該当しない場合には欠損金は切り捨てられます（法法81の9②一）。

〈特定連結子法人：適格合併に係る被合併法人の5年超保有の子法人（法法61の12①，**Q61**参照）〉
　連結親法人が連結納税グループ外の法人を適格合併により吸収した場合の被合併法人の子法人。
　ただし，適格合併の日の5年前の日又は子法人の設立の日のいずれか遅い日から適格合併の日の前日まで被合併法人による完全支配関係が継続していた子法人に限る。

　本問の場合，A社によるB社の完全支配関係が適格合併の日（X20年10月1日）の5年前の日から適格合併の日の前日まで継続しており，B社は特定連結子法人に該当するため，B社の欠損金は連結納税加入時に特定連結欠損金とみなされ，B社の個別所得金額を上限として控除することができます。

## 2　事業税（所得割）欠損金の取扱いと本問の検討

　事業税には連結納税制度はありませんので，単体納税制度と同様，被合併法人の事業税（所得割）の欠損金を合併法人に引き継ぐことができますが，合併法人と被合併法人の支配関係が適格合併の日の属する事業年度開始の日の5年前の日（又はいずれかの法人の設立の日）から適格合併の日の前日まで継続していない場合で，その合併がみなし共同事業要件を満たさないときは，欠損金の引継制限が課されます（地令20の3②，法法57②③）。ただし，時価純資産超過額等がある場合の特例の要件を満たす場合には，被合併法人の欠損金の引継制限が緩和されています（地令20の3②，法法57③，法令113①）。詳細は**Q48**を参照してください。

　また，合併法人の事業税（所得割）の欠損金についても，被合併法人と同様に，支配関係が5年未満で，その合併がみなし共同事業要件を満たさないときは使用制限が課されますが，時価純資産超過額等がある場合の特例の要件を満たす場合には，合併法人の欠損金の使用制限が緩和されています（地令20の3

②，法法57④，法令113④）。詳細は **Q48** を参照してください。

　本問の場合，S社とA社の支配関係発生日がX18年4月1日であり，適格合併の日（X20年10月1日）の属する事業年度開始の日の5年前の日から継続していないため，A社の事業税の欠損金に引継制限が課されるとともに，S社の事業税の欠損金にも使用制限が課されます。ただし，時価純資産超過額等がある場合の特例の要件を満たす場合には引継制限又は使用制限の緩和措置が設けられているため検討が必要です。

　また，B社の事業税の欠損金について，事業税には連結納税制度はありませんので，連結納税加入時において切り捨てられることはありません（地法72の23④）。詳細は **Q62** を参照してください。

## 3　住民税（法人税割）の欠損金の取扱いと本問の検討

　連結法人が連結納税グループ外の法人を適格合併により吸収する場合において，合併法人である連結法人が有する住民税（法人税割）の欠損金である控除対象個別帰属調整額及び控除対象個別帰属税額は，法人税や事業税と異なり，合併法人と被合併法人の支配関係が5年未満であっても使用制限は課されません（地法53⑤⑨，321の8⑤⑨）。

　また，被合併法人による完全支配関係のある子法人について，特定連結子法人に該当せず法人税の欠損金が切り捨てられる場合には，住民税（法人税割）の控除対象個別帰属調整額を認識することとなります（地法53⑤⑥，321の8⑤⑥）。詳細は **Q62** を参照してください。

　本問の場合，S社の住民税の控除対象個別帰属調整額，控除対象個別帰属税額に使用制限は課されません。また，B社は特定連結子法人に該当し法人税の欠損金が切り捨てられないため，連結納税加入時に住民税の控除対象個別帰属調整額を認識する必要はありません。

第6章 連結納税制度と欠損金　269

関連解説

## 適格合併の要件の改正

　平成29年度税制改正において，適格合併の対価要件が緩和され，従来までは合併に伴い合併交付金等の金銭の交付がある場合は適格合併に該当しませんでしたが，合併の直前において被合併法人等の発行済株式数の2/3以上を有する場合に少数株主に金銭等が交付された場合には支配関係がある法人間の適格合併の対価要件を満たすものとされました（法法2十二の八）。

## 連結納税制度加入時の時価評価

　連結法人が連結納税グループ外の法人を適格合併により吸収する場合には，その被合併法人は合併に伴い解散するため，連結納税グループに加入しません。したがって，その被合併法人は，連結納税制度加入時の時価評価の規定の適用を受けません（法法61の12①）。また，被合併法人の子法人は適格合併により連結納税グループに加入することとなり原則的には時価評価を行う必要がありますが，特定連結子法人に該当する場合は，時価評価は不要とされています。本問の場合，B社は，特定連結子法人に該当するため連結納税加入時の時価評価は不要となります。

## 特定資産譲渡等損失の損金不算入

　連結法人が連結納税グループ外の法人を適格合併により吸収する場合，単体納税と同様，合併法人と被合併法人の支配関係発生日（又はいずれかの法人の設立の日）から適格合併の日の属する事業年度開始の日までの期間が5年未満の場合は，被合併法人から引き継ぐ特定引継資産及び合併法人の特定保有資産について特定資産譲渡等損失の損金不算入規定の適用を受けます（法法81の3，62の7①）。ただし，時価純資産超過額等がある場合の特例の要件を満たす場合には，損金不算入規定の緩和措置が設けられています（法令123の9①）。詳細は**第5章Ⅴ　特定資産譲渡等損失の損金不算入**を参照してください。

## Q74 連結子法人の残余財産が確定した場合

当社(P社,3月決算)は,S1社及びS2社(いずれも3月決算)と連結納税による法人税の申告を行っています。S2社は,X19年6月25日に解散決議をしましたが,X20年9月30日に残余財産が確定する見込みです。S2社は残余財産がないと見込まれますが,S2社の欠損金の取扱いはどのようになりますか。また,親法人である当社の欠損金の取扱いはどのようになりますか。なお,S2社の最終事業年度(X20年9月期)は欠損が生じる見込みです。また,当社,S1社及びS2社の資本関係は10年以上継続しています。

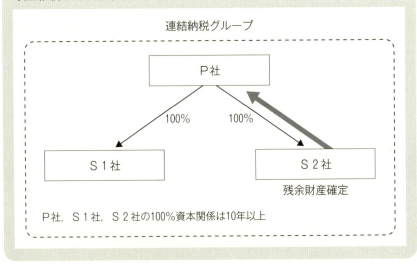

## A

**SUMMARY** 連結子法人S2社の残余財産が確定した場合(残余財産がないと見込まれる場合)のP社,S2社の欠損金の取扱いは次のとおりとなります。

第6章　連結納税制度と欠損金　**271**

| | 法人税欠損金 | 事業税欠損金 | 住民税欠損金 |
|---|---|---|---|
| P社 | 欠損金に使用制限は課されません。 | 欠損金に使用制限は課されません。 | 控除対象個別帰属調整額及び控除対象個別帰属税額に使用制限は課されません。 |
| S2社 | 期限切れ欠損金の損金算入規定の取扱いがあります。<br>連結欠損金個別帰属額はP社の連結欠損金個別帰属額に付け替わります。<br>なお，特定連結欠損金個別帰属額はP社の特定連結欠損金個別帰属額に付け替わります。<br>また，最終事業年度（X20/9期）の欠損はP社のX21/3期の損金の額に算入されます。 | 欠損金（最終事業年度の欠損金を含む）はP社に引き継がれ，引継制限は課されません。 | 控除対象個別帰属調整額及び控除対象個別帰属税額はP社に引き継がれ，引継制限は課されません。 |

Reference　法法4の5②・14①・57②③④⑤⑥・59③④・81の3・81の9④⑤，
　　　　　　　法令112⑫・113①④・118・155の2②・155の20⑪・155の21②⑤，法基
　　　　　　　通12-3-2，連基通11-2-2，地法53⑤⑦⑨⑩・321の8⑤⑦⑨⑩，
　　　　　　　地令20の3②

DETAIL

## 1　法人税の欠損金の取扱いと本問の検討

### （1）残余財産がないと見込まれる場合の期限切れ欠損金の損金算入

　内国法人が解散した場合において，残余財産がないと見込まれる場合には，その清算中に終了する事業年度（以下「適用年度」といいます）前の各事業年度において生じた欠損金額（連結欠損金個別帰属額を含む）を基礎として一定の計算をした金額に相当する金額[※]は，その適用年度の所得の金額の計算上，損金の額に算入することとされています（法法81の3，法令155の2②，59③，

法令118)。なお，この適用を受ける場合には，法人税確定申告書にその計算に
係る別表及び残余財産がないと見込まれることを証する書類の添付が要件とさ
れています（法法59④）。詳細は**Q31**を参照してください。

(※) いわゆる「期限切れ欠損金額」。具体的には，法人税申告書別表五（一）「利
益積立金額及び資本金等の額の計算に関する明細書」の期首利益積立金額の
合計額がマイナスである場合のそのマイナス金額によることとされています。
ただし，その金額が別表七（一）「欠損金又は災害損失金の損金算入に関する
明細書」に控除未済欠損金額として記載されるべき金額に満たない場合には，
その控除未済欠損金額として記載されるべき金額によることとされています
（法基通12-3-2）。

なお，残余財産確定の日が連結親法人事業年度の末日と一致する場合には
最終事業年度は連結事業年度となり，使用する別表は，別表五の二（一）付
表一「連結個別利益積立金額及び連結個別資本金等の額の計算に関する明細
書」，別表七の二付表一「連結欠損金当期控除額及び連結欠損金個別帰属額の
計算に関する明細書」となります（連基通11-2-2）。

## （2）残余財産が確定した連結子法人（S2社）の欠損金

連結法人の残余財産が確定した場合に株主である連結法人に引き継ぐ欠損金
額とは，上記（1）の期限切れ欠損金の損金算入の適用を受けなかった場合の
青色欠損金額（連結欠損金個別帰属額を含む）の残額となります。つまり，上
記（1）の期限切れ欠損金を使用した場合には，その期限切れ欠損金の残額は
ないものとされ，引継ぎの対象とはなりません（法法57⑤，法令112⑫一ハ，
法法81の9⑤四，法令155の20⑪一ハ）。

なお，引継ぎの対象となる連結法人の連結欠損金個別帰属額は，連結グルー
プ内の適格合併と同様（**Q72**参照），租税回避行為の余地がないため株主であ
る連結法人の連結欠損金個別帰属額に付け替わるのみであり，引継制限は課さ
れません（法令155の21②二，法法81の9⑤二）。

この場合において，残余財産が確定する連結法人が特定連結欠損金個別帰属
額を有する場合には，その株主である連結法人の特定連結欠損金個別帰属額に
付け替わります（法令155の21⑤二）。

第6章 連結納税制度と欠損金 273

　本問の場合，残余財産が確定した連結子法人S2社の欠損金は，株主である連結親法人P社の連結欠損金個別帰属額に付け替わりますが，そのうち，特定連結欠損金個別帰属額については，特定連結欠損金個別帰属額に付け替わります。

## (3) 期中に残余財産が確定した連結子法人（S2社）の最終事業年度の所得又は欠損

　期中に連結法人の残余財産が確定した場合，その連結子法人は残余財産確定の日の翌日に連結納税を離脱しますが，最終事業年度である残余財産確定の日の属する連結事業年度開始の日から残余財産確定の日までの期間については，みなし事業年度を設け単体申告を行うことになり（法法4の5②四，14①十），その連結法人の連結欠損金個別帰属額は単体申告における青色欠損金とみなされます（法法57⑥）。

　したがって，その連結子法人が連結欠損金個別帰属額を有する場合において，最終事業年度が所得である場合には，まずその所得金額から青色欠損金額（連結欠損金個別帰属額につき青色欠損金額とみなされたもの）を控除し，残額があれば，その残額はその連結子法人の株主である連結法人の連結欠損金個別帰

■期中に残余財産が確定した連結子法人の最終事業年度が所得の場合

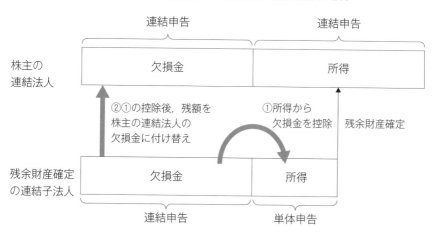

■期中に残余財産が確定した連結子法人の最終事業年度が欠損の場合

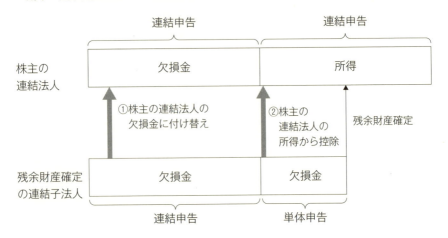

属額に付け替わります。逆に，最終事業年度が欠損である場合には，その欠損金額は株主である連結法人の連結欠損金個別帰属額に付け替わるのではなく，株主である連結法人の残余財産確定の日の翌日の属する連結事業年度の損金の額に算入することとされており，連結所得金額の計算の過程を経ることとなります（法令155の21②二，法法81の9④）。

本問の場合，残余財産が確定した日が期中のX20年9月30日であるため，S2社のX20年4月1日～X20年9月30日までの最終事業年度は単体申告となりますが，最終事業年度は欠損であるため，その欠損金額は，株主であるP社の残余財産が確定した日の翌日の属する連結事業年度（X21年3月期）の損金の額に算入されます。

### （4）残余財産が確定した連結子法人（S2社）の株主である連結親法人（P社）の欠損金

株主である連結法人の欠損金についても，上記（2）と同様，租税回避行為の余地がないため，欠損金の使用制限は課されません（法法81の9⑤）。した

がって，本問において，残余財産が確定した連結子法人Ｓ２社の株主である連結親法人Ｐ社の欠損金に使用制限は課されません。

## 2 事業税（所得割）の欠損金の取扱いと本問の検討

事業税には連結納税制度はありませんので，上記１のような法人税の連結納税特有の取扱いは適用されません。したがって，単体納税制度と同様，残余財産が確定した連結子法人の事業税（所得割）の欠損金を株主である連結法人に引き継ぐことができますが，これらの法人の支配関係が残余財産が確定した日の翌日の属する事業年度開始の日の５年前の日（又はいずれかの法人の設立の日）から残余財産が確定した日まで継続していない場合には，欠損金の引継制限が課されます（地令20の３②，法法57②③）。ただし，時価純資産超過額等がある場合の特例の要件を満たす場合には残余財産が確定した連結子法人の欠損金の引継制限が緩和されています（地令20の３②，法法57③，法令113①）。

なお，残余財産が確定した連結子法人の最終事業年度の事業税の欠損は，株主である連結法人に欠損金額として引き継がれます（地令20の３②，法法57②③）。したがって，株主である連結法人の事業税の課税所得は，法人税の個別所得金額に損金算入された残余財産が確定した連結子法人の最終事業年度の欠損を加算するとともに，残余財産が確定した連結子法人から最終事業年度の欠損金額を引き継ぐこととなります。

また，株主である連結法人の事業税（所得割）の欠損金についても，残余財産が確定した連結子法人と同様に，支配関係が５年未満である場合には欠損金の使用制限が課されますが，時価純資産超過額等がある場合の特例の要件を満たす場合には欠損金の使用制限が緩和されています（地令20の３②，法法57④，法令113④）。

本問の場合，Ｐ社とＳ２社の支配関係が５年以上であるため，Ｐ社の事業税

の欠損金に使用制限が課されないとともに，S2社の事業税の欠損金について
も引継制限は課されません。

## 3　住民税（法人税割）の欠損金の取扱いと本問の検討

　連結子法人の残余財産が確定する場合には，連結子法人の住民税（法人税
割）の欠損金である控除対象個別帰属調整額及び控除対象個別帰属税額は株主
である連結法人に引き継がれ，これらの法人の支配関係が5年未満の場合で
あっても引継制限は課されません（地法53⑦⑩，321の8⑦⑩）。なお，期中に
残余財産が確定した連結子法人の最終事業年度の欠損は株主である連結法人の
法人税の課税所得計算で損金の額に計上されているため，住民税独自の欠損金
を認識する必要はありません。

　また，株主である連結法人の住民税（法人税割）の控除対象個別帰属調整額
及び控除対象個別帰属税額についても，同様に使用制限は課されません（地法
53⑤⑨，321の8⑤⑨）。

　本問の場合，P社とS2社の控除対象個別帰属調整額及び控除対象個別帰属
税額の使用制限及び引継制限は課されません。

> **関連解説**

**連結法人が解散し残余財産が確定する場合の連結納税からの離脱時期**

　連結法人が解散（合併による解散を除く）した場合には連結納税グループか
ら離脱することはありませんが，残余財産が確定した場合には，残余財産確定
の日の翌日に連結納税から離脱することとされています（法法4の5②四）。

**「残余財産がないと見込まれるとき」とは**

　Q31を参照してください。

## Q75 連結親法人がスクイーズアウト税制によりグループ外法人を100％子法人化した場合

当社（Ｐ社，３月決算）は，100％子法人であるＳ社（３月決算）と連結納税による法人税の申告を行っています。当社は，X20年10月１日に，現在90％を保有するＡ社（３月決算）を株式売渡請求により100％化する予定ですが，これによりＡ社及びＢ社が当社の連結納税グループに加入します。なお，Ａ社はX18年４月１日にＢ社を買収しています。Ａ社及びＢ社がいずれも欠損金を有している場合において，欠損金の取扱いはどのようになりますか。

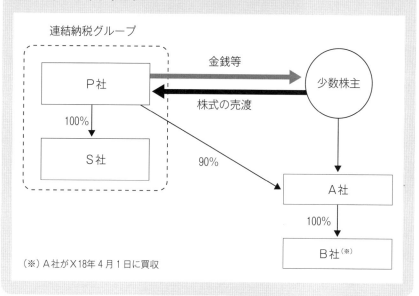

（※）Ａ社がX18年４月１日に買収

## A

SUMMARY　連結親法人Ｐ社が株式売渡請求により連結納税グループ外の法人Ａ社を100％化し，Ａ社及びＢ社が連結納税グループに加入する場合のＡ社及びＢ社の欠損金の取扱いは次のとおりとなります。

|  | 法人税欠損金 | 事業税欠損金 | 住民税欠損金 |
|---|---|---|---|
| A社 | 特定連結子法人に該当し，欠損金は特定連結欠損金とみなされ，A社の個別所得金額から控除することができます。 | 切捨てられません。 | 法人税の欠損金の切捨てがないため，控除対象個別帰属調整額は認識しません。 |
| B社 | 特定連結子法人に該当しないため，欠損金は切り捨てられます。 | 切捨てられません。 | 法人税の欠損金が切り捨てられるため，控除対象個別帰属調整額を認識します。 |

⟨Reference⟩　法法2十二の十六・十七・61の12①・81の9②，地法53⑤⑥・72の23④・321の8⑤⑥

⟨DETAIL⟩

## 1　法人税の欠損金の取扱いと本問の検討

### （1）適格株式交換等完全子法人（A社）の欠損金

　連結法人が連結納税グループ外の法人を株式売渡請求により完全子法人化する場合には，株式売渡に伴い少数株主に金銭等を交付する場合であっても適格要件を満たす場合は適格株式交換等として位置づけられることとなりました（下記**関連解説**参照）。また，適格株式交換等による完全子法人は連結納税グループに加入しますが，特定連結子法人に該当するため，その完全子法人の欠損金は連結納税加入時に特定連結欠損金とみなされ，その完全子法人の個別所得金額を上限として控除することができます（法法81の9②一）。

---

〈特定連結子法人：適格株式交換等による完全子法人（法法61の12①，**Q61**参照）〉
　連結親法人又は連結子法人が適格株式交換等により発行済株式の全部を有することとなった場合のその法人。

---

第6章　連結納税制度と欠損金　**279**

本問の場合，株式売渡請求による完全子法人化は適格株式交換等に該当するため，連結納税グループに加入するA社は特定連結子法人に該当し，連結納税加入時にA社の欠損金は特定連結欠損金とみなされ，連結納税においてA社の個別所得金額を上限として控除することができます。

## （2）適格株式交換等完全子法人（A社）による完全支配関係がある子法人（B社）の欠損金

連結法人が連結納税グループ外の法人を株式売渡請求により完全子法人化する場合において，その完全子法人による完全支配関係がある子法人は連結納税グループに加入することとなります。この場合において，その子法人が特定連結子法人に該当する場合には，その子法人の有する欠損金は，連結納税加入時に特定連結欠損金とみなされ，その子法人の個別所得金額を上限として控除することができますが，特定連結子法人に該当しない場合には欠損金は切り捨てられます（法法81の9②一）。

---

〈特定連結子法人：適格株式交換等完全子法人の5年超保有の子法人（法法61の12①，**Q61** 参照）〉
　連結親法人が連結納税グループ外の法人を適格株式交換等により完全子法人化した場合の株式交換等完全子法人の子法人。
　ただし，適格株式交換等の日の5年前の日又は子法人の設立の日のいずれか遅い日から適格株式交換等の日の前日まで株式交換等完全子法人による完全支配関係が継続していた子法人に限る。

---

本問の場合，A社によるB社の完全支配関係の発生日がX18年4月1日であり，適格株式交換等の日（X20年10月1日）の5年前の日から適格株式交換等の日の前日まで継続していないため，B社は特定連結子法人に該当せず，法人税の欠損金は連結納税加入時に切り捨てられます。

## 2　事業税（所得割）の欠損金の取扱いと本問の検討

事業税には連結納税制度はありませんので，A社及びB社の事業税の欠損

金は連結納税加入時に切り捨てられることはありません（地法72の23④）。詳細は**Q62**を参照してください。

## 3　住民税（法人税割）の欠損金の取扱いと本問の検討

住民税には連結納税制度はありませんが，連結納税加入時に法人税の欠損金が切り捨てられた場合には，住民税（法人税割）の欠損金である控除対象個別帰属調整額を認識する必要があります（地法53⑤⑥，321の8⑤⑥）。詳細は**Q62**を参照してください。

本問の場合，A社は連結納税加入時に法人税の欠損金が切り捨てられないため，住民税の控除対象個別帰属調整額を認識する必要はありません。一方，B社は連結納税加入時に法人税の欠損金が切り捨てられるため，住民税の控除対象個別帰属調整額を認識する必要があります。

---

関連解説

### 適格株式交換等の改正

平成29年度税制改正において，次の完全子法人化について，株式交換等として組織再編税制に組み込まれました（法法2十二の十六）。

> ①　全部取得条項付種類株式に係る端数処理による完全子法人化
> ②　株式併合に係る端数処理による完全子法人化
> ③　株式売渡請求による完全子法人化

したがって，上記①～③により金銭等を交付した場合であっても適格要件を満たす場合には適格株式交換と同様の取扱いが適用されることとされました（法法2十二の十七）。

# 第7章

## 欠損等法人

第 7 章　欠損等法人　**283**

## Q76　欠損金のある法人を買収する場合の注意点

> 欠損金のある法人を買収しようと考えています。注意することがあれば教えてください。

**A** ·······························································

**SUMMARY**〉　欠損金を有する法人や含み損のある資産を有する法人（以下「欠損等法人」といいます）を買収した場合には，その欠損等法人に利益の見込まれる事業の移転等をすることで課税所得を圧縮するという租税回避を行うことが考えられます。そこで，このような租税回避を防止するため，法人の買収が欠損金等を利用するための買収であると認められる場合には，買収された法人の欠損金の繰越控除に制限が課されます。これを「特定株主等によって支配された欠損等法人の欠損金の繰越しの不適用」といいます。したがって，この制度の対象となる欠損等法人の範囲や，欠損金等を利用するための買収と認められる事由（適用事由）等を理解した上で買収を検討しなければなりません。なお，連結法人にも同様の規定が適用されますが，この章では単体納税の法人を前提に解説しています。

（Reference）　法法57の2①・60の3①

**DETAIL**〉

## 1　特定株主等によって支配された欠損等法人の欠損金の繰越しの不適用

　内国法人が他の者との間に他の者による特定支配関係（発行済株式等の総数の50％超を直接又は間接に保有する一定の関係をいいます）を有することとなったもののうち，その特定支配関係を有することとなった日（以下「支配日」といいます）の属する事業年度（以下「特定支配事業年度」といいます）において，特定支配事業年度前の各事業年度において生じた欠損金又は評価損資産（**Q77**参照）を有するもの（以下「欠損等法人」といいます）が，その

支配日以後5年を経過した日の前日までに，次に掲げる適用事由に該当する場合には，その該当することとなった日（以下「該当日」といいます）の属する事業年度（以下「適用事業年度」といいます）以後の各事業年度においては，その適用事業年度前の各事業年度において生じた欠損金額については，青色欠損金の繰越控除の規定を適用することができません（法法57の2①）。

つまり，欠損金や含み損のある資産を有する法人を買収し，買収後5年以内に適用事由に該当した場合には，適用事由該当日前に発生した欠損金を買収した法人で使用することができないとする制度です。

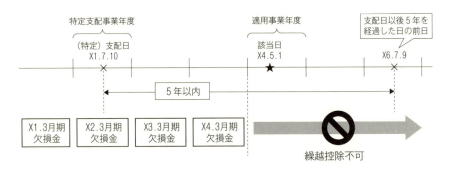

上図のケースでは，買収した日（X1年7月10日）から5年以内のX4年5月1日に適用事由に該当したため，適用事業年度前の事業年度（X1年3月期〜X4年3月期までの各事業年度）から繰り越された欠損金（X4年3月期の別表七の翌期繰越額）は，その該当日の属する事業年度（適用事業年度）であるX5年3月期以降の確定申告において，青色欠損金の繰越控除の規定を適用することができません。

## 2　特定株主等によって支配された欠損等法人の資産の譲渡等損失額

欠損等法人を買収した場合には，上記の欠損金の繰越控除の制限のほか，一定の期間内において生ずる特定資産の譲渡，評価換え，貸倒れ，除却その他これらに類する事由による損失の額についても，損金の算入に制限が課されます（法法60の3①）。

第 7 章　欠損等法人　**285**

# Q77　欠損等法人の範囲

欠損等法人に該当するかどうかはどのように判定するのでしょうか。

**A** ·······························································

SUMMARY 　欠損等法人に該当するかどうかは，買収した事業年度（特定支配事業年度）において，①特定支配事業年度前の各事業年度において生じた欠損金額，又は，②評価損資産を有するかどうかで判定します。

( Reference )　法法57①②⑥・57の2①，法令113の2④⑤⑥

DETAIL

## 1　特定支配事業年度・特定支配関係

特定支配事業年度とは，特定支配関係を有することとなった日（支配日）の属する事業年度をいいます。この場合の特定支配関係とは，次の関係をいいます（法法57の2①，法令113の2①②③④）。

---

〈特定支配関係〉
①　他の者が内国法人の発行済株式又は出資（自己株式又は出資を除きます）の総数又は総額の100分の50を超える数又は金額の株式又は出資を直接又は間接に保有する関係
②　他の者（その者の組合関連者（※1）を含みます）と法人との間のその他の者による支配関係（他の者と法人との間に同一者支配関係（※2）がある場合におけるその支配関係を除きます）。

---

（※1）組合関連者とは，1の法人又は個人が締結している組合契約等（民法上の組合契約，投資事業有限責任組合契約及び有限責任事業組合契約並びに外国におけるこれらの契約に類する契約）に係る他の組合員である者をいいます（法令113の2④）。
（※2）他の者（法人に限る）と内国法人との間に，同一の者による支配関係がある場合におけるその支配関係をいいます。

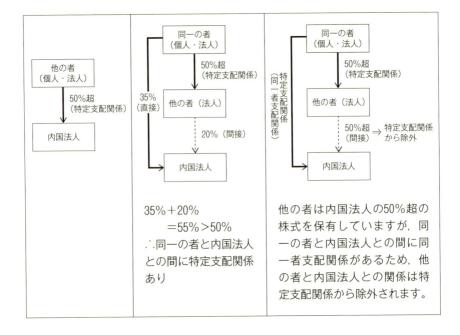

ただし，次の事由によるものは特定支配関係から除かれます（法令113の2⑤）。

(1) 適格合併，適格分割若しくは適格現物出資又は適格株式交換若しくは適格株式移転により生じたもの（次ページ左図のケース）

　ただし，他の者との間にその他の者による特定支配関係がある内国法人が関連者（他の者との間にその他の者による特定支配関係がある者をいいます）との間にその関連者による支配関係を有することとなるものを除きます（次ページ右図のケース）。

(2) 会社更生法等の債務処理計画に基づいて行われる内国法人の株式の発行又は譲渡により生じたもの

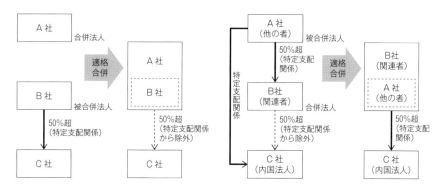

## 2　特定支配事業年度前の各事業年度において生じた欠損金額

　青色欠損金の繰越控除の適用を受けるものをいい，適格合併等により引き継いだものを含みます。つまり，買収直前の法人税確定申告書の別表七（一）「欠損金又は災害損失金の損金算入に関する明細書」に記載されている欠損金額です（法法57の2①，57①②⑥）。

## 3　評価損資産

　評価損資産とは，内国法人が特定支配事業年度開始の日において有する次に掲げる資産のうち，特定支配事業年度開始の日における価額がその帳簿価額に満たないものをいいます（法法57の2①，法令113の2⑥）。つまり買収した事業年度の期首において含み損を有する資産をいいます。

〈評価損資産の対象となる資産〉
① 固定資産
② 土地（土地の上に存する権利を含み，固定資産に該当するものを除く）
③ 有価証券（売買目的有価証券・償還有価証券を除く）
④ 金銭債権
⑤ 繰延資産
⑥ 完全支配関係がある法人の間の取引の損益による調整勘定の金額に係る資産（譲渡損益調整資産）
⑦ 非適格合併等により移転を受ける資産等に係る資産調整勘定の金額に係る資産

　土地は固定資産であるものは①に該当し，固定資産に該当しないもの（棚卸資産である土地）は②に該当します。

　ただし，含み損の金額が基準額（資本金等の額の2分の1に相当する金額と1,000万円とのいずれか少ない金額）に満たないものは評価損資産には該当しません。

第7章　欠損等法人　289

## Q78　判定の対象となる期間

X20年10月1日に欠損金のあるA社株式の100％を取得しました。適用事由に該当するかどうかの判定の対象となる期間はいつまでですか。

**A**

**SUMMARY**　支配日以後5年を経過した日の前日までに適用事由に該当する場合には，欠損金の繰越しに制限が課されます。本問はX20年10月1日が支配日となるため，X20年10月1日から5年を経過した日であるX25年10月1日の前日のX25年9月30日が判定期間の終了の日になります。

　ただし，一定の場合には判定の時期が繰上げになることがあります。

**Reference**　法法57の2①，法令113の2⑧～⑩

**DETAIL**

### 1　適用事由の判定の対象となる期間

　欠損等法人が，その支配日以後5年を経過した日の前日までに，適用事由に該当する場合には，その該当することとなった日（該当日）の属する事業年度（適用事業年度）以後の各事業年度においては，その適用事業年度前の各事業年度において生じた欠損金額については，青色欠損金の繰越控除の規定を適用することができません（法法57の2①）。この5年の期間は，支配日から開始し，支配日以後5年を経過した日の前日で終了します。

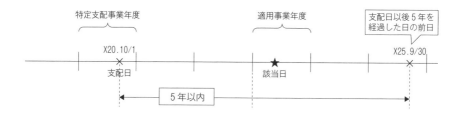

したがって，判定期間の開始の日と終了の日は次のようになります。

　　判定期間の開始の日　：　X20年10月１日

　　判定期間の終了の日　：　X25年９月30日

　この期間内に適用事由に該当すると欠損金の繰越しに制限が課されるため注意が必要です。

## 2　判定時期の繰上げ

　次の事由が生じた場合には，その事由が生じた日で判定期間が終了します（法法57の2①，法令113の2⑧〜⑩）。

(1) 欠損等法人の株式が譲渡されたことにより特定支配関係を有しなくなった場合
(2) 債務免除等により欠損等法人に生じる債務免除益等が欠損等法人のその債務免除等の事業年度開始の時の欠損金額及び評価損資産の評価損の合計額のおおむね90％を超える場合
(3) 欠損等法人について更生手続開始の決定等があった場合
(4) 欠損等法人が解散（解散後の継続又は**Q79**の１（２）の資金借入れ等，**Q79**の１（４）の残余財産の確定の見込みがないものに限り，支配日前の解散及び合併による解散を除きます）した場合

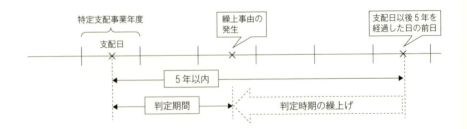

# Q79 適用事由

欠損等法人の欠損金の繰越制限の対象となる適用事由とは具体的にどのようなことをいうのでしょうか。

## A

**SUMMARY** 適用事由とは，事業を営んでいない欠損等法人が，支配日以後に事業を開始すること等の一定の事由をいいます。

**Reference** 法法57の2①，法令113の2⑮⑰⑲

**DETAIL**

### 1 適用事由

支配日以後5年を経過した日の前日までに，欠損等法人が次の（1）から（5）のいずれかに該当する場合において，それぞれに掲げる事由に該当するときは，欠損金の繰越しに制限が課されます（法法57の2①）。

### （1）事業を営んでいない場合

欠損等法人が，支配日の直前において事業を営んでいない場合（清算中を含みます）において，その支配日以後に事業を開始すること（清算中の欠損等法

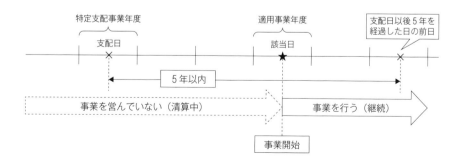

人が継続することを含みます（法法57の2①一））

**（2）事業を廃止した場合**

　欠損等法人が，支配日の直前において営む事業（以下「旧事業」といいます）のすべてをその支配日以後に廃止し，又は廃止することが見込まれている場合において，その旧事業のその支配日の直前における事業規模のおおむね5倍を超える資金の借入れ又は出資による金銭その他の資産の受入れ（以下「資金借入れ等」といいます）を行うこと（法法57の2①二）

　事業規模は，売上金額，収入金額その他事業の種類に応じて判定します。

　なお，「資産の受入れ」には，合併又は分割による資産の受入れが含まれるため，支配日以後に事業を廃止した欠損等法人と合併又は分割を行う場合には注意が必要です。ただし，受け入れた資産のおおむね全部が，欠損等法人の債務の弁済等に充てられるものを除きます（法令113の2⑮）。

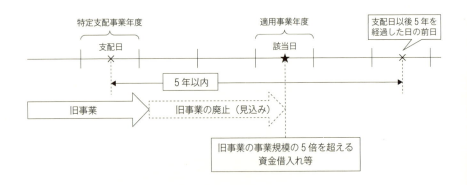

**（3）他の者が欠損等法人に対する特定債権を取得している場合**

　他の者又は他の者との間に特定支配関係（欠損等法人との間のその他の者による特定支配関係を除きます）がある者（以下「関連者」といいます）が，その他の者及び関連者以外の者から欠損等法人に対する特定債権を取得している場合において，欠損等法人が旧事業の5倍を超える資金の借入れ等をすること

# 第7章　欠損等法人　293

（法法57の2①三）

　この場合における特定債権とは，欠損等法人に対する債権でその取得の対価の額が，その債権の額の50％に相当する金額に満たない場合で，かつ，その債権の額の取得の時における欠損等法人の債務の総額のうちに占める割合が50％を超える場合におけるその債権をいいます（法令113の2⑰）。この特定債権の取得時期は，支配日の前後を問わず，債務免除等を行うことが見込まれる場合を除きます。

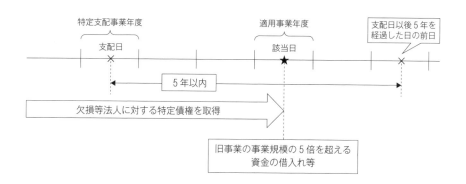

## （4）（1）から（3）までの場合において，欠損等法人を被合併法人とする適格合併を行う場合又は欠損等法人の残余財産が確定する場合

　上記（1）事業を営んでいない場合，（2）事業を廃止した場合，（3）他の者が欠損等法人に対する特定債権を取得している場合において，その欠損等法人が自己を被合併法人とする適格合併を行うこと，又は欠損等法人（他の内国法人による完全支配関係があるものに限ります）の残余財産が確定すること（法法57の2①四）。

## （5）欠損等法人の役員の全てが退任及び使用人の20％以上が退職する場合

　特定支配関係を有することとなったことに基因して，その欠損等法人の支配

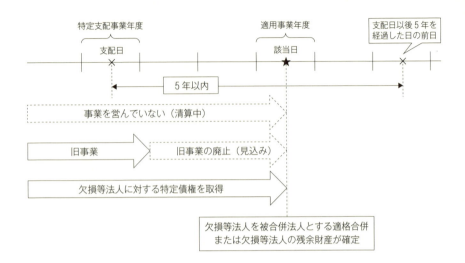

日の直前の役員の全てが退任し、かつ、支配日の直前において欠損等法人の業務に従事する使用人（以下「旧使用人」といいます）の総数のおおむね20％以上に相当する者が欠損等法人の使用人でなくなった場合において、欠損等法人の非従事事業（旧使用人が支配日以後にその業務に実質的に従事しない事業をいいます）の事業規模が旧事業の支配日の直前における事業規模のおおむね5倍を超えることになること（法法57の2①五）

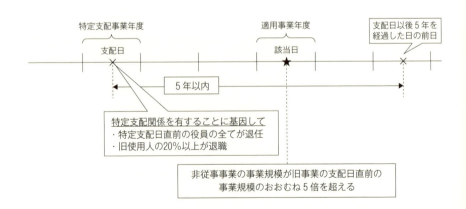

この場合の役員は，社長・副社長・代表取締役等，法人の経営に従事している者に限ります（法令113の2⑲）。

# 第8章

## 災害欠損金

第8章 災害欠損金　**299**

## Q80　災害により生じた欠損金額の処理方法

災害により欠損金額が生じた場合，どのような処理方法がありますか。

**A** ·······················································································

SUMMARY> 　その事業年度において生じた欠損金額のうち，災害により生じた欠損金額については，①欠損金の繰越控除，②欠損金の繰戻還付の2つの処理方法があります。

Reference 　法法57①・58・80③⑤⑥，法基通17-2-3

DETAIL >

### 1　災害損失欠損金の繰越控除

#### (1)　制度の概要

　災害損失欠損金額とは，その事業年度の欠損金額のうち，法人の有する棚卸資産，固定資産等について震災，風水害，火災等により生じた損失に係る欠損金額をいいます（法法58①）。対象となる資産や災害の範囲，災害損失欠損金額の計算方法などの詳細は**Q81**を参照してください。

　災害損失欠損金額が生じた場合には，この欠損金額はその後10年間繰り越して，その後の各事業年度の所得の金額から控除（中小法人等以外は欠損金控除前の所得金額の50％相当額を限度として控除）することができます（法法58①）。ただし，青色申告書を提出する事業年度において生じた欠損金額は，青色欠損金の繰越控除の規定がこの規定に優先して適用されるため，この規定は，損失が生じた事業年度の確定申告書が青色申告でない場合に，その事業年度の欠損金額のうち災害損失欠損金の金額について繰越控除を認める特例規定といえます。

## （2）適用要件

次のすべての要件を満たした場合に，災害損失欠損金の繰越控除の適用を受けることができます（法法58⑤）。

〈適用を受けるための要件〉
① 内国法人が災害損失欠損金額の生じた事業年度の確定申告書，修正申告書又は更正請求書に，災害損失欠損金額の計算に関する明細を記載した書類（「別表七（一）欠損金又は災害損失金の損金算入等に関する明細書」）を添付していること
② その事業年度後の各事業年度について連続して確定申告書を提出していること
③ 災害損失欠損金額の生じた事業年度に係る帳簿書類を財務省令で定めるところにより保存していること


## 2　災害損失欠損金の繰戻還付

### （1）制度の概要

災害のあった日から同日以後1年を経過する日までの間に終了する各事業年度において生じた災害損失欠損金額がある場合には，その各事業年度に係る確定申告書の提出と同時に，その災害損失欠損金額に係る事業年度（欠損事業年度）開始の日前1年（青色申告書を提出する場合には，前2年）以内に開始した事業年度（還付所得事業年度）の法人税額のうちその災害損失欠損金額に対応する部分の金額の還付を請求することができます（法法80⑤）。災害損失欠損金の繰戻還付は，青色欠損金の繰戻還付と異なり，青色申告書を提出していない法人や，資本金が1億円を超える法人でも適用を受けることができます。

また，仮決算による中間申告でも災害損失欠損金の繰戻還付の適用を受けることが可能です。災害のあった日から同日以後6月を経過する日までの間に終了する中間期間において生じた災害損失欠損金額がある場合には，その中間期間に係る仮決算の中間申告書の提出と同時に，その災害損失欠損金額に係る中間期間（欠損事業年度）開始の日前1年（青色申告書を提出する場合には，前

第8章　災害欠損金　**301**

２年）以内に開始した事業年度（還付所得事業年度）の法人税額のうちその災害損失欠損金額に対応する部分の金額の還付を請求することができます（法法80⑤）。なお，前期の実績による税額が10万円以下で，中間申告を要しない場合でも，災害損失欠損金の繰戻還付による仮決算の中間申告を行うことが可能です。

### （2）適用要件

　次のすべての要件を満たした場合に，災害損失欠損金の繰戻還付の適用を受けることができます（法法80③⑤⑥）。

---

〈適用を受けるための要件〉
①　還付所得事業年度から欠損事業年度の前事業年度までの各事業年度について連続して確定申告書（期限後申告書を含む）を提出していること
②　欠損事業年度の確定申告書を提出していること（中間期間において生じた災害損失欠損金額について適用を受ける場合には，その中間期間に係る仮決算の中間申告書を提出期限までに提出していること）
③　上記②の確定申告書と同時に「欠損金の繰戻しによる還付請求書」を提出すること

---

### （3）災害損失欠損金の繰戻還付と青色欠損金の繰戻還付の適用関係

　青色申告を行う法人について災害損失欠損金額が生じた場合には，その災害損失欠損金は青色欠損金にも該当することになるため，その災害損失欠損金額については，災害損失欠損金の繰戻還付の規定の適用を受けるか，青色欠損金の繰戻還付（詳細は**第3章**を参照）の適用を受けるかを選択することができます。

　災害損失欠損金の繰戻還付の適用にあたって，還付所得事業年度が２以上ある場合には，欠損金額又は災害損失欠損金額をいずれの還付所得事業年度に配分するかは法人の計算によることになります（法基通17-2-3）。

〈還付所得事業年度が2以上ある場合の取扱い〉

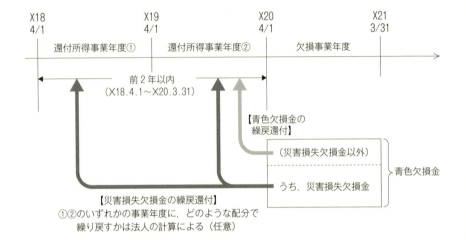

第 8 章 災害欠損金 **303**

# Q81 災害損失欠損金額の計算方法

災害損失欠損金額の計算方法を教えてください。

**A** ·····························································

**SUMMARY**〉 災害損失欠損金額とは，その事業年度の欠損金額のうち，法人の有する棚卸資産，固定資産等について震災，風水害，火災等により生じた損失に係る欠損金額をいいます。

（Reference） 法法58①，法令114〜116

**DETAIL** 〉

## 1 対象資産の範囲

災害損失欠損金額は，次の資産について生じた損失の額に限られます（法法58①，法令114）。

---

(1) 棚卸資産
(2) 固定資産
(3) 繰延資産（他の者の有する固定資産を利用するために支出されたものに限ります）

---

## 2 災害の範囲

この制度の対象となる災害とは，次に掲げるものをいいます（法法58①，法令115）。

---

(1) 自然現象の異変による災害
　　震災，風水害，火災，冷害，雪害，干害，落雷，噴火その他の自然現象の異変による災害
(2) 人為による異常な災害

鉱害，火薬類の爆発その他の人為による異常な災害
(3) 生物による異常な災害
　害虫，害獣その他の生物による異常な災害

## 3　災害損失欠損金額の計算方法

　災害損失欠損金額は，上記1の対象資産について生じた次に掲げる損失の額から保険金，損害賠償金その他これらに類するものにより補塡される金額を控除した金額をいいます（法法58①，法令116，法基通12-2-1）。

(1)　上記2の災害により対象資産が滅失し，若しくは損壊したこと又は災害による価値の減少に伴いその資産の帳簿価額を減額したことにより生じた損失の額（災害があった日の属する事業年度又は災害のやんだ日の属する事業年度において損金経理をした金額に限る）

(2)　上記(1)の滅失，損壊又は価値の減少によるその資産の取壊し又は除去の費用その他の付随費用に係る損失の額（上記(1)の事業年度において損金経理したもののほか，災害のやんだ日の翌日から1年を経過した日の前日までに支出したものについて，その支払日の属する事業年度において損金経理したものを含む）

(3)　災害により対象資産が損壊し，又はその価値が減少した場合，その他災害により対象資産を事業の用に供することが困難となった場合において，その災害のやんだ日の翌日から1年を経過した日[※]の前日までに支出する次に掲げる費用その他これらに類する費用に係る損失の額

　(※)　その災害が大規模な災害である場合その他やむを得ない事情がある場合には，3年を経過した日

　①　災害により生じた土砂その他の障害物を除去するための費用

　②　その資産の原状回復のための修繕費

　③　その資産の損壊又はその価値の減少を防止するための費用

(4)　災害により対象資産について現に被害が生じ，又はまさに被害が生ずるおそれがあると見込まれる場合において，その対象資産に係る被害の拡大又は発生を防止するため緊急に必要な措置を講ずるための費用に係る損失の額

## 【著者紹介】

**石井幸子**（いしい　さちこ）

神奈川県横浜市出身　平成15年税理士登録

勝島敏明税理士事務所（現：デロイト トーマツ税理士法人）ほかを経て，石井幸子税理士事務所を開業。

主な著書に「消費税率引上げ・軽減税率・インボイス〈業種別〉対応ハンドブック」（日本法令，共著），「接待飲食費を中心とした交際費等の実務」（税務研究会）等がある。

〈執筆担当章〉第1章～第4章，第7章・第8章

**生川友佳子**（いくかわ　ゆかこ）

大阪府出身　平成15年税理士登録

古本正公認会計士税理士事務所（現：デロイト トーマツ税理士法人）を経て，生川友佳子税理士事務所を開業。現在，グループ企業を中心に一般法人税務，組織再編，連結納税アドバイザリー等を展開している。

主な著書に「詳解　第8版　連結納税Q&A（清文社，共著）」等がある。

〈執筆担当章〉第5章・第6章


## 法人税の最新実務Q&Aシリーズ
## 欠損金の繰越し・繰戻し

2019年11月30日　第1版第1刷発行

| | | |
|---|---|---|
| 著　者 | 石　井　幸　子 |
| | 生　川　友　佳　子 |
| 発行者 | 山　本　　　継 |
| 発行所 | ㈱中　央　経　済　社 |
| 発売元 | ㈱中央経済グループ |
| | パブリッシング |

〒101-0051　東京都千代田区神田神保町1-31-2
電話　03（3293）3371（編集代表）
　　　03（3293）3381（営業代表）
http://www.chuokeizai.co.jp/
印刷／東光整版印刷㈱
製本／㈲井上製本所

ⓒ 2019
Printed in Japan

＊頁の「欠落」や「順序違い」などがありましたらお取り替え
たしますので発売元までご送付ください。（送料小社負担）
ISBN978-4-502-31431-5　C3034

JCOPY〈出版者著作権管理機構委託出版物〉本書を無断で複写複製（コピー）することは，著作権法上の例外を除き，禁じられています。本書をコピーされる場合は事前に出版者著作権管理機構（JCOPY）の許諾を受けてください。
　JCOPY〈http://www.jcopy.or.jp　eメール：info@jcopy.or.jp〉

●毎年好評の年度版●

# 会計全書 令和元年度

金子　宏・斎藤静樹 監修
日本税理士会連合会 推薦

会計法規編、会社税務法規編、個人税務法規編の3分冊で構成された日本を代表する会計税務の基準・法令集。令和元年6月1日現在の基準、法令規、通達等を完全フォロー。企業経理部や会計事務所の日々の実務を強力にサポートする宝典。

（菊判・8274頁）

# 税務経理ハンドブック

令和元年度版
日本税理士会連合会 編

会社経理部に欠かせない税務・会計のコンパクト便覧。令和元年6月1日現在の法令、通達、諸基準を項目ごとに整理して解説。これ1冊あれば、顧問先の質問に十分応えられる税理士の強い味方。別冊付録として、「平成31年度主要税制改正項目一覧表」付き。

（B6判・1168頁）

中央経済社

●税務ハンドブックシリーズ●

税目ごとに細分化され、常に携帯するのに便利な超薄で充実の内容。図表を多用した2色刷りで見やすく、大きめの文字で読みやすい。下記「税務重要計算ハンドブック」の参照ページを適宜表示。

●税務重要計算ハンドブックシリーズ●

難解とされる税務計算について、基本的かつ重要な事例を厳選し、現場で実務を担当する税理士を強力にサポート。上記「税務ハンドブックシリーズ」とセットでご活用ください。

中央経済社

● 実務・受験に愛用されている読みやすく正確な内容のロングセラー！

## 定評ある税の法規・通達集 シリーズ

### 所得税法規集
日本税理士会連合会 編
中央経済社

❶所得税法 ●同施行令・同施行規則・同関係告示 ●租税特別措置法（抄） ●同施行令・同施行規則・同関係告示（抄） ●震災特例法・同施行令・同施行規則（抄） ●復興財源確保法（抄） ●復興特別所得税に関する政令・同省令 ●災害減免法・同施行令（抄） ●国外送金等調書提出法・同施行令・同施行規則・同関係告示

### 所得税取扱通達集
日本税理士会連合会 編
中央経済社

❶所得税取扱通達（基本通達／個別通達） ●租税特別措置法関係通達 ●国外送金等調書提出法関係通達 ●災害減免法関係通達 ●震災特例法関係通達 ●索引

### 法人税法規集
日本税理士会連合会 編
中央経済社

❶法人税法 ●同施行令・同施行規則・法人税申告書一覧表 ●減価償却耐用年数省令 ●法人税法施行令・同施行規則・同関係告示 ●地方法人税法・同施行令・同施行規則 ●租税特別措置法（抄） ●同施行令・同施行規則・同関係告示 ●震災特例法・同施行令・同施行規則（抄） ●復興財源確保法（抄） ●復興特別法人税に関する政令・同省令 ●租特透明化法・同施行令・同施行規則

### 法人税取扱通達集
日本税理士会連合会 編
中央経済社

❶法人税取扱通達（基本通達／個別通達） ●租税特別措置法関係通達（法人税編） ●連結納税基本通達 ●租税特別措置法関係通達（連結納税編） ●減価償却耐用年数省令 ●機械装置の細目と個別年数 ●耐用年数の適用等に関する取扱通達 ●震災特例法関係通達 ●復興特別法人税関係通達 ●索引

### 相続税法規通達集
日本税理士会連合会 編
中央経済社

❶相続税法 ●同施行令・同施行規則・同関係告示 ●土地評価審議会令・同省令 ●相続税法基本通達 ●財産評価基本通達 ●相続税法関係個別通達 ●租税特別措置法（抄） ●同施行令・同施行規則（抄）・同関係告示 ●租税特別措置法（相続税法の特例）関係通達 ●震災特例法・同施行令・同施行規則（抄）・同関係告示 ●震災特例法関係通達 ●災害減免法・同施行令（抄） ●国外送金等調書提出法・同施行令・同施行規則・同関係通達 ●民法（抄）

### 国税通則・徴収法規集
日本税理士会連合会 編
中央経済社

❶国税通則法 ●同施行令・同施行規則・同関係告示 ●租税特別措置法・同施行令・同施行規則（抄） ●国税徴収法 ●同施行令・同施行規則 ●滞調法・同施行令・同施行規則 ●税理士法・同施行令・同施行規則・同関係告示 ●電子帳簿保存法・同施行令・同施行規則・同関係告示・同関係通達 ●行政手続オンライン化法・同国税関係法令に関する省令・同関係告示 ●行政手続法 ●行政不服審査法 ●行政事件訴訟法（抄） ●組織的犯罪処罰法（抄） ●没収保全と滞納処分との調整令 ●犯罪収益規則（抄） ●麻薬特例法（抄）

### 消費税法規通達集
日本税理士会連合会 編
中央経済社

❶消費税法 ●別表第三等に関する法令 ●同施行令・同施行規則・同関係告示 ●消費税法基本通達 ●消費税申告書様式等 ●消費税法等関係取扱通達等 ●租税特別措置法（抄） ●同施行令・同施行規則（抄）・同関係通達 ●消費税転嫁対策法・同ガイドライン ●震災特例法・同施行令（抄）・同関係告示 ●震災特例法関係通達 ●税制改革法等 ●地方税法（抄） ●同施行令・同施行規則（抄） ●所得税・法人税政省令（抄） ●輸徴法令（抄） ●関税法令（抄） ●関税定率法令（抄）

### 登録免許税・印紙税法規集
日本税理士会連合会 編
中央経済社

❶登録免許税法 ●同施行令・同施行規則 ●租税特別措置法・同施行令・同施行規則（抄） ●震災特例法・同施行令・同施行規則（抄） ●印紙税法 ●同施行令・同施行規則 ●印紙税法基本通達 ●租税特別措置法・同施行令・同施行規則（抄） ●印紙税額一覧表 ●震災特例法・同施行令・同施行規則（抄） ●震災特例法関係通達等

## 中央経済社